Die

Compensationseinrede

im Deutschen Reichs-Civilproceß.

Von

Dr. F. Schollmeyer,
o. ö. Professor der Rechte zu Halle a. S.

Berlin und Leipzig.
Verlag von J. Guttentag (D. Collin).
1884.

Vorbemerkung.

Die nachfolgende Abhandlung bezeichnet meinen Abfall von der Fahne Petersen's. Obgleich ich nämlich die Praktikabilität von Petersen's Auffassung, daß auch nach der deutschen Civilproceßordnung die Compensationseinrede reines selbständiges Vertheidigungsmittel sei, nicht verkenne und wohl weiß, daß namentlich auch die Praxis wenig geneigt ist, Petersen die Heeresfolge zu weigern, so bin ich doch nach reiflicher Ueberlegung zu der Ueberzeugung gelangt, daß die herrschende Auffassung mit den Bestimmungen der Civilproceßordnung unvereinbar ist. Diese Ueberzeugung zu rechtfertigen und die Natur der Compensationseinrede auf Grund des neuen Gesetzes näher zu entwickeln, ist der Zweck meiner Schrift.

Halle a. S., im Januar 1884.

Inhaltsverzeichniß.

Einleitung.

Obwohl die Compensation (Gegenrechnung) ein durchaus materiellrechtliches Institut ist, so steht sie doch insofern auf der Grenze zwischen materiellem und Proceß-Recht, als sie — soweit sie nicht auf Vertrag beruht — nur durch den Richter vollzogen werden kann.[1]) Zwar wird von Eisele, welchem Bülow beigetreten ist, der gerichtlichen Compensation Rechtsgeschäftsnatur vindicirt, indem der Compensant seinen Willen, aufrechnen zu wollen, erkläre und der Richter auf Grund dispositiver Rechtsnormirung den mangelnden Compensationswillen des Compensaten supplire.[2]) Aber, wie dem auch sein möge, jedenfalls wird doch dieses Rechtsgeschäft im Proceß vorgenommen und es muß also auch die Art und Weise seiner Vollziehung beeinflußt werden durch die jeweilige Proceßgesetzgebung, welche die processualischen Voraussetzungen, unter denen das Gericht die Compensation aussprechen darf, festzusetzen hat.

Von diesem Gesichtspunkt aus würde es sich der Mühe verlohnen, die gerichtliche Compensation überhaupt in ihrer ihr von der deutschen Civilproceßordnung gegebenen Gestalt einer eingehenderen Betrachtung zu unterwerfen. Wenn ich gleichwohl nur eine Seite der gerichtlichen Compensation herausgreife und also die actio cum compensatione sowie die von Eck[3]) erörterte Frage, ob

---

1) Windscheid, Pandekten II. § 349 Nr. 5 u. § 351 Nr. 2. Dernburg. Compensation § 71, Eisele, Compensation § 19.

2) Eisele a. a. O. S. 248 ff. u. Bülow: Dispositives Civilproceßrecht. (Archiv f. civil. Praxis Bd. 64. S. 79 Anm. 48. Vergl. dagegen: Windscheid, Pandekten II. § 349 Anm. 14.)

3) Eck in der Zeitschrift für Gesetzgebung und Rechtspflege in Preußen Bd. III. S. 139 und 140 vergl. Förster-Eccius, Preuß. Privatrecht I, § 94. Anm. 68.

es ein Klagerecht auf Befreiung durch Compensation gebe — eine Frage, welche wegen § 231 der C.P.O. interessiren könnte — mit Stillschweigen übergehe, so geschieht dies einmal um deswillen, weil die Compensation mittelst Einrede den regelmäßigen Fall bildet und ferner auch um deswillen, weil die deutsche Civilproceßordnung gerade in die processualische Gestaltung der durch Einrede geltend gemachten Compensation am Meisten eingegriffen hat.

Diese Eingriffe sind aber so stark, daß man sogar daran zweifelt, ob in der deutschen Civilproceßordnung die Vertheidigungsmittelnatur der Compensationseinrede aufrecht erhalten ist.[1])

[1]) Vergl. die Commentare von Gaupp zu § 136. Bem. II. 1, Abs. 2 Struckmann u. Koch, Bem. 2, Abs. 5. Endemann, Vorbemerkung zu §§ 136 u. 137, vorletzter Absatz. L. von Bülow, Bem. 2, Abs. 3 zu § 136 u. 4 zu § 235. von Wilmowski u. Levy, Bem. 1, Abs. 2 zu § 136 u. Bem. 2 Abs. 2 zu § 235. Petersen, Bem. III. 3 zu § 136. L. Seuffert, Bem. 4 zu § 136. — Nach dem Gesagten scheidet auch die Compensation in der Executionsinstanz von dem Kreise dieser Erörterungen aus. Denn auch sie wird nicht sowohl im Wege der Einrede als vielmehr im Wege der Klage beim Proceßgericht I. Instanz geltend gemacht. Die Voraussetzungen dieser Geltendmachung sind in § 686 der C.P.O. enthalten und die Klage ist auf Einstellung der Zwangsvollstreckung und Beseitigung der Vollstreckungsmaßregeln wegen Vorhandensein einer compensablen Gegenforderung zu richten.

Erster Abschnitt.

Die Natur der Compensationseinrede.

§ 1.

Die Compensationseinrede kein reines Vertheidigungsmittel.

Die Ansicht, daß auch nach der deutschen Civilproceßordnung die Compensationseinrede Vertheidigungsmittel und nur Vertheidigungsmittel sei, ist namentlich von Petersen[1]) mit aller Consequenz und in so, auch vermöge ihrer Einfachheit, bestechender Weise entwickelt, daß sie jetzt wohl als die herrschende bezeichnet werden kann. In der That muß auch soviel von vorn herein zugegeben werden, daß der Inhalt der Compensationseinrede allein noch nicht geeignet ist, dieselbe aus der Reihe der Vertheidigungsmittel zu verdrängen. Denn wenn auch mit der Einrede der Gegenrechnung zugleich die Realisirung der eigenen Forderung vom Compensanten erstrebt wird, so geschieht dies doch nur zum Zwecke der Vertheidigung, um durch die Compensation das Recht des Gläubigers zu entkräften. Gerade in diesem blos negativen Erfolge, zu verhindern, daß der Gläubiger durchdringe, zeigt sich das Wesen der Einrede als eines Vertheidigungsmittels. Deshalb wäre eine Proceßgesetzgebung, welche den Charakter des reinen Vertheidigungsmittels bei der Compensation festhielte, recht gut denkbar. Doch hat der Gesetzgeber, wie schon jetzt hervorgehoben werden muß, diesen Charakter in der Civilproceßordnung nicht rein gewahrt,[2])

---

[1]) In Busch's Zeitschrift für deutschen Civilproceß Bd. I. S. 93 ff., Bd. IV. S. 293 ff.

[2]) A. M. Das Reichsgericht Bd. VI. S. 423: „ist gewiß nicht von der Bedeutung, daß auf Grund derselben ein System in das Gesetz hineingelegt werden könnte, wonach der Compensationseinrede der Charakter eine Vertheidigungsmittels entzogen würde".

und er ist bei seinen Bestimmungen beeinflußt worden durch die Erwägung, daß die Compensation doch stets nur unter Befriedigung des Compensanten wegen seiner eigenen Forderung bewirkt werden kann.

Daß der Charakter des Vertheidigungsmittels durch die Bestimmungen der Civilproceßordnung verwischt ist, zeigt aber sofort ein Blick auf die Behandlung der Vertheidigungsmittel in ihr.

Das Gesetz setzt die Angriffs- oder Vertheidigungs-Mittel in scharfen Gegensatz zu dem Streitgegenstand, d. h. zu dem streitigen Privatrecht, welches und insoweit es von den Parteien mit der Tendenz rechtskräftiger Entscheidung geltend gemacht wird.[1]) Die Angriffs- oder Vertheidigungs-Mittel sind aber Rechtsbehelfe, deren sich eine Partei bedienen kann, um ihrem Angriffe oder ihrer Vertheidigung zum Erfolge zu verhelfen.[2]) In einem engeren Sinne werden aber ausgeschieden die selbständigen Streitmittel, welche entweder Zwischenstreitpunkte unter den Parteien, oder selbständige Angriffs- oder Vertheidigungs-Mittel sind. Auf die letzteren kommt es hier an, da zu ihnen an sich auch die Compensationseinrede gehören würde. Es sind thatsächliche Anführungen, welche die Parteien zur Begründung oder Bekämpfung des geltend gemachten Anspruchs vorbringen und welche sich unter einen dem materiellen Recht angehörenden Rechtssatz zusammenfassen lassen.[3]) Diese selbständigen Streitmittel stehen nun insofern in Gegensatz zu dem Streitgegenstand, als sie lediglich als Vorfragen, welche erledigt werden müssen, um über ihn entscheiden zu können, in dem Proceß über den Streitgegenstand in Betracht kommen. Sie bilden demgemäß nur einen wegen Verspätung oder Verschleppungsabsicht zurückweisbaren Bestandtheil dieses Processes, können deshalb auch nicht selbständig durch Endurtheil, sondern nur durch das der Rechtskraft nicht fähige Zwischenurtheil entschieden werden, und erlangen also auch keine Rechtshängigkeit. Da ferner nach dem System der C.P.O. die Berufung „Fortsetzung der erstinstanzlichen mündlichen Verhandlung ist"[4]), so ergibt sich daraus auch die Zulassung neuer Angriffs- oder Vertheidigungs-Mittel in II. Instanz.[5])

---

[1]) Vergl. meinen Zwischenstreit S. 10—13 u. R.G.E. Bd. VII. S. 247.
[2]) Fitting, Lehrbuch S. 107.
[3]) Mein Zwischenstreit S. 46—64.
[4]) So Wachs, Vorträge S. 183.
[5]) §§ 137, 251, 252, 275, 426, 491, Abs. 1 der C.P.O.

Im Gegensatz hierzu kann die Entscheidung über den Streitgegenstand oder aliquote Theile desselben nur im Endurtheil erfolgen; tritt Rechtshängigkeit des Streitgegenstandes ein, ist die Abtrennung zu besonderm Proceß bei einer Mehrheit der in der Klage oder Widerklage geltend gemachten Ansprüche gestattet, die Vorbringung neuer, aliquoter Theile des Streitgegenstandes (Ansprüche) in höherer Instanz aber verboten.[1])

Vergleicht man nun hiermit die über die Compensationseinrede erlassenen Bestimmungen, so kann kein Zweifel sein, daß dieselben denjenigen über den Streitgegenstand ähnlicher sind, als denjenigen über die selbständigen Streitmittel. So ist die Abtrennung zum besondern Proceß gestattet, die Entscheidung über die zur Compensation gestattete Forderung ist der Rechtskraft fähig, das bei selbständigen Streitmitteln unbeschränkte ius novorum in II. Instanz ist bezüglich der Compensationseinrede nicht vorhanden, sondern an besondere Voraussetzungen geknüpft.[2])

Von diesen Bestimmungen ist für das Wesen der Compensationseinrede besonders bedeutungsvoll die eine, daß das Gericht die Verhandlung und Entscheidung der nicht connexen Gegenforderung in getrenntem Proceß soll anordnen können. Diese Trennung ist wohl zu unterscheiden von derjenigen des § 137 der C.P.O. Denn während die letztere nur eine Trennung der Verhandlung und Entscheidung in demselben Proceß ist, sodaß der abgetrennte Proceßstoff durch Zwischenurtheil erledigt werden kann, wird durch die erstere das Proceßmaterial in durchaus verschiedene Processe vertheilt. Nach geschehener Trennung bildet nämlich den Gegenstand des einen Processes die Klagforderung, denjenigen des andern Processes aber die Gegenforderung. Dadurch wird der Compensationseinrede in der That der Charakter eines Vertheidigungsmittels mehr oder weniger abgestreift. Wäre sie nämlich reines Vertheidigungsmittel, so würde ein besonderer Proceß über dasselbe unmöglich sein. Denn eine Einrede, welche ja einzig und allein den Antrag auf Abweisung des Angriffs rechtfertigen soll, — sei es auch unter Aufopferung der eigenen Forderung des Vertheidigers — kann nicht den Inhalt eines Processes ausmachen. Das Verthei-

---

[1]) §§ 272 u. 273, 235 u. 254, 136, 491 Abs. 2 der C.P.O.

[2]) §§ 136 Abs. 2, 293 Abs. 2 u. 491 Abs. 2 der C.P.O.

digungsmittel als solches kommt immer nur als Vorfrage, als Motiv für die Zurückweisung des Angriffs in Betracht. Nach der Trennung der Compensationseinrede zum besondern Proceß geht aber der Streit über die Klageforderung ohne alle Rücksicht auf die Compensationseinrede ruhig weiter, es wird auf die Klage erkannt und das Erkenntniß ist der Rechtskraft fähig. Wäre aber die Compensationseinrede reines Vertheidigungsmittel, so müßte nun, nach rechtskräftiger Entscheidung über die Klage, der Proceß über die Gegenforderung eingestellt werden. Denn wenn der Kläger abgewiesen würde, so bedarf es keiner Vertheidigung mehr. Hatte er aber obgesiegt, so hilft keine Vertheidigung mehr. Höchstens kann es sich dann noch um Geltendmachung der Gegenforderung im Wege der Klage handeln, wie sich aus § 686 der C.P.O. ergibt, nach welchem Einwendungen, welche den durch das Urtheil festgestellten Anspruch selbst betreffen, vom Schuldner im Wege der Klage bei dem Proceßgericht I. Instanz geltend zu machen sind Mit Rücksicht hierauf, und da der Proceß über die Gegenforderung auch nach rechtskräftiger Feststellung der Klageforderung weiter geführt wird, erscheint die Behauptung gerechtfertigt, daß die Compensationseinrede in der C.P.O. nicht als reines Vertheidigungsmittel aufgefaßt wird.

Derselbe Schluß ergibt sich auch aus der Bestimmung des § 274 der C.P.O., nach welcher das Gericht über die entscheidungsreife Klagforderung Theilurtheil erlassen darf, wenn die nicht connexe Gegenforderung noch nicht zur Entscheidung reif ist. Denn wäre die Compensationseinrede reines Vertheidigungsmittel, so müßte, falls dasselbe relevant erschiene, entweder mit der Entscheidung über die Klagforderung bis zur Entscheidungsreife der Gegenforderung gewartet werden, oder es müßte wenigstens, falls es im Ermessen des Gerichts stehen sollte, das Vertheidigungsmittel als ungeeignet zurückzuweisen, an Stelle des Theilurtheils über die Klagforderung Schlußurtheil ergehen. Da aber umgekehrt ein Theilurtheil über die Klagforderung erlassen werden kann, so rechtfertigt sich der Schluß, daß nach Erlaß dieses Theilurtheils auch über die Gegenforderung noch ein Theilurtheil zulässig ist, was wiederum mit der Vertheidigungsmittelnatur der Compensationseinrede in Widerspruch steht.

Freilich ist nun die Behauptung, daß die Civilproceßordnung

einen besondern Proceß über die zur Compensation gestellte Forderung gestatte, nichts weniger als unbestritten. Petersen hat sich mit aller Entschiedenheit gegen diese Auffassung erklärt. Ihm ist die nach § 136 Abs. 2 der C.P.O. zugelassene Trennung nicht eine Trennung zu besonderer Verhandlung und Entscheidung auf Grund der bereits geschehenen Geltendmachung, sondern eine Verweisung des Compensanten mit seiner Gegenforderung auf den Weg der Klage bei dem zuständigen Gericht. Petersen steht mit dieser Auffassung auf dem Boden des gemeinen und preußischen Rechts, wie dasselbe auf Grund der l. ult. C. de compens. IV. 31. sich schließlich gestaltet hatte.[1])

Allein diese Auffassung ist von der Civilproceßordnung aufgegeben. Das wird, wenn anders man dem § 136 Abs. 2 der C.P.O. gerecht werden will, nicht in Abrede gestellt werden dürfen. Denn dieser Abs. 2 des § 136 kann nur in Verbindung mit Abs. 1 desselben Paragraphen ausgelegt werden. Die Trennung, welche in Abs. 2 zugelassen ist, kann nur in demselben Sinne verstanden werden, als die in Abs. 1 gestattete. Wenn nun dem Gerichte durch Abs. 1 die Anordnung freigegeben ist, daß mehrere in einer Klage erhobene Ansprüche in getrennten Processen verhandelt werden, so ist damit offenbar nicht die Trennung zu gesonderter Klaganstellung, sondern nur die Trennung zu gesonderter Verhandlung und Entscheidung durch Endurtheil auf Grund der bereits geschehenen Geltendmachung gemeint, sodaß es einer neuen Klagerhebung nicht bedarf. In demselben Sinne ist also auch der Abs. 2 des § 136 zu verstehen, wofür des Weiteren noch der Umstand spricht, daß die Trennung wieder beseitigt werden kann[2]) und daß die Trennungsbefugniß sich zugleich auf die Widerklage bezieht.[3]) Daß aber die Verweisung der Widerklage zu besonderm Proceß ebenfalls eine Verweisung zur

---

[1]) Dernburg a. a. O. S. 563 ff. S. 570 ff. § 359 I. 16 des A.Ldr.u. §§ 5 ff. I. 19 der A.G.O. Nach gemeinem und preußischem Recht nahm man allerdings an, daß die Compensation zum besondern Proceß verwiesen werde. Nach der C.P.O. kann auf Grund des § 136 Abs. 2 nur die Gegenforderung verwiesen werden.

[2]) § 141 der C.P.O.

[3]) Vergl. Struckmann und Koch, Bem. 5 zu § 136: „abgesehen davon, daß sie (sc. Petersens Ansicht) zu dem allgemeinen technischen Ausdruck „Gegenforderung“ nicht stimmt“.

abermaligen Geltendmachung vor dem zuständigen Gericht sei, wird Petersen selbst nicht behaupten wollen.

Aber noch ein anderer Umstand kommt in Betracht, welcher die Möglichkeit eines selbständigen Processes über die zur Compensation gestellte Gegenforderung beweist. Das Gesetz erklärt in § 293 Abs. 2 die Entscheidung auch bezüglich des Bestehens der Gegenforderung für der Rechtskraft fähig. Daß für den Fall der Zurückweisung der zur Compensation gestellten Forderung als unbegründet Rechtskraft der Entscheidung angenommen wird, hat seinen guten Grund. Weshalb aber die gleiche Annahme der Rechtskraft für den Fall, daß die Forderung sich als begründet herausstellt? Wäre mit der Feststellung der Gegenforderung auch stets die Vollziehung der Compensation und also die Tilgung der zur Compensation gestellten Forderung verknüpft, so würde die rechtskräftige Feststellung des Bestehens der Gegenforderung gar keinen Zweck haben, weil im Moment der Feststellung auch zugleich das Festgestellte erlöschen würde. Der Kläger könnte sich gegen eine abermalige Geltendmachung der Forderung Seitens des Compensanten zur Genüge durch den Einwand, daß die Forderung getilgt sei, schützen. Es muß also eine Feststellung möglich sein, ohne daß es zur Compensation kommt. Und so ergibt sich die Richtigkeit der Annahme, daß ein abgesonderter Proceß über die zur Compensation gestellte Gegenforderung geführt werden kann.

Indessen Petersen glaubt, man sei zu seiner Auffassung der Verweisung der zur Compensation gestellten Gegenforderung dadurch genöthigt, daß durch die Geltendmachung der Compensationseinrede Rechtshängigkeit nicht begründet werde. Ohne Rechtshängigkeit der Gegenforderung sei aber ein besonderer Proceß über dieselbe undenkbar.[1]) Es erheben sich sonach zwei Fragen: ob nämlich Rechtshängigkeit der Gegenforderung eine Voraussetzung für ihre Verweisung zum besondern Proceß auf Grund der geschehenen Geltendmachung bilde? und ferner: ob wirklich durch die Erhebung der Compensationseinrede Rechtshängigkeit der Gegenforderung nicht begründet werde?

Die erste Frage ist zweifellos zu bejahen, obwohl Wilmowski und Levy[2]) sie verneinen, indem sie Rechtshängigkeit der Gegen-

[1]) Petersen in Busch's Zeitschrift Bd. IV. S. 301.

[2]) a. a. O. zu § 235, Anm. 2, Abs. 2 u. 3.

forderung als Folge einer Compensationseinrede läugnen, und gleichwohl den § 136 Abs. 2 auch auf die Compensationseinrede in dem soeben entwickelten Sinne anwenden wollen. Denn die Rechtshängigkeit bezeichnet den Zustand, in welchen das mit der Tendenz rechtskräftiger Entscheidung geltend gemachte Privatrecht durch den Abschluß der proceßbegründenden Thätigkeit kommt, also den Zustand der Streitsache, nachdem sie in iudicium deducirt ist. Das Gericht muß also bereits mit der Sache befaßt sein, also die Pflicht zur Entscheidung dieser Sache haben. Ohne den Abschluß dieser proceßbegründenden Thätigkeit ist aber eine Verweisung zum besondern Proceß im Sinne des § 136 Abs. 2 nicht möglich. Denn durch die Verweisung bezeichnet der Richter gerade den Weg, auf welchem er seiner Pflicht nachzukommen gedenkt.[1])

Wenn nun gleichwohl der § 136 Abs. 2 der C.P.O. eine solche Verweisung bei der durch Compensationseinrede geltend gemachten Forderung zuläßt, so deutet schon dies auf eine Bejahung der weiteren Frage nach der Rechtshängigkeit dieser Forderung hin.

---

[1]) Vergl. Bülow im Arch. f. civ. Praxis Bd. 62 S. 25, Löning in Busch's Zeitschrift Bd. IV. S. 135 Anm. 175, Schwalbach im Arch. f. civ. Praxis Bd. 64 S. 267. Lippmann ebendas. Bd. 65 S. 374 erklärt die Rechtshängigkeit für dasjenige zeitliche Moment in der Proceßentwickelung, mit welchem die proceß- oder materiellrechtlichen Wirkungen der Berührung eines Anspruchs mit dem Mechanismus des Processes eintreten. Gegen diese Auffassung ist durchaus der Sprachgebrauch des Gesetzes, wenn dasselbe (§ 235 bestimmt, daß durch die Klageerhebung die Rechtshängigkeit der Streitsache begründet wird, daß die Rechtshängigkeit eines erst im Laufe des Processes erhobenen Anspruches mit dem Zeitpunkt seiner Geltendmachung in der mündlichen Verhandlung eintreten soll (§ 254). Auch spricht gegen die Rechtshängigkeit als Zeitpunkt gedacht, daß die (processualischen) Wirkungen der Rechtshängigkeit — worauf schon Schwalbach a. a. O. S. 265 aufmerksam gemacht hatte — auf dem Bestehen der Rechtshängigkeit beruhen und durch jede Aufhebung der Rechtshängigkeit verschwinden. Für das ältere Recht ist noch zu vergleichen: A. W. S. Francke im Arch. f. civ. Praxis Bd. 16 S. 438: „Litispendenz bezeichnet die Lage der Sache post inchoatam, post coeptam) litem". Aehnlich Buchka, Einfluß des Processes auf das materielle Rechtsverhältniß II. S. 125: „factischer Zustand des schwebenden Processes". Uebrigens soll mit dem im Text Gesagten nicht behauptet werden, daß die proceßbegründende Thätigkeit stets das Zustandekommen eines Streitverhältnisses wirke. Die Wirkung kann auch nur eine Scheinwirkung sein, indem sich schließlich herausstellt, daß proceßhindernde Einreden begründet sind.

Denn bei nicht rechtshängigen Theilen des Proceßmaterials könnte höchstens ein Zwischenstreit unter den Parteien die Folge der Trennung sein. Und auch ein solcher kann die einzelnen Elemente des Thatbestandes, zu denen die Compensationseinrede, wenn sie reines Vertheidigungsmittel wäre, gehören würde, nicht zum Inhalt haben.[1]) So bliebe also, wenn durch die Compensationseinrede Rechtshängigkeit nicht begründet würde, nur die Beschränkung der Verhandlung gemäß § 137 der C.P.O. über, worauf auch wirklich die Behauptungen aller derer hinauslaufen, welche den Proceß über die Compensationseinrede weiter führen lassen wollen.

Abgesehen hiervon kommen aber noch verschiedene andere Gründe für die Rechtshängigkeit als Wirkung der Geltendmachung einer Compensationseinrede in Betracht, auf welche sofort näher eingegangen werden muß.

§ 2.

Die Rechtshängigkeit als Folge der Erhebung einer Compensationseinrede.

Daß die Erhebung der Compensationseinrede Rechtshängigkeit zur Folge hat, ergibt sich meines Erachtens aus folgenden Erwägungen:

1. Der § 293 Abs. 2 der C.P.O. erklärt die Entscheidung über das Bestehen oder Nichtbestehen der zur Compensation gestellten Gegenforderung in Höhe des Betrages, mit welchem aufgerechnet werden soll, für der Rechtskraft fähig. Daraus läßt sich ein Schluß auf die vorhandene Rechtshängigkeit der zur Compensation gestellten Gegenforderung machen. Denn Fähigkeit zur Rechtskraft und Rechtshängigkeit sind untrennbar. Die Rechtshängigkeit ist die Vorstufe der Rechtskraft. Sicher in dem Sinn, daß Rechtshängigkeit überhaupt nur da eintritt, wo Rechtskraftsfähigkeit vorliegt. Denn was überhaupt nicht rechtskräftig entschieden werden kann, das kann auch nicht rechtshängig werden. Aber auch wohl in dem andern Sinn, daß da, wo eine der Rechtskraft fähige Entscheidung gefällt wird, auch Rechtshängigkeit vorausgegangen sein muß. Beides ergibt sich aus der von mir vertretenen Auffassung der Rechtshängigkeit als des Zustands der

---

[1]) Vergl. darüber meinen Zwischenstreit unter den Parteien: S. 36—46, 64—70, 93.

Streitsache, nachdem sie in iudicium deducirt ist. Es folgt aber auch aus Gründen der Billigkeit, daß aus der Geltendmachung eines Anspruchs, über welchen eine rechtskräftige Entscheidung zu erwarten ist, die Einrede der Rechtshängigkeit entstehen muß. Denn wenn aus dem rechtskräftigen Urtheil für die Parteien die Verpflichtung entsteht, dem Urtheil nachzuleben, so können dieselben verlangen, daß sie nicht der Gefahr ausgesetzt werden, wegen ein und desselben Streitobjects einer doppelten Vexation zu unterliegen. Es wäre von dem wegen eines Privatrechts Belangten zuviel gefordert, wenn er sich wegen desselben Rechts gleichzeitig zweimal vertheidigen sollte.[1])

Deswegen glaube ich im Einklange mit den Motiven[2]) die Begriffe der Rechtshängigkeit und Rechtskraftsfähigkeit als einander durchaus correspondirend auffassen zu müssen, sodaß also der Einwand der Litispendenz der anderweiten Geltendmachung stets entgegengesetzt werden kann, wenn das im 1. Proceß zu erlassende Urtheil gleichzeitig Rechtskraft für den 2. hervorruft.[3])

Dies ist nun freilich von Lippmann bestritten. Nach ihm soll man gemäß der Grundsätze der C.P.O. nur noch sagen können, daß, soweit nach dem Urtheile eine Rechtskraft von Ansprüchen eintritt, vor demselben Rechtshängigkeit vorhanden sein kann, nicht aber vorhanden sein muß. Denn die Function der Abwehr doppelter Entscheidungen habe im neuen Recht die exceptio rei iudicatae

---

[1]) Windscheid, Pandekten I. § 124 Anm. 1 a. E. Wächter, Pandekten I. § 111 Beilage I. Nr. III. A. a. E.

[2]) S. 187.

[3]) Buchka a. a. O. I. S. 135. Planck, Mehrheit der Rechtsstreitigkeiten S. 785 not. 8. Gruchot in seinen Beiträgen zur Erläuterung des deutschen Rechts Bd. 12 S. 809. Wach in Krit. Vierteljahresschrift Bd. 14 S. 589. Eck in von Holtzendorffs Rechtslexikon s. v. Rechtshängigkeit. A. M. Lippmann, a. a. O. S 439, welcher die Einrede der Rechtshängigkeit weder durch Erhebung der Compensationseinrede noch durch Widerklaganstellung begründet werden läßt, wobei sein Hauptargument in der Erwähnung der Widerklage in § 251 der C.P.O. und folgeweise Gleichstellung derselben mit der Einrede besteht. Uebrigens sind auch die norddeutschen Protokolle S. 537 der Meinung, daß da, wo Rechtskraftsfähigkeit vorliegt, Rechtshängigkeit vorausgegangen sein muß. Die Mehrheit der Commission zieht hieraus ausdrücklich die Folgerung, „daß demnach auch die Geltendmachung mittelst Compensationseinwandes unter den Begriff der Rechtshängigkeit falle".

übernommen, indem nicht mehr die Priorität des Proceßbeginns, sondern die Priorität der Proceßentscheidung maßgebend sei.

Meines Erachtens ist es durchaus unrichtig, die Bedeutung der exceptio litis pendentis nach früherem Recht einzig und allein auf die Function der Abwehr doppelter Entscheidungen abzustellen. Die Einrede der Rechtshängigkeit ist an Stelle der exceptio rei in iudicium deductae getreten. Letztere Einrede aber erfüllte eben zwei Functionen, sie schnitt die Möglichkeit zweier gleichzeitiger Processe über denselben Streitgegenstand ab und vermied demgemäß auch doppelte Entscheidungen. Sie ging allerdings insofern noch weiter, als die Einrede der Litispendenz, als sie wegen der mit der Litiscontestation eingetretenen processualischen Consumtion nicht nur die gleichzeitige, sondern auch die abermalige Geltendmachung desselben Anspruchs verhinderte. Die processualische Consumtion ist wohl schon im Justinianischen Recht „abgestorben".[1]) Aber an Stelle des Consumtionsprincipes traten zwei andere, für die richtige Auffassung der Einrede der Litispendenz wichtige Gesichtspunkte: einmal das Postulat der aequitas, daß Niemandem zugemuthet werden könne, wegen derselben Sache sich

---

[1]) Windscheid, Pandekten I. § 124 Anm. 1 u. Actio S. 65 und 66. Buchka II. S. 21 behauptet, daß das alte Recht der Consumtion nicht gerade durch Justinian aufgehoben sei; die von ihm nachgewiesenen modificirenden Vorschriften Justinians mußten aber ebenfalls zu einem „Absterben" des Consumtionsprincipes führen. Auch Bekker, Actionen I. S. 351 gibt jetzt (für das Recht Justinians?) zu, daß die Consumtion erst mit dem Urtheil eintrat. Vergl. jedoch S. 20 Anm. 1. Jedenfalls ist der deutschen Civilproceßordnung die processualische Consumtion als Wirkung der Litiscontestation unbekannt. Denn der Kläger kann nach der Litiscontestation die Klage noch mit Einwilligung des Beklagten zurücknehmen. Wetzell (System des [gemeinen] ordentlichen Civilprocesses § 14 bei Note 54) hält dies zwar für keinen Beweis, da die Litiscontestation nach späterem Recht nur ope exceptionis gewirkt habe. Wie aber, wenn der Beklagte der einseitigen Zurücknahme des Klägers gegenüber sich auf die stattgehabte Einlassung berief? Soll dann die Consumtion eingetreten sein? Wetzell muß das doch annehmen. Dann würde die Folge sein, daß eine nachträgliche Gestattung der Klagezurücknahme Seitens des Beklagten keine Wirkung haben könnte. Dem Kläger, welcher auf die nachträgliche Genehmigung gestützt, die Klage zurücknähme, würde, wenn er von Neuem klagen wollte, die Einrede der Rechtshängigkeit oder rei in iudicium deductae entgegengesetzt werden können. Denn der in der nachträglichen Genehmigung der Zurücknahme liegende Verzicht auf die Rechtshängigkeit würde wirkungslos sein, da die Consumtion zur Zeit seiner Erklärung bereits eingetreten war.

gleichzeitig mehrmals zu vertheidigen, und der andere Gesichtspunkt, daß der Kläger in Folge der im 1. Proceß für ihn entstandenen passiven Proceßobligation das Recht verliert, unter einseitiger Aufgebung des 1. Processes seine Klage bei einem 2. Gericht zu erheben.[1])

Darin bestand die Bedeutung der Einrede der Litispendenz, und es war also nur eine Folge dieser Bedeutung, daß durch dieselbe auch doppelte Entscheidungen vermieden wurden. Demgemäß ist es auch eine ganz willkürliche Behauptung, daß die Function der Abwehr doppelter Entscheidungen im Reichscivilproceß durch die exceptio rei iudicatae übernommen worden sei. Denn es wird damit zugleich behauptet, daß in der deutschen Civilproceßordnung jener Grundsatz der aequitas, nach welchem der Beklagte vor der Nothwendigkeit, über dieselbe Sache gleichzeitig zwei Processe zu führen, bewahrt werden sollte, aufgegeben sei. Ein Beweis für diese Behauptung wird nicht entfernt versucht, sondern nur die weitere Behauptung angereiht, daß die von Lippmann vertretene Auffassung einen erheblich praktischen Gedanken des Gesetzgebers enthalte, welcher vor allen Dingen auf eine schnellere Erledigung der Processe hinwirke. Ich finde nun nirgends einen Anhalt dafür, daß dies wirklich der Gedanke des Gesetzgebers war. Die Motive sprechen dagegen und das Gesetz ebenfalls.[2]) Auch hege ich Zweifel an der Praktikabilität dieses Gedankens. In wiefern nämlich durch die Möglichkeit, denselben Anspruch in mehreren Processen gleichzeitig zu verfolgen, auf eine schnellere Erledigung der Processe hingewirkt werden soll, ist ganz unerfindlich. Jeder Gerichtshof wird pflichtmäßig in der Verhandlung und Entscheidung des vor ihm schwebenden Processes vorzugehen haben. Und wenn auch die Möglichkeit, der eine Proceß werde früher zu Ende kommen, als der andere, nicht ausgeschlossen ist, so kann dieser Gesichtspunkt doch unmöglich zu einer Uebertragung der Functionen der Einrede der Rechtshängigkeit auf die Einrede der Rechtskraft geführt haben. Dies schon um deswillen nicht, weil die Möglichkeit ungleichzeitiger Erledigung der beiden Processe genau nicht größer ist, als die Möglichkeit gleichzeitiger Erledigung. Wie soll aber in dem letzteren Falle überhaupt doppelte Entscheidung über denselben Anspruch durch

---

[1]) Vergl. den Nachweis bei Buchka II. S. 107—127.

[2]) Motive S. 187 u. § 254 in Verbindung mit § 293 Abs. 2 der C.P.O.

die exceptio rei iudicatae abgewehrt werden? Beide Erkenntnisse werden ganz gleichzeitig rechtskräftig, indem sie z. B. von verschiedenen Landgerichten in II. Instanz erlassen werden. Wo bleibt dann die Function der exceptio rei iudicatae, doppelte Entscheidungen abzuwehren? Vielmehr ist umgekehrt zu behaupten, daß ohne die Einrede der Rechtshängigkeit die Gefahr widersprechender Entscheidungen unvermeidlich sein würde.

Wenn man nun aber auch annehmen wollte, daß der Gesetzgeber die Möglichkeit schnellerer Erzielung einer rechtskräftigen Entscheidung höher angeschlagen habe, als die Unmöglichkeit, sich durch die Einrede der Rechtskraft vor widersprechenden Entscheidungen zu schützen, so müßte es doch vor allen Dingen gestattet sein, einen im Wege der Klage erhobenen Anspruch anderweit wiederum geltend zu machen. Das kann nun freilich Lippmann selbst nicht zugeben. Denn die positive Bestimmung des § 235 Abs. 1 steht ihm im Wege. Aber er mußte doch wenigstens einen durchschlagenden innern Grund angeben, weshalb in diesem Falle eine anderweite gleichzeitige Geltendmachung nicht Statt haben könne. Dazu ist er aber nicht im Stande. Lippmann deducirt folgender Maßen: Der Reichscivilproceß ist ein wesentlich mündlicher. Daraus folgt der Wegfall der Eventualmaxime. Die Folge dieses Wegfalls aber ist, daß nun die Partei durch nichts gehindert ist, einen Einredeanspruch oder eine Widerklage zuerst zurückzuziehen, sodann in veränderter oder unveränderter Gestalt wieder vorzubringen und damit so lange zu variiren, bis ein Urtheil den Streit überhaupt erledigt hat. Wo aber so gar keine Gebundenheit der Partei bezüglich des Wo und Wie der Geltendmachung ihres Anspruchs vorliegt, kann auch von Rechtshängigkeit desselben keine Rede sein. In Gegensatz dazu tritt aber die durch Zustellung eines Schriftsatzes zu erhebende Klage. Sie bildet den festen Punkt des Processes. Deshalb Beschränkung der Parteibewegung hinsichtlich der Aenderung und Rücknahme des Klageanspruchs und demgemäß Rechtshängigkeit desselben.

Mir scheint diese Deduction unzutreffend. Setzt man auch das Wesen der Rechtshängigkeit in die von Lippmann hervorgehobene Parteigebundenheit, so ist es doch nicht richtig, daß die schriftliche Form des Parteivorbringens in der Klage diese Parteigebundenheit wirke. Der römische Legisactionenproceß war bekanntlich ein durchaus mündlicher, und doch fand sich hier die schärfste Gebundenheit der Parteien, indem mit der Litiscontestation die processualische Consumtion eintrat, sodaß es schier unmöglich war, die abermalige Geltendmachung desselben Anspruchs zu bewerkstelligen. Die Parteigebundenheit verträgt sich also recht gut mit der Mündlichkeit. Es kann im mündlichen sowohl, als im schriftlichen Proceß dieselbe Parteigebundenheit herrschen, und nur das ist einzig und allein zuzugeben, daß innerhalb des Processes bei Mündlichkeit des Parteivorbringens eine freiere Beweglichkeit herrscht, als bei Schriftlichkeit desselben, ohne natürlich die passive Proceßobligation irgend wie zu tangiren. Und wie stimmt es mit Lippmanns Auffassung der Rechtshängigkeit, wenn er nach dem schriftlichen gemeinen Proceß Einredeansprüche rechtshängig werden läßt und doch ihr Fallenlassen gestattet?[1]) Kann dann überhaupt noch von Parteigebundenheit die Rede sein? Lippmann behauptet es, weil die Partei wegen der Eventualmaxime insofern immer noch zum Stichhalten gezwungen gewesen sei, als sie den fallengelassenen Anspruch in demselben Processe nicht habe wieder vorbringen dürfen, also seine Feststellung in einem andern Proceß nur mit großem Verlust an Zeit habe erkaufen können und inzwischen in dem 1. Proceß alle Consequenzen eines sachlichen Unterliegens über sich habe ergehen lassen müssen. Das ist doch aber in der Zeit keine Parteigebundenheit! Denn wenn Jemand die Nachtheile seines Nichthandelns über sich ergehen lassen muß, während es ihm durchaus frei steht, ob er handeln will, oder nicht, so kann man doch von einem Zwang zum Handeln sicher nicht reden. Würde man aber gleichwohl Parteigebundenheit annehmen und würden ihretwegen Einredeansprüche rechtshängig geworden sein, so müßte aus demselben Gesichtspunkte auch nach der deutschen Civilproceßordnung die Rechtshängigkeit der Einredeansprüche behauptet werden. Denn obwohl die Eventualmaxime in ihr beseitigt ist, so ist doch ein Ersatz in dem § 252 der C.P.O. eingeführt, nach welchem nachträglich vorgebrachte Vertheidigungsmittel zurückgewiesen werden können, wenn durch deren

[1]) Die Möglichkeit, nach gem. Proceß einen Einredeanspruch fallen zu lassen, ist übrigens keineswegs so unzweifelhaft, wie Lippmann (S. 395) meint. Vergl. z. B. Dernburg, Compensation, S. 538, welchem auch Eck a. a. O. beitritt. Ferner Endemann, Das deutsche (gemeine) Civilproceßrecht I. S. 386: „Mit der Renuntiation auf Einrede muß es geradeso gehalten werden, wie mit dem Verzicht auf die Klage".

Zulassung die Erledigung des Rechtsstreits verzögert werden würde und das Gericht die Ueberzeugung gewinnt, daß der Beklagte in der Absicht den Proceß zu verschleppen oder aus grober Nachlässigkeit die Vertheidigungsmittel nicht früher vorgebracht hat. Nun würde auch die anfänglich fallen gelassene und dann wieder vorgebrachte Compensationseinrede zu den nachträglich vorgeschützten Vertheidigungsmitteln von Lippmann zu zählen sein. Es würde also auch hier Parteigebundenheit im Sinne Lippmanns vorliegen und aus ihr gerade das, was Lippmann wegdemonstriren will, die Rechtshangigkeit des Einredeanspruchs, folgen. Denn daß diese Parteigebundenheit noch geringer wäre, als im gemeinen Proceß, indem der Beklagte, welcher seinen Einredeanspruch fallen läßt, eventuell nicht sowohl den Nachtheil des sachlichen Unterliegens im Proceß, als vielmehr nur denjenigen des sachlichen Unterliegens in der Instanz auf sich nehmen muß, kann nichts verschlagen.

Aber weiter: Erklären sich denn alle Wirkungen der Rechtshängigkeit aus der im Verbot der Aenderung und Zurücknahme eines Anspruchs bestehenden Parteigebundenheit? Ist nicht die exceptio litis pendentis schon begründet, obwohl die einseitige Zurücknahme der Klage noch gestattet ist? Kann man deshalb überhaupt sagen, wo keine Parteigebundenheit im Sinne Lippmanns vorliege, sei auch keinerlei Wirkung processualer Rechtshängigkeit anzunehmen? Nach meinen bisherigen Ausführungen würde auch ohne irgend welche sonstige Parteigebundenheit der Satz, daß keine der Parteien zu gleicher Zeit denselben Anspruch in zwei verschiedenen Processen anhängig machen könne, guten Sinn haben.[1]) Und wenn die Rechtshängigkeit des Klageanspruchs nach Lippmann darin ihren

[1]) Buchka, Einfluß II. S. 27 bestreitet dies, weil ohne das Recht des Beklagten auf Fortführung des Verfahrens bis zum Endurtheil es dem Kläger möglich sei, den Beklagten von einem Richter zum andern unter Fallenlassen der hier erhobenen Klage hinzuzerren. Die Möglichkeit wäre allerdings zuzugeben. Doch würde sich der Kläger wohl hüten, da er die Kosten der Klagezurücknahme und der Neuanstellung der Klage zu tragen hätte. Gegen Buchka spricht auch insofern das Gesetz, als es die Einrede der Rechtshängigkeit schon giebt, während die Zurücknahme der Klage noch gestattet ist. Doch nehme ich deshalb noch nicht an, daß das Gesetz Plancks Auffassung (Mehrheit der Rechtsstreitigkeiten S. 23) adoptirt habe, nach welcher das Verbot der gleichzeitigen Verhandlung einer Rechtssache in zwei Processen ein neben der passiven Proceßobligation des Klägers stehender selbständiger processualischer Rechtssatz ist.

Grund hat, daß die Klage den festen Punkt des Processes bildet, was hindert dann, daß derselbe Anspruch durch anderweite Erhebung einer Klage gleichzeitig der feste Punkt eines andern Processes werde? Aus dem Umstande, daß der Klageanspruch den festen Punkt des Processes bildet, folgt doch sicher nicht die Zulässigkeit der exceptio litis pendentis bei anderweiter Geltendmachung desselben Anspruchs. Denn durch die anderweite Geltendmachung wird der feste Punkt im 1. Proceß gar nicht verrückt.[1])

Freilich meint nun Lippmann, die processualen Wirkungen der Rechtshängigkeit könnten immer nur in corpore auftreten. Nur da, wo sich das Verbot der mutatio libelli und die Wirkung der perpetuatio fori finde, könne und müsse also auch die exceptio litis pendentis begründet erscheinen. Den Grund, weshalb die Einrede der Rechtshängigkeit ohne gleichzeitigen Eintritt der übrigen Rechtshängigkeitswirkungen nicht gegeben sein könne, findet Lippmann in der Stellung, welche nach seiner Meinung die exceptio litis pendentis zur perpetuatio fori und dem Verbot der mutatio libelli einnimmt. Nach ihm steht diese vornehmste Wirkung der Litispendenz lediglich im Dienste der beiden letztgenannten Wirkungen der Rechtshängigkeit. Im Dienste der perpetuatio fori insofern, als durch die exceptio litis pendentis die Geltendmachung desselben Anspruchs in gleicher Begründung, aber in einem andern Proceß verhindert werden solle, im Dienste des Verbotes der mutatio libelli aber insofern, als durch die genannte Einrede die Befolgung dieses Verbotes für den Fall gesichert werden solle, daß etwa ein und derselbe Anspruch in veränderter Begründung auch noch anderwärts geltend gemacht werden sollte. Aber auch dies muß ich für unrichtig erklären. Denn die exceptio litis pendentis ist begründet, bevor die Partei noch an das von ihr gewählte forum gebunden ist. Bis zur Einlassung des Beklagten kann Kläger noch jederzeit seine Klage zurücknehmen und sie bei demselben oder bei einem andern etwa concurrirenden forum wieder anstellen. Auch ist es irreleitend,

[1]) Derselben Meinung ist auch Wetzell a. a. O. § 14 Note 54a, welcher gegen Buchka folgendes erklärt: „Buchka leitet die Unzulässigkeit einer neuen Klageanstellung aus der mit der Litiscontestation beginnenden positiven Verpflichtung des Klägers zur Fortsetzung der anhängigen Sache ab, — wie es scheint mit Unrecht, weil die Erfüllung dieser Verpflichtung mit dem Beginn eines neuen Processes keineswegs unverträglich ist."

wenn Lippmann betont, durch die perpetuatio fori werde eine willkürlich durch die Parteien hervorgerufene Veränderung der die Zuständigkeit des Proceßgerichts begründenden Umstände für einflußlos auf die Zuständigkeit erklärt und namentlich in der Erhebung desselben Anspruchs in einem andern Proceß eine solche willkürliche Veränderung erblickt. Denn gerade auf diesen letzteren Fall ist Nr. 2 des § 235 der C.P.O. offenbar gar nicht gemünzt. Durch die anderweite Geltendmachung des Klaganspruchs wird die Zuständigkeit des Proceßgerichts überhaupt nicht berührt. Das zuerst angegangene Gericht bleibt zuständig, und die Einrede der Rechtshängigkeit will nur verhindern, daß gleichzeitig ein zweiter Proceß wegen desselben Anspruchs geführt werde. Dieser Zweck der exceptio litis pendentis würde aber auch dann Platz greifen können, wenn das Gesetz geradezu den umgekehrten Satz aufstellte, daß die Zuständigkeit des Proceßgerichts durch eine Veränderung der sie begründenden Umstände ebenfalls geändert werde.

Und vollends unverständlich ist, was Lippmann von dem angeblichen Zweck der exceptio litis pendentis, das Verbot der mutatio libelli zu sichern, sagt. Denn wenn ein und derselbe Anspruch in veränderter Begründung auch noch anderwärts geltend gemacht werden sollte, so liegt doch noch weniger eine Klageänderung vor, als wenn der Kläger den geltend gemachten Anspruch in demselben Proceß in veränderter Weise begründen wollte. Die fragliche Aeußerung Lippmanns zeugt vielmehr von gänzlicher Verkennung der Begriffe „Anspruch" und „Klageänderung", welch letzterer Begriff ja bekanntlich voraussetzt, daß ein anderer Anspruch als der ursprünglich erhobene geltend gemacht wird.[1]) Wird aber in einem zweiten Proceß ein anderer Anspruch geltend gemacht, so kann selbstverständlich nicht die exceptio litis pendentis entgegengesetzt werden.

Nach Alledem wird der von Lippmann versuchte Nachweis, daß die deutsche Civilproceßordnung nur Rechtshängigkeit der durch schriftliche Klage erhobenen Ansprüche kenne, als mißglückt bezeichnet werden müssen.

---

[1]) Vergl. über den Begriff des Anspruchs: meinen Zwischenstreit S. 11 und über denjenigen der Klageänderung: Fitting im Archiv für civilist. Praxis Bd. 61 S. 422 ff.

Aber noch von anderer Seite sind Einwendungen dagegen erhoben worden, daß aus § 293 Abs. 2 der C.P.O. auf die vorgängige Rechtshängigkeit der zur Compensation gestellten Forderung geschlossen werden könne. Petersen und mit ihm Eccius verneinen nämlich die Rechtshängigkeit der zur Compensation gestellten Forderung als Folge ihrer Geltendmachung in der mündlichen Verhandlung mit Rücksicht auf den eventuellen Charakter der Compensationseinrede. Dieselbe werde ja doch nur für den Fall geltend gemacht, daß die Klageforderung nicht schon ohnehin als unbegründet sich herausstellen sollte, sei es, daß sie als an sich nicht begründet erscheint, sei es, daß die an sich begründete Forderung auf Grund eines andern Vertheidigungsmittels hinfällig wird. Demgemäß hänge es von der Lage des Rechtsstreits ab, ob eine Entscheidung über das Bestehen oder Nichtbestehen der Gegenforderung überhaupt werde getroffen werden; denn diese Entscheidung sei keineswegs eine in Folge des Aufrechnungseinwandes nothwendig zu erledigende Aufgabe.[1])

Alles dies ist richtig bis auf die Folgerung. Denn aus der Ungewißheit einer Entscheidung über die Gegenforderung folgt nicht, daß die Rechtshängigkeit erst in dem Augenblick eintritt, in welchem die Entscheidung über die Gegenforderung erfolgte, sondern es folgt daraus höchstens eine bedingte Rechtshängigkeit.[2])

Richtiger müßte dann doch wenigstens als Zeitpunkt der Rechtshängigkeit der Augenblick angegeben werden, in welchem die Entscheidung über die Gegenforderung rechtskräftig wurde. Denn vorher kann der Compensant gerade deshalb die Berufung einlegen, weil der 1. Richter zu Unrecht die Klageforderung für begründet erachtete und also auch ohne Noth über die zur Compensation gestellte Forderung erkannte. Dann könnte also trotz erstinstanzlicher Entscheidung über die zur Compensation gestellte Gegenforderung doch immer noch der Fall eintreten, daß der Kläger unter Abänderung des 1. Urtheils lediglich wegen Unbegründetseins der Klagforderung ohne Entscheidung über die Gegenforderung abgewiesen würde. Daraus ergibt sich, daß die erstinstanzliche

---

[1]) Petersen in Busch's Zeitschr. für deutschen Civilpr. Bd. I. S. 98. Förster-Eccius, preuß. Privatrecht, Bd. I. S. 284.

[2]) Fittings Lehrbuch S. 144 Anm. 27.

Entscheidung über die Gegenforderung den eventuellen Charakter der Compensationseinrede noch nicht endigt und daß man, wenn man bei der Frage nach der Rechtshängigkeit derselben diesem eventuellen Charakter Rechnung tragen wollte, consequenter Weise erst mit der Rechtskraft des über die Gegenforderung ergehenden Erkenntnisses die Rechtshängigkeit desselben eintreten lassen dürfte. Das hieße aber die Rechtshängigkeit der Gegenforderung in demselben Augenblick bejahen und verneinen. Denn sie würde dann in demselben Augenblick erlöschen, in welchem sie eingetreten, weil nach eingetretener Rechtskraft ein Proceß überhaupt nicht mehr schwebt. Und schließlich müßte doch auch dasselbe gelten, im Fall einer eventuellen Klagencumulation, wenn der Kläger den einen Anspruch principaliter, gleichzeitig aber für den Fall, daß er mit diesem Anspruch nicht durchdringen sollte, einen andern Anspruch erhebt. Ich glaube aber kaum, daß man dies wird behaupten können. Denn wenn die beiden Ansprüche in einer Klage erhoben werden, so sind sie nach § 235 der C.P.O. rechtshängig geworden, obwohl die Entscheidung über den 2. Anspruch ebenfalls nicht eine in Folge seiner Erhebung nothwendig zu erledigende Aufgabe des Richters ist. Für die processualische Consumtion mag im römischen Proceß der eventuelle Charakter der Compensationseinrede bedeutungsvoll gewesen sein, indem er sie ausschloß,[1]) für die Rechtshängigkeit aber ist derselbe nicht hinderlich.

---

[1]) So Bekker, processualische Consumtion § 10 S. 131, welchem sich Eisele, Compensation S. 30 ff. anschließt. Brinz, die Lehre von der Compensation S. 91 ff. geht nur auf die processualische Consumtion durch actio cum compensatione des argentarius ein. Die Stellen, auf welche es hier ankommt, sind 1. 18 § 4 D. commod. 13. 6. l. 7 § 2 de neg. gest. 3. 5. l. 1 § 4 D. de contr. tut. 27. 4. l. 7 § 1 D. de comp. 16. 2. Von diesen Stellen erklärt aber keine einzige ausdrücklich den Ausschluß der processualischen Consumtion, sondern es wird nur eine Klage über die zur Compensation gestellte Forderung für den Fall zugelassen, daß „rationem compensationis iudex non habuerit". Dabei bleibt aber die Frage offen, ob die Consumtion gar nicht eingetreten war, oder ob die anfänglich eingetretene wieder erlosch, falls das iudicium ohne Urtheil über die zur Compensation gestellte Forderung verlief. Die Consumtion wäre dann also unter der Resolutivbedingung eingetreten, daß der Richter die Gegenforderung nicht in den Kreis seiner Betrachtung hineinziehen sollte. Die Ausdrucksweise der Quellen steht dieser Meinung nicht entgegen. Denn in allen Stellen wird vorausgesetzt,

Wenn endlich Petersen (Busch's Zeitschrift I S. 98) dem § 293 Abs. 2 um deswillen jede Beweiskraft für die Rechtshängigkeit der compensando geltend gemachten Gegenforderung abspricht, weil in ihm unzweifelhaft vorausgesetzt werde, daß die Compensationseinrede nicht an sich schon die Rechtshängigkeit begründe, so halte ich dies für unzutreffend. Die Ansicht, daß die ganze Vorschrift überflüssig und die derselben beigefügte Beschränkung auf denjenigen Betrag, mit welchem aufgerechnet werden solle, ungerechtfertigt wäre, wenn man annähme, daß die Compensationseinrede an sich schon die Rechtshängigkeit begründe, ist unhaltbar. Denn wenn das Gesetz in Abs. 1 des § 293 der C.P.O. den Umfang der Rechtskraft auf den durch Klage oder Widerklage erhobenen An-

---

daß es bereits feststeht, daß der Richter auf die Compensation nicht eingegangen ist. Per arg. e contr. könnte man daraus folgern, daß also die Klage unzulässig ist, so lange die Ignorirung der zur Compensation gestellten Gegenforderung Seitens des Richters nicht feststeht. Dafür scheint auch Labeo's Meinung zu sprechen, daß die einer Klagforderung speciell destinirte Compensation nicht andern Klagforderungen gegenüber geltend gemacht werden kann. l. 13 D. 16. 2 und über das „specialiter destinata est“ siehe unten § 6. Denn wenn eine zur Compensation verstellte Forderung nicht anderweit zur Compensation verstellt werden kann, obwohl es hier ungewiß ist, ob sie in einem von beidem Judicien wirklich zur Compensation verwendet werden wird, so wird man erst recht anzunehmen haben, daß eine zur Compensation gestellte Forderung, so lange ihre Verwendung zu diesem Zweck nicht entschieden ist, auch nicht im Wege der Klage geltend gemacht werden kann.

Aus den Worten der l. 7 § 1 D. d. comp. 16. 2: „si rationem compensationis iudex non habuerit, salva manet petitio“ läßt sich jedenfalls ein Gegengrund gegen die resolutivbedingte Consumtion nicht entnehmen. Denn wenn nach eingetretener Resolutivbedingung es so angesehen wird, als sei die Consumtion gar nicht eingetreten, so läßt sich mit Fug und Recht sagen: Salva manet petitio. Endlich läßt sich für die Auffassung resolutivbedingter Consumtion noch anführen, daß die Consumtion, wenn sie überhaupt im Justinianischen Recht erhalten ist, nur als resolutivbedingte anzusehen ist. Die Consumtion, welche aus der Litiscontestation hervorgeht, wirkt nicht mehr in allen Fällen des Processes fort, sondern kann unter gewissen Voraussetzungen mit dem Processe selbst wieder aufgehoben werden. Das Klagerecht wird durch die Litiscontestation nicht mehr ein für alle Mal aufgehoben, sondern in eine Lage gebracht, bei der es ungewiß ist, ob es durch diesen Act und seine Folgen für alle Zukunft vernichtet oder nur temporär in der Fähigkeit, geltend gemacht zu werden, beschränkt werden wird. (Buchka II S. 21 u. 22 u. Bethmann-Hollweg, der römische Civilproceß III S. 259.)

spruch beschränken würde, so hätte mangels einer weiteren Bestimmung über den Umfang der Rechtskraft für den durch Compensationseinrede erhobenen Anspruch trotz der allgemein lautenden Bestimmung des § 254 der C.P.O. auch die Rechtshängigkeit ausgeschlossen sein müssen. Denn wo keine Rechtskraftsfähigkeit, da auch keine Rechtshängigkeit. Es bedurfte also einer Vorschrift über die Rechtskraft der zur Compensation gestellten Forderung, da Rechtshängigkeit und Rechtskraftsfähigkeit einander entsprechen. Außerdem besteht die Bedeutung des § 293 Abs. 2 auch darin, daß durch ihn die nach § 253 der C.P.O. in der Willkür des Compensanten stehende Herbeiführung einer rechtskräftigen Entscheidung unabhängig von seiner Willkür gestellt werden sollte. Endlich aber gelangt durch § 293 Abs. 2 der Zweck der Compensationseinrede, zur Zurückweisung der Klageforderung zu dienen, zum Ausdruck.

Aber wenn man auch ganz von § 293 der C.P.O. absieht, so folgt doch, wenigstens für nichtconnexe Gegenforderungen die Rechtshängigkeit aus

2. § 274 der C.P.O. Er beweist, daß vor Erlaß einer Entscheidung über die Gegenforderung Rechtshängigkeit derselben vorhanden ist.[1]) Der Paragraph gestattet bei Entscheidungsreife der Klageforderung und Nichtentscheidungsreife der nicht connexen Gegenforderung den Erlaß eines Theilurtheils über die erstere Forderung. Das Theilurtheil ist aber seiner Natur nach ein Endurtheil, welches jedoch nicht über den ganzen Streitgegenstand, sondern nur über einen aliquoten Theil desselben entscheidet.[2]) Wenn also das Gesetz über die Klagforderung ein Theilurtheil gestattet, so ergibt sich daraus, daß ein noch nicht entscheidungsreifer Theil des Streitgegenstandes noch anhängig sein muß. Denn Petersen[3]) sagt sehr richtig, daß durch die Erlassung des Theilurtheils nicht Rechtshängigkeit geschaffen, sondern nur, soweit sie begründet ist, erhalten werden solle. Er hätte nur noch hinzufügen

---

[1]) Daraus ergibt sich auch die Unrichtigkeit von L. von Bülows Construction (Commentar, Anm. 2 zu § 293), welcher erst mit der Entscheidung über die Compensationseinrede Rechtshängigkeit eintreten, und mit der Beseitigung der Feststellung des Compensationsanspruchs in höherer Instanz wieder wegfallen läßt.

[2]) Motive zu § 273.

[3]) a. a. O. Bd. IV. S. 301.

sollen, daß aus der Möglichkeit der Erlassung eines Theilurtheils die Rechtshängigkeit des noch nicht entschiedenen Theils zur Zeit der Erlassung sich ergebe. Denn wenn das nicht der Fall wäre, so müßte ein den Proceß voll und ganz beendigendes Urtheil erlassen werden.[1])

Freilich gilt nun der § 136 Abs. 2 und der § 274, aus welchem Argumente für die Rechtshängigkeit der Gegenforderung hergeleitet wurden, nur für nichtconnexe Gegenforderungen. Gleichwohl beweisen sie auch für die connexen die vorhandene Rechtshängigkeit. Denn wenn einmal bei der durch Einrede geltend gemachten Gegenforderung Rechtshängigkeit angenommen wird, so muß sie sowohl bei connexen als bei nichtconnexen Gegenforderungen constatirt werden. Dazu kommt aber, daß das aus § 293 Abs. 2 hergeleitete Argument geradezu auch für die connexen Gegenforderungen die vorhandene Rechtshängigkeit beweist. Deshalb halte ich es auch für durchaus gestattet, als letztes Argument dafür, daß durch Vorschützung der Compensationseinrede Rechtshängigkeit begründet werde,

3. den § 254 der C.P.O. anzuführen, nach welchem die Rechtshängigkeit eines erst im Laufe des Processes erhobenen Anspruchs mit dem Zeitpunkte eintritt, in welchem der Anspruch in der mündlichen Verhandlung geltend gemacht wird. Zwar meint das Reichsgericht, der § 254 sage nicht, daß der einredeweise im Laufe des Processes erhobene Anspruch die Rechtshängigkeit begründe. Aber dieser Ausspruch des Reichsgerichts ist nur bezüglich derjenigen Einredeansprüche richtig, über welche nicht rechtskräftig erkannt werden kann. Auf diese Einredeansprüche kann sich wegen des Mangels der Rechtskraftsfähigkeit des über sie ergehenden Er-

---

[1]) Das Reichsgericht hebt in dem Urtheil v. 16. Mai 1882 (Bd. 6 S. 422, hervor, daß der § 274 der C.P.O. nur ein Theilurtheil über die Forderung (nicht über die Gegenforderung, welche im Wege der Einrede geltend gemacht worden sei) gestatte. Es ist nicht recht ersichtlich, in welchem Sinn der eingeklammerte Passus gemeint ist. Sollte damit aber gesagt werden, daß ein Theilurtheil über die zur Compensation gestellte Gegenforderung unzulässig sei, so müßte gegen diese Auffassung Verwahrung eingelegt werden. Denn daraus daß das Gesetz über die Klagforderung ein Theilurtheil gestattet, folgt zur Evidenz auch die Zulässigkeit eines Theilurtheils über die zur Compensation gestellte Gegenforderung.

kenntnisses der § 254 der C.P.O. allerdings nicht beziehen. Dagegen muß die Ausdehnung der mangelnden Rechtshängigkeit auf den durch die Compensationseinrede erhobenen Anspruch abgelehnt werden, zumal auch der vom Reichsgericht zur Motivirung seiner ausdehnenden Ansicht unternommene Hinweis auf den § 253 der C.P.O. nichts beweist. Ein Zusammenhang des § 253 mit dem § 254 der C.P.O., aus welchem man den Ausschluß der Rechtshängigkeit für die compensando geltend gemachte Gegenforderung folgern könnte, besteht überhaupt nicht. Dies schon um deswillen nicht, weil die Rechtshängigkeit des § 254 selbst dann, wenn man den Einredeanspruch nicht rechtshängig werden läßt, noch andre Ansprüche, als die in § 253 der C.P.O. aufgezählten, umfaßt. Während nämlich der § 253 nur von der Incidentfeststellungsklage und Incidentfeststellungswiderklage spricht, bezieht sich die Rechtshängigkeit des § 254 auch auf die gewöhnliche Widerklage des § 33 der C.P.O. Und gerade daraus, daß die Rechtshängigkeit der Incidentfeststellungsklagen und Incidentfeststellungswiderklagen in § 254 der C.P.O. mit sanctionirt wird, muß man auch die Rechtshängigkeit der compensando geltend gemachten Gegenforderung folgern. Denn die zur Compensation gestellte Gegenforderung ist ja ein im Laufe des Processes streitig gewordenes Rechtsverhältniß, von dessen Bestehen oder Nichtbestehen die Entscheidung des Rechtsstreits ganz oder zum Theil abhängen kann. Es hätte also auch bezüglich der Gegenforderung gemäß des Principes der C.P.O. über den Umfang der Rechtskraft an sich eines besondern, in die Willkür der Parteien gestellten Antrages gemäß § 253 der C.P.O. bedurft, um eine r e ch t s kräftige Entscheidung über die zur Compensation gestellte Gegenforderung zu erzielen. Von diesem Satze aber hat der Gesetzgeber eine Ausnahme gemacht, indem er bei der Compensationseinrede die Willkür des Compensanten hinsichtlich der Erhebung einer Klage gemäß § 253 der C.P.O. ausschließt. Aus diesem Zusammenhang des § 293 Abs. 2 mit dem § 253 der C.P.O. ergibt sich aber dann auch, daß die Bestimmung des § 254 der C.P.O. ebenfalls auf die zur Compensation gestellte Gegenforderung angewendet werden muß.

Und dies bestätigt ein Blick auf die Entstehungsgeschichte des § 254 der C.P.O. Da ist zunächst der § 229 des I. Entwurfs, welcher es geradezu ausspricht, daß die Rechtshängigkeit eines durch

Einrede oder durch Widerklage geltend gemachten Anspruchs erst mit dem Zeitpunkt eintritt, in welchem er in der mündlichen Verhandlung geltend gemacht wurde.[1]) Andererseits spricht zwar der § 238 des II. Entwurfs nur von der Rechtshängigkeit eines erst im Laufe des Processes erhobenen Anspruchs, ohne zu unterscheiden, ob der Anspruch durch Einrede oder durch Widerklage geltend gemacht wurde. Aber aus den Motiven zu diesem Paragraph[2]) ergibt sich, daß der Gesetzgeber damit nicht eine Ausschließung des durch Einrede erhobenen Anspruchs von der Rechtshängigkeit beabsichtigt hat, sondern daß er nur eine allgemeine Fassung gewählt hat für alle im Laufe des Rechtsstreits erhobenen, rechtskraftsfähigen Ansprüche, ohne zwischen den Arten ihrer Geltendmachung besonders zu unterscheiden. Denn in den Motiven wird davon ausgegangen, daß die Einrede der Rechtshängigkeit denselben Umfang hat wie die exceptio rei iudicatae. Dabei wird auf den § 278 des Entwurfs, welcher auch die Rechtskraft der Entscheidung über die durch Einrede geltend gemachte Gegenforderung regelt, verwiesen und ausdrücklich hervorgehoben, daß wie Widerklagen und Compensationseinreden erst in der mündlichen Verhandlung erhoben werden, in Betreff ihrer auch die Rechtshängigkeit und deren Wirkungen erst mit dem Augenblicke eintreten können, in welchem der betreffende Anspruch in der mündlichen Verhandlung geltend gemacht wird. Endlich aber enthalten der § 244 des III. Entwurfs, welcher nachher als § 254 zum Gesetz erhoben wurde, und seine Begründung nur einen Abdruck der bezüglichen Bestimmungen des II. Entwurfs und seiner Motive.

Hiernach glaube ich entgegen meiner eigenen früheren Auffassung[3]) annehmen zu müssen, daß durch die ordnungsmäßige Er-

---

[1]) Ganz willkürlich ist es meines Erachtens, wenn Lippmann a. a. O. S. 382 die Aeußerung des § 229 nur im Sinne einer materiellen Rechtshängigkeit versteht. Wenn sich Lippmann zum Belege seiner Behauptung darauf beruft, daß die Motive zu § 229 inmitten einer Stelle sich befänden, welche vorher und nachher ausschließlich von der materiellen Rechtshängigkeit handle, so ist das unrichtig. Denn nicht nur auf den von Lippmann citirten Seiten 307 u. 308 des Entwurfs, sondern auch auf S. 312 ist von § 229 die Rede. Die dort erwähnte Rechtshängigkeit ist aber offenbar im processualen Sinne gemeint.

[2]) Motive S. 237.

[3]) Vergl. meinen Zwischenstreit S. 21 ff.

hebung der Compensationseinrede in der mündlichen Verhandlung gemäß § 254 der C.P.O. Rechtshängigkeit gewirkt wird. Ist aber dies richtig, so ist auch das thema probandum, die Möglichkeit eines eigenen Processes über die zur Compensation gestellte Gegenforderung gemäß des § 136 Abs. 2 erwiesen.

Damit ist aber die Auffassung der Compensationseinrede als eines reinen Vertheidigungsmittels reprobirt und es gilt nunmehr, ihre wahre Natur zu ermitteln.

§ 3.

Die Compensationseinrede eine unentwickelte Widerklage.

Wenn die Compensationseinrede nicht reines Vertheidigungsmittel ist, was ist sie dann sonst? Gaupp hält diese Frage für beantwortet, wenn er in der Compensationseinrede die Erhebung eines Anspruchs erblickt. Als ob Ansprüche nicht auch als reines Vertheidigungsmittel geltend gemacht werden könnten! Liegt doch in jeder rechtsverfolgenden Einrede die Geltendmachung eines Anspruchs. So hat z. B. die exceptio redhibitoria den Anspruch auf Aufhebung des Vertrags zum Inhalt. So wird ferner mit der der rei vindicatio entgegengesetzten exceptio rei iam obpigneratae ein Pfandrecht, mit der Retentionseinrede eine Ersatzforderung zur Geltung gebracht, allerdings nur zum Zweck der Vertheidigung. Gaupp verfällt mit seiner Auffassung in denselben Fehler, der sich auch bei Endemann findet, daß er nämlich die Geltendmachung durch Klage, Widerklage oder Compensationseinrede als wesentlich für die Eigenschaft als Anspruch hält. Und doch ist sie wesentlich nur für die Eigenschaft als Streitgegenstand. Die Eigenschaft der Compensationseinrede als Streitgegenstand bedarf jedoch noch der näheren Erörterung. In dieser Beziehung ist folgendes zu beachten:

Die wesentlichen Kriterien des Streitgegenstandes bilden die Fähigkeit, rechtskräftig entschieden und, was damit zusammenhängt, rechtshängig zu werden. Soweit diese Fähigkeit auf Grund der geschehenen Geltendmachung eines Anspruchs nicht vorhanden ist, fehlt dem Anspruch die Eigenschaft als Streitgegenstand. Soweit diese Fähigkeit andererseits vorhanden ist, liegt auch die Eigenschaft als Streitgegenstand vor. Demgemäß bilden von vorn herein nur den Streitgegenstand der durch Klage oder Widerklage erhobene

Anspruch, die durch die Compensationseinrede geltend gemachte Gegenforderung und endlich die Proceßkostenpflicht[1]). Die Compensationseinrede als solche kann also sicher nicht Streitgegenstand sein. Zur Klarstellung dieser Unterscheidung bemerke ich, daß in der Compensationseinrede nicht nur das Verlangen auf Feststellung des Bestehens oder Nichtbestehens der Gegenforderung in Höhe des Betrages, mit welchem aufgerechnet werden soll, liegt, sondern daß sie auch das Recht auf Compensation zur Geltung bringt. Das Recht auf Compensation umfaßt aber noch die Frage nach der Zulässigkeit derselben und ihren Wirkungen auf die Klageforderung. In diesem Umfang tritt nun weder Rechtskraft noch Rechtshängigkeit ein. Denn der § 293 Abs. 2 läßt ausdrücklich nur die Entscheidung über das Bestehen oder Nichtbestehen der Gegenforderung in Rechtskraft erwachsen und ohne Rechtskraftsfähigkeit auch keine Rechtshängigkeit.

Aber selbst die Gegenforderung kann man der Klage- oder Widerklage-Forderung nicht durchaus als Streitgegenstand an die Seite stellen. Denn wenn auch alle drei Forderungen mit der Tendenz rechtskräftiger Entscheidung geltend gemacht werden, so doch nur die beiden letzteren mit selbständigem Zweck. Die Gegenforderung dagegen wird nur zum Zweck der Vertheidigung in litem deducirt. Die Compensationseinrede soll nur den Antrag auf Abweisung der Klage motiviren. Dadurch sinkt nun aber die Compensationseinrede nicht etwa zu einem reinen selbständigen Vertheidigungsmittel im Sinne der §§ 137 und 275 der C.P.O. herab. Davor behütet sie ihr Zusammenhang mit dem § 253 der C.P.O. So wenig, wie ein an sich als selbständiges Angriffs- oder Vertheidigungsmittel erscheinender Rechtsbehelf — z. B. bei einem

---

[1]) Vergl. meinen Zwischenstreit S. 14 und Birkmeyer in der Mecklenburgischen Zeitschrift für Rechtspflege und Rechtswissenschaft Bd. I. S. 41 bei Note 94. Motive S. 227 a. A. und vorletzter Absatz. Wenn Seuffert zu § 3 der C.P.O. Anm. 4 sagt: „Was Streitgegenstand ist, ergibt sich aus den Anträgen der Parteien", so ist dem nicht durchweg beizutreten. Denn selbst wenn Seuffert bei Erhebung einer Compensationseinrede ausdrücklichen Feststellungsantrag bezüglich der Gegenforderung verlangen wollte, was er übrigens nicht thut, so würde doch noch die Proceßkostenpflicht übrig bleiben, welche doch sicher Streitgegenstand ist, obwohl ein Antrag bezüglich ihrer nicht erfordert wird. — Im Text sind unter Klage und Widerklage auch die Incidentfeststellungsklage und die Incidentfeststellungswiderklage verstanden.

Streit über eine Grundgerechtigkeit die Frage nach dem Eigenthum des Klägers am herrschenden Grundstück — nach der Erhebung einer Incidentfeststellungsklage oder Incidentfeststellungswiderklage noch als reines selbständiges Angriffsmittel anzusehen ist, so wenig ist dies bei der Compensationseinrede der Fall[1]). Denn wie sollte sonst das Gericht dazu kommen, eine Entscheidung über das Bestehen oder Nichtbestehen der Gegenforderung in anderer Weise, denn als Vorfrage über die Verurtheilung des Beklagten auf die Klageforderung, also ohne Wirkung der Rechtskraft, ergehen zu lassen? Darf doch das Gericht nach § 279 der C.P.O. einer Partei nichts zusprechen, was nicht beantragt wurde. Wie also präjudicielle Streitpunkte durch die Erhebung eines Feststellungsantrages aus der Reihe der selbständigen Angriffs- oder Vertheidigungsmittel mehr oder weniger herausgehoben werden, so kann auch die Compensationseinrede, da die Entscheidung über die Gegenforderung ebenfalls rechtskräftig wird, nicht als reines selbständiges Vertheidigungsmittel angesehen werden. Ebensowenig aber kann sie danach als reines selbständiges Angriffsmittel gelten, wie Freudenstein will[2]), zumal Angriffsmittel nur diejenigen Rechtsmittel sind, welche eine Partei geltend macht, um ihrem Angriff zum Erfolge zu verhelfen, und der Beklagte, wenn er die Abweisung der Klage beantragt, doch keinen Angriff unternimmt.

Vielmehr liegt in der Erhebung der Compensationseinrede entweder ohne Weiteres ein Feststellungsantrag, oder es muß, wenn die Compensationseinrede ordnungsmäßig erhoben werden soll, zugleich Antrag auf Feststellung des Bestehens der Gegenforderung zu dem Betrag, mit welchem aufgerechnet werden soll, gestellt werden. Demgemäß nehme ich an, daß mit der ordnungsmäßigen Geltendmachung einer Compensationseinrede zugleich auch die Erhebung einer Widerklage verbunden ist. Für diese Auffassung, daß es sich um eine Incidentfeststellungswiderklage, nicht um eine Incident-Feststellungsklage handelt, kann man sich freilich nicht auf die

---

[1]) Präjudicielle Rechtsverhältnisse, bezüglich deren Feststellungsantrag nach § 253 der C.P.O. gestellt ist, haben eine Doppelnatur. Sie sind Streitgegenstand u. doch zugleich selbstständige Angriffs- o. Vertheidigungs-Mittel. Dasselbe gilt von der compensando geltend gemachten Gegenforderung. Vergl. meinen Zwischenstreit S. 20 u. L. Seuffert Anm. 2 Abs. 4 zu § 137 der C.P.O.

[2]) Freudenstein, Rechtskraft S. 203 Note 4.

Motive zu § 293 der C.P.O. berufen.[1]) Denn dieselben lassen es ganz unentschieden, auf wessen Andringen die rechtskräftige Feststellung erfolgen soll. Sie sagen nämlich nur: „Wird die Einrede der Compensation vorgeschützt, so muß es als Absicht der Parteien angesehen werden, daß das Bestehen oder Nichtbestehen der compensando geltend gemachten Gegenforderung pro concurrente summa unter ihnen festgestellt werde". Gleichwohl aber scheint es mir nicht zweifelhaft, daß nur der Compensant als derjenige angesehen werden kann, welcher die rechtskräftige Feststellung hinsichtlich der von ihm geltend gemachten Gegenforderung verlangt. Denn es muß für unmöglich erklärt werden, daß in dem Erheben der Compensationseinrede Seitens des Beklagten eine Incidentfeststellungsklage Seitens des Klägers ohne jede eigene Thätigkeit desselben zu erblicken sei. Wohl aber kann der Compensant, der durch die Compensation zugleich Befriedigung wegen seiner Forderung erstrebt, nicht beanspruchen, daß ihm dieselbe Seitens des Gerichts zugebilligt werde ohne gleichzeitige Feststellung ihres Bestehens in rechtskraftsfähiger Weise. Denn auch der Kläger oder Widerkläger kann im gerichtlichen Wege Befriedigung nur nach vorheriger rechtskräftiger Verurtheilung des Beklagten oder Widerbeklagten fordern. Und gleich diesen Personen hat der Compensat ein entschiedenes Interesse daran, daß die vom Gericht als unbegründet erkannte Gegenforderung nicht abermals gegen ihn geltend gemacht werde. Dadurch schwindet denn auch die von Klöppel gerügte „Seltsamkeit", daß zu Gunsten des Klägers ohne besonderen Antrag Rechtskraft der Entscheidung über die Gegenforderung eintrete.[2])

Endlich aber läßt sich für meine Auffassung auch die Aeußerung der Motive zu § 11 des Gerichtskostengesetzes[3]) anführen, daß eine Zusammenrechnung der Gegenstände der Klage und der Widerklage ausnahmsweise nicht stattfinden soll, „wenn eine (connexe oder nicht connexe) Gegenforderung erhoben wird, welche nur eine Compensation mit der Forderung des Klägers begründen soll".

---

1) Motive S. 292.

2) Klöppel, Einrede der Rechtskraft, Berlin 1882 S. 23.

3) Pfafferoth, das deutsche Gerichtskostenwesen, Bem. zu § 11 des Gerichtskostengesetzes.

Diese Widerklage ist nun freilich eigenthümlicher Natur[1]). Am nächsten kommt sie noch der Incidentfeststellungswiderklage des § 253, ohne doch mit ihr gänzlich übereinzustimmen. Wie bei dieser handelt es sich nämlich bei der Gegenforderung um ein der Entscheidung über die Klageforderung präjudicirendes, im Laufe des Processes bestrittenes Rechtsverhältniß[2]). Allerdings kann es bei der Compensationseinrede zur Zeit ihrer Erhebung noch unentschieden sein, ob sie wirklich der Entscheidung über die Klagforderung präjudiciell ist. Wenn die Klagforderung aus processualischen Gründen oder als unbegründet zurückgewiesen wird, ist auch die Nichtpräjudicialität der Compensationseinrede entschieden. Aber dieselbe Sachlage kann sich auch bei der Incidentfeststellungsklage, bezw. -Widerklage finden, wenn z. B. die Klageforderung nach Erhebung einer Incidentfeststellungswiderklage wegen Unzulässigkeit des Rechtsweges abgewiesen wird. Oder es kann z. B. bei Geltendmachung einer Grundgerechtigkeit das Eigenthum des Klägers am herrschenden Grundstück bestritten und in Folge dessen Incidentfeststellungsklage erhoben sein. Später wendet der Beklagte ein, daß überhaupt die Grundgerechtigkeit durch Vertrag aufgehoben worden. Auch hier ist, wenn der Aufhebungsvertrag sich als zu Recht geschlossen herausstellen sollte, das Eigenthum des Klägers nicht mehr präjudiciell für die Entscheidung des Rechtsstreites. Und endlich wird das Gleiche gelten müssen, wenn die Hauptklage zu Recht zurückgenommen wird. Dann ist für die Entscheidung des Rechtsstreites der Incidentpunkt um deswillen nicht mehr präjudiciell, weil eine Entscheidung überhaupt nicht mehr begehrt wird. In allen diesen Punkten unterscheiden sich die Klagen des § 253 von der Klage und Widerklage. In der Erhebung des Feststellungsantrages liegt eben nur ein Begehren rechtskräftiger Entscheidung für den Fall, daß es auf den fraglichen Punkt bei der Entscheidung des Rechtsstreites ankommen sollte. Für diese Auffassung spricht auch namentlich der

---

[1]) Das verkennt z. B. Krüger, processualische Consumtion S. 215, wenn er die Compensationseinrede von der Gegenklage nur dadurch unterschieden wähnt, daß Zurückweisung wegen Illiquidität erfolgen und der Kläger nicht auf den etwaigen Ueberschuß verurtheilt werden kann.

[2]) Präjudiciell ist jedes Rechtsverhältniß, über welches der Richter entscheiden muß, um über den unmittelbaren Gegenstand des Streites entscheiden zu können. Motive zu § 230 des I. Entwurfs.

Umstand, daß der § 253 der C.P.O. hauptsächlich einen Ersatz der Rechtskraft der Gründe bezweckte. Denn nach der richtigen Theorie wurden die Gründe nur insoweit rechtskräftig, als sie Entscheidungen enthielten, welche der Richter fällen mußte, um zur Endentscheidung gelangen zu können. Es spricht weiter dafür der Umstand, daß dem Wortlaute des § 253 nach die Incidentfeststellungsklage durch Erweiterung des Klageantrages erhoben wird, sodaß mit dem Klageantrag selbst auch seine Erweiterung hinfällig werden muß. Ferner läßt sich auch für meine Ansicht der Umstand verwerthen, daß in § 253 noch besonders die Incidentfeststellungswiderklage zugelassen ist. Diese besondere Zulassung in § 253 der C.P.O. würde nahezu überflüssig sein, wenn die Incidentfeststellungswiderklage durchaus — wie es Löning S. 18 behauptet — den Grundsätzen der gewöhnlichen Widerklage unterstände. Sie gewinnt aber sofort selbständige Bedeutung, wenn man in § 253 die Zulassung einer besonderen Art Widerklage mit eigenthümlichen, von denjenigen der gewöhnlichen Widerklage abweichenden Regeln erblickt, sodaß freilich in der Widerklage des § 253 der C.P.O. mehr als eine bloße Form, in welcher die Incidentfeststellung beantragt werden kann (so Wach im Archiv für civil. Praxis Bd. 62 S. 401), erblickt werden muß.

Mit dieser Incidentfeststellungswiderklage hat nun die in der Compensationseinrede verborgene die meiste Aehnlichkeit. Gleich ihr geht sie auf Feststellung, gleich ihr bietet sie ein Beispiel eventueller Proceßführung. Sie steht zunächst vollständig im Dienste der Compensationseinrede, sie will zunächst nur die Befriedigung der Forderung des Compensanten durch Aufrechnung gegen die Forderung des Compensaten vorbereiten. Diese Befriedigung selbst aber ist nur eventuell bezweckt. Der Beklagte, welcher die Forderung des Klägers bestritten hat, will nicht auf jeden Fall mit seiner Compensationseinrede die Zurückweisung der Klagforderung bewirken, sondern er will dies nur für den Fall thun, daß auf andere Weise der Obsieg des Klägers nicht gehindert werden kann. Ja, selbst dann, wenn der Beklagte die Klagforderung zugestand und sich mit seiner Vertheidigung auf die Compensationseinrede beschränkte, liegt immer noch eine eventuelle Geltendmachung insofern vor, als der Kläger mit Einwilligung des Beklagten seine Klage noch zurücknehmen, oder auch einseitig auf seinen Anspruch verzichten kann.

Denn auch für diesen Fall ist die Compensationseinrede nicht erhoben.

Demgemäß ist nun auch die Widerklage auf Feststellung des Bestehens der Gegenforderung nur im Hinblick auf diesen Zweck der Bekämpfung der Klagforderung, also gleichfalls nur eventuell und nur in der Höhe erhoben, welche zur Erreichung dieses Zweckes erforderlich ist. Ist sie aber nur eventuell und nur zum Zwecke der Compensation erhoben, so ist sie auch für den Fall, daß die Compensation als an sich unzulässig erscheinen würde, oder daß die Klageforderung nicht ordnungsmäßig geltend gemacht wäre oder überhaupt nicht zu Recht bestände, nicht erhoben, wie sich namentlich daraus ergibt, daß das Theilurtheil über die Gegenforderung erst erlassen werden darf, wenn ein solches über die Klagforderung bereits ergangen (§ 274). Und auch für den Fall ist sie nicht erhoben, daß die Compensation an sich zulässig, die Compensationseinrede auch auf die Entscheidung des Rechtsstreites von Einfluß wäre, das Gericht aber die Trennung zu abgesondertem Proceß gemäß § 136 Abs. 2, oder die Trennung durch Theilurtheil gemäß § 274 belieben sollte. Vielmehr wird, wenn der Compensant auch seine Verurtheilung auf die Klage nicht vermeiden kann, die Widerklage nur in seinem eigenen Interesse aufrecht erhalten.

Diese Aufrechterhaltung ist aber nothwendig, wenn anders ein allzugroßer Eingriff in die Rechte des Compensanten vermieden werden soll. Wo nämlich die im bürgerlichen Recht vorgesehenen Voraussetzungen der Compensation vorhanden sind, da soll die Wirkung der Compensation in der sofortigen Aufhebung der Klagforderung durch Aufopferung des gleich hohen Betrages der Gegenforderung bestehen. Der Compensant soll also durch die Compensation von der Zahlung seiner Schuld befreit werden. Deswegen wird in den Quellen die Compensation der Zahlung geradezu gleichgestellt [1]). Dieses Recht ist ihm durch die Civilproceßordnung geschmälert. Er hat es unbedingt nur noch, wenn Forderung und Gegenforderung in rechtlichem Zusammenhange stehen. Trifft diese Voraussetzung nicht zu, so muß der Compensant trotz rechts-

---

[1]) l. 4 D. qui pot. in pignore 20. 4. l 4 C. de compens. 4. 31. Daß diese Gleichstellung nur cum grano salis zu verstehen, darüber vergleiche Dernburg S. 358 ff.

gültig und ordnungsmäßig vorgeschützter Compensationseinrede bezahlen. Dies um deswillen, weil die Civilproceßordnung gemäß des von ihr adoptirten Mündlichkeitsprincipes behufs Beschränkung und Vereinfachung des noch zu verhandelnden und zu entscheidenden Proceßstoffes die Trennung mehrerer Ansprüche zum besonderen Proceß und behufs Erreichung desselben Zweckes in Verbindung mit dem anderen, „daß der zur Entscheidung reife Theil des Streitgegenstandes im Interesse der obsiegenden Partei einer baldigen executorischen Erledigung zugeführt werde," die Erledigung der entscheidungsreifen Klagforderung durch Theilurtheil zugelassen hat.

Als Entschädigung hierfür mußte nun aber das Gesetz Vorsorge treffen, dem Compensanten die Rechtsverfolgung bezüglich seiner Gegenforderung zu erleichtern. Demgemäß konnte eine Verweisung des Compensanten auf den Weg gesonderter Klaganstellung nicht sanctionirt, vielmehr mußte die in der Erhebung der Compensationseinrede liegende Geltendmachung der Gegenforderung möglichst aufrecht erhalten werden. Die bei einer Verweisung zu gesonderter Klaganstellung erforderliche Zustellung einer Klagschrift, die Erhebung der Klage in foro des Compensaten, welches möglicher Weise vom forum des Compensanten durchaus abweicht, mußte demgemäß vermieden werden. Die sonst bei der Terminsbestimmung freizulassende Einlassungsfrist mußte in Wegfall kommen. Selbst bei möglichst großer Abkürzung derselben (§ 204) würde doch immer noch eine ganz unnütze Verschleppung und Erschwerung der Rechtsverfolgung für den Compensanten vorliegen. Denn einer Einlassungsfrist bedarf es überhaupt nicht mehr, nachdem die Gegenforderung in der mündlichen Verhandlung über die Klageforderung geltend gemacht, und ihre Geltendmachung in den vorbereitenden Schriftsätzen bereits präparirt war.

Hätte der Gesetzgeber diesen Erwägungen nicht Rechnung getragen, sondern die Verweisung der Gegenforderung auf den Weg besonderer Klaganstellung decretirt, so würde man ihm den Vorwurf nicht ersparen können, daß er, um dem Richter sein Amt durch Klärung des Proceßmaterials zu erleichtern, eine schwere Rechtskränkung des Compensanten durch Beschränkung seines Vertheidigungsrechts sich habe zu Schulden kommen lassen[1]).

[1]) Allerdings soll die Verweisung nicht connexer, illiquider Gegenforderungen auch den Interessen des Klägers dienen. Aber die Rücksicht auf den

Freilich erwidert Petersen, daß es dem Compensanten, welcher besondere Klaganstellung vermeiden wolle, ja frei stehe, bei Zeiten und vor der Trennung zum besondern Proceß eine Widerklage nach § 33 der C.P.O. bezüglich der zur Compensation gestellten Gegenforderung zu erheben. Denn es sei ihm unbenommen, bis zum Schluß der mündlichen Verhandlung seine Compensationseinrede jeder Zeit in eine Widerklage umzuwandeln. Aber dieser Einwand würde doch um deswillen nicht durchgreifen, weil für die Erhebung der gewöhnlichen Widerklage besondere Voraussetzungen zu wahren sind,[1]) welche für Erhebung einer Compensationseinrede nicht gefordert werden, und weil ferner die Partei nicht weiß, ob der Richter eine Trennung verfügen wird oder nicht. Und wenn die Trennung einmal ausgesprochen ist, so kann — da Petersen die Rechtshängigkeit der Gegenforderung leugnet — der Compensant trotz § 251 der C.P.O. keine Widerklage bezüglich der zur Compensation gestellten Forderung mehr erheben. Das ergibt sich aus § 136 der C.P.O., nach welchem die Gegenforderung ohne Rücksicht auf die Art ihrer Geltendmachung aus dem Proceß hinausgewiesen wird. Nicht die Einrede wird zum besondern Proceß verwiesen, sondern die durch die Einrede geltend gemachte Forderung[2]). Wollte sich danach also der Beklagte vor der mit der Verweisung zu gesonderter Klaganstellung verknüpften Verschleppung schützen, so müßte er von vorn herein und, falls die Voraussetzungen dafür vorhanden, gleich mit der Compensationseinrede eine eventuelle Widerklage, d. h. eine Widerklage für den Fall, daß die Gegenforderung zum besondern Proceß verwiesen werden sollte, verbinden. Bei dieser Sachlage ist es aber doch nur ein Schritt bis zu der Vorschrift, daß die Erhebung einer Compensationseinrede ohne gleichzeitige Anstellung einer in ihrem Dienst stehenden Widerklage unzulässig sein solle.

Kläger tritt gegenüber der Rücksicht auf Herbeiführung möglichster Beherrschung des Proceßmaterials Seitens des Gerichts durch die Trennung durchaus in den Hintergrund. Dies ergibt sich schon daraus, daß die Trennungsbefugniß des Gerichts nicht nur auf illiquide sondern auch auf liquide Gegenforderungen sich bezieht. Vergl. Petersen Bem. III. Nr. 2 zu den §§ 136 u. 137.

[1]) Vergl. unten § 4.

[2]) Vergl. unten § 15.

Und diesen Schritt hat der Gesetzgeber in der That gethan. Er konnte ihn um so eher thun, als die Verhandlung der Compensationseinrede ganz von selbst auch den Inhalt der Widerklage — Feststellung des Bestehens oder Nichtbestehens der Gegenforderung zu dem Betrage, mit welchem aufgerechnet werden soll — mit umfaßt, sodaß eine, von der Verhandlung der Compensationseinrede verschiedene, besondere Verhandlung über die Widerklage nicht nothwendig wird.

Die Sache liegt daher umgekehrt, wie nach gemeinem Proceß. Während nämlich die gemeinrechtliche Doctrin[1]) annahm, in der Widerklage liege ein eventueller Antrag auf Compensation, muß jetzt umgekehrt mit der Compensationseinrede stets eine eventuelle Widerklage verbunden sein.[2])

Die Ausgestaltung dieser Widerklage soll nun im Folgenden versucht werden, indem ich dieselbe nach ihren Voraussetzungen, nach Form und Zeit ihrer Erhebung, nach ihren Wirkungen untersuche und feststelle, in wieweit danach die für Einreden und in wie weit die für Widerklagen geltenden Proceßregeln auf die mit der Compensationseinrede verbundene Widerklage Anwendung finden. Denn es ist stets daran zu erinnern, daß diese Widerklage im Dienst der Vertheidigung steht, und daß es deshalb von vorn herein unzulässig

---

1) Wetzell a. a. O. S. 846, Dernburg a. a. O. S. 542.

2) Löning, Widerklage S. 134 will auch für unsern heutigen Proceß in der Erhebung einer Widerklage eine eventuelle Compensationseinrede erblicken, „sodaß der Richter statt den Beklagten und den Widerbeklagten gegenseitig zur Zahlung compensirbarer Objecte zu verurtheilen, den Betrag der Gegenforderung von der Klagsumme würde absetzen müssen". Meines Erachtens ist eine derartige Supplirung des Antrages auf Compensation nicht mehr gestattet. Dies ergibt, abgesehen von § 279 der C.P.O., auch § 273 in Verbindung mit § 274 der C.P.O. Nach dem ersteren Paragraphen hat der Richter über die entscheidungsreife Klagforderung Theilurtheil zu erlassen, einerlei ob die noch nicht entscheidungsreife Widerklagforderung connex oder nichtconnex ist. Wäre aber ein Antrag auf Compensation zu suppliren, so müßte bei Connexität der Gegenforderung das Theilurtheil über die Klagforderung unterbleiben, weil nach § 274 der C.P.O. ein Theilurtheil über die zur Entscheidung reife Klagforderung nicht ergehen darf, falls eine connexe Gegenforderung ausdrücklich zur Compensation gestellt wurde. Auch würde überhaupt nicht Theilurtheil über die Widerklagforderung eher erlassen werden können, als bis ein solches über die Klagforderung ergangen wäre.

erscheint, einfach die Regeln über die gewöhnliche Widerklage analog anzuwenden.

Ich unterscheide übrigens im Folgenden zwischen der Behandlung vor und derjenigen nach der Trennung zum besondern Proceß.

Zweiter Abschnitt.

Die unentwickelte Widerklage vor der Trennung zum besondern Proceß.

§ 4.

Ihre Voraussetzungen im Allgemeinen.

Wenn die mit der Compensationseinrede verbundene Widerklage zunächst nur den Zwecken der Vertheidigung dienen soll, so ergibt sich daraus, daß als Voraussetzungen ihrer Geltendmachung nicht sowohl die für die Erhebung einer gewöhnlichen Widerklage, als vielmehr die für die Vorschützung eines Vertheidigungsmitttels aufgestellten Erfordernisse im Allgemeinen als maßgebend betrachtet werden müssen. Dabei interessiren natürlich hier nur die proceßrechtlichen Voraussetzungen, während auf die, bei der Compensationseinrede noch in Betracht kommenden materiellrechtlichen nicht näher eingegangen werden kann. Deshalb scheidet von vorn herein die Frage nach dem Gegenstand der Compensationseinrede und seinem Verhältniß zum Inhalt der Klage oder Widerklage, ferner diejenige nach der Fälligkeit und Gegenseitigkeit von Forderung und Gegenforderung von dem Kreise dieser Erörterungen aus, obwohl diese Punkte ebenfalls Voraussetzungen für die Erhebung der unentwickelten Widerklage bilden.[1])

Dagegen ist das Erforderniß der Liquidität, oder besser

---

[1]) Wie ich schon früher bemerkte, enthält die unentwickelte Widerklage gleich der Incidentfeststellungswiderklage Antrag auf Feststellung eines der Entscheidung über die Klage präjudiciellen Rechtsverhältnisses. Bei der unentwickelten Widerklage ist aber die Präjudicialität noch durch die im Text genannten, materiellrechtlichen Voraussetzungen bedingt.

Liquidabilität für Erhebung der unentwickelten Widerklage bedeutungslos. Denn der Mangel der Liquidabilität bewirkt nicht, wie nach bisherigem Recht, die Zurückweisung der Compensationseinrede behufs Geltendmachung der Forderung im Wege der Klage und vor dem zuständigen Gericht, sondern lediglich die Verweisung der Gegenforderung zum besondern Proceß nach § 136 Abs. 2 der C.P.O.

Die Vorfrage für diese Entscheidung ist freilich, ob die bisherigen Vorschriften über die Verweisung illiquider Gegenforderungen processualischer oder materiellrechtlicher Natur waren. Denn die Meinung von Mandry[1]), daß nach der C.P.O. für die landesrechtlichen Vorschriften über den Einfluß der Illiquidität auf die Compensation auch dann kein Raum mehr sein solle, wenn dieselben die Liquidität als Requisit der Compensabilität betrachtet haben sollten, ist unzutreffend. Obwohl nämlich auch die Motive[2]) sich in diesem Sinne aussprechen, so muß doch daran erinnert werden, daß dieselben nicht Gesetz sind und daß die rein processualische Bestimmung des § 136 Abs. 2 der C.P.O. nicht im Stande ist, eine im bürgerlichen Recht vorgesehene Voraussetzung der Compensation zu beseitigen. Wollte man in der That die fragliche Bestimmung der C.P.O. nur nach ihrem Wortlaut auslegen, so würde ja dadurch nicht allein eine Beseitigung des einen, die Liquidität betreffenden Erfordernisses der Compensation, sondern diejenige aller Erfordernisse bewirkt sein, was offenbar unrichtig wäre. Deshalb ist das Gericht, wenn wirklich im bürgerlichen Recht die Liquidität als Erforderniß der Compensation aufgestellt ist, nicht berechtigt, bei Illiquidität die Verhandlung in getrennten Processen anzuordnen, sondern muß vielmehr die illiquide Forderung als zur Compensation ungeeignet zurückweisen.

Meines Wissens betrachtet nun nur der code civil[3]) die Liqui-

---

[1]) Mandry: Der civilrechtliche Inhalt der Reichsgesetze § 42 Anm. 16.

[2]) S. 134.

[3]) Art. 1291: la compensation n'a rien qu'entre deux dettes, . . . qui sont également liquides ou exigibles. Vergl. Motive zur C.P.O. S. 135: „erhebt das franz. Recht die Liquidität zu einer civilrechtlichen Voraussetzung für die Compensation". Auch Dernburg a. a. O. S. 578: Eine Nachklage wegen einer in Folge Illiquidität zurückgewiesenen Compensationseinrede kennt das franz. Recht nicht.

dität als Erforderniß der Compensation, während die einschlagenden Bestimmungen des gemeinen und preußischen Rechts processualer Natur sind. Das kann für beide Rechte mit Grund schwerlich bestritten werden. Denn wenn auch ohne Liquidabilität der Richter die Compensation in dem Processe über die Forderung, gegen welche aufgerechnet werden soll, nicht zulassen soll, und wenn auch ohne Mitwirkung des Richters die Compensation nicht vollzogen wird — abgesehen natürlich vom Compensationsvertrag —, so kann doch der Compensant noch nachträglich die materielle Wirkung der Compensation dadurch herbeiführen, daß er im Separatprocesse seine Forderung als Kläger darthut und zwar unter Berufung darauf, daß ihm trotz Vorhandenseins der Voraussetzungen der Compensation lediglich wegen nicht vorhandener Liquidabilität die Compensation versagt worden sei. Dies ist nach gemeinem Recht wenigstens die herrschende Meinung, obwohl Eisele[1]) zuzugeben ist, daß diese Meinung ihre Bedenken hat. Nach preußischem Recht aber ist die processualische Natur der Vorschriften über Liquidabilität ganz zweifellos vermöge der Bestimmung des § 361 I. 16 des A.L.Rts. Denn wäre die Liquidmachung materielle Voraussetzung der Compensation, so könnte auch der Zustand des Behaftetseins der Forderung mit der Compensationseinrede erst vom Momente der Erfüllung dieser Voraussetzung an eintreten und müßte also ganz ausgeschlossen sein, wenn vor diesem Zeitpunkt die Forderung, gegen welche aufgerechnet werden soll, z. B. durch Zahlung erloschen sein sollte. Und doch gilt nach § 361 I. 16 des A.L.Rts., wenn der Compensant die ad separatum verwiesene Gegenforderung in der Folge liquid macht, seine Schuld als in dem Augenblicke erloschen, in welchem die materiellrechtlichen Voraussetzungen der Compensation zuerst vorlagen. (§ 391 I. 16).[2])

Auch ist doch wohl zu behaupten, daß an sich die Liquidmachung, soweit sie nicht ausdrücklich in einem bürgerlichen Gesetz-

---

[1]) Eisele, Compensation S. 344 ff. Für die herrschende Meinung Windscheid, Pandekten II. § 350 Anm. 12. Dernburg, Compensation S. 566 ff.

[2]) Darnach ist denn auch die in der preußischen Judicatur zu Tage getretene Meinungsverschiedenheit, ob auch bei Connexität von Forderung und Gegenforderung eine Zurückweisung der letztern wegen Illiquidität eintreten könne, (Entsch. des Obertrib. Bd. 6 S. 233, Bd. 46 S. 116, Striethorst Archiv

buch als materiellrechtliche Voraussetzung der Compensation aufgestellt und definirt sein sollte, nur Frage des Beweises und demgemäß auch nur proceßrechtliche Voraussetzung für die Geltendmachung eines Rechts sein kann.

Was nun aber die processualischen Voraussetzungen der unentwickelten Widerklage angeht, so ergibt sich aus dem Umstand, daß die Compensationseinrede an sich Vertheidigungsmittel ist, die Nothwendigkeit bereits vorhandener Rechtshängigkeit der zu bekämpfenden Forderung, ein Erforderniß, welches allerdings auch für die entwickelte Widerklage gestellt ist.[1] Doch gibt es für die letztere noch andere, für die Anstellung der unentwickelten Widerklage nicht in Betracht kommende Erfordernisse. Denn während für die entwickelte Widerklage als weitere Voraussetzung die Qualification des Vorprocesses zur Widerklage und das Vorhandensein aller derjenigen Momente, durch welche die Wirksamkeit jeder Klage bedingt ist, beachtet werden muß, werden bei der unentwickelten Widerklage diese Erfordernisse im Allgemeinen nicht gestellt. Denn da dieselbe im Dienste der Compensationseinrede steht, welche selbst nur zur Vertheidigung bestimmt ist, so hieße es das Vertheidigungsrecht des Angegriffenen in unzulässiger Weise beschränken, wenn man die Voraussetzungen für die unentwickelte Widerklage ebenso streng normiren wollte, als es geschehen ist bei den Voraussetzungen der einen durchaus selbständigen Gegenangriff enthaltenden entwickelten Widerklage.

Demgemäß ist es gleichgültig, ob der Angriff, gegen welchen die Compensationseinrede sich richtet, in dieser oder jener Proceßart erfolgt ist — wenn sich nur überhaupt die Gegenforderung zu der Proceßart, in welcher die Forderung geltend gemacht ist, eignet. Denn die Gesichtspunkte, aus denen der Gesetzgeber für gewisse Proceßarten die unentwickelte Widerklage ausgeschlossen hat, können für die Compensationseinrede bezw. die mit ihr verbundene unentwickelte Widerklage nicht in Betracht kommen. Ein für alle Mal ist die unentwickelte Widerklage ausgeschlossen im Urkunden- und

---

Bd. 45 S. 304 Nr. 64) nicht mehr von Bedeutung. Denn wenn die landrechtlichen Vorschriften processualischer Natur sind (§§ 359 ff. I. 16 des A.L.Rts. und Eck in Behrends Zeitschrift Bd. 3 S. 41), so sind sie eben durch Nichtaufnahme in die C.P.O. beseitigt, und es kann also nur noch bei Nichtconnexität Trennung verfügt werden.

[1]) Löning a. a. O. S. 30 ff.

Wechsel-Proceß,[1]) im Entmündigungsverfahren dagegen[2]) nur insoweit, als die Klage auf Anfechtung oder Wiederaufhebung der Entmündigung geht. Hier hielt der Gesetzgeber möglichste Beschleunigung des Verfahrens für geboten, und schloß aus diesem Grunde die Wiederklage aus. Aber dies Streben nach Beschleunigung darf natürlich nicht zu einer wesentlichen Verkürzung des Vertheidigungsrechts des Beklagten führen, und deshalb ist grundsätzlich in allen diesen Fällen die unentwickelte Widerklage zuzulassen. Und wenn gleichwohl sich die Bemerkung aufdrängt, daß in einzelnen Proceßarten (z. B. im Entmündigungsverfahren) eine unentwickelte Widerklage nicht vorkommen kann, so beruht diese Erscheinung nicht auf processualischen Rechtssätzen, sondern auf dem materiellrechtlichen Erforderniß der Gleichartigkeit von Forderung und Gegenforderung als Voraussetzung für die Compensation. Wegen des Mangels bezüglich dieses Erfordernisses ist sogar in einer Proceßart, in welcher die entwickelte Widerklage durchaus gestattet ist, nämlich im Arrestprocesse,[3]) die unentwickelte Widerklage unzulässig. Dasselbe gilt von dem Verfahren in Ehesachen, in welchem die vermögensrechtlichen Folgen der Ehetrennung nicht geregelt werden dürfen.[4]) In Folge davon sind auch keine Compensationseinreden möglich, da dieselben ebenfalls nur vermögensrechtliche An-

---

1) §§ 558 Abs. 1 u. 565.

2) § 608 Abs. 2. Ueber die Beschränkung der Widerklage in Ehesachen vergl. § 575 Abs. 2 u. 587 der C.P.O.

3) Löning a. a. O. S. 43.

4) § 575 der C.P.O. Vergl. jedoch von Wilmowski und Levy zu diesem Paragraph, Anm. 2 a. E. und von Kräwel in Rassow's und Küntzel's Beiträgen Bd. V. S. 589 ff. Meines Erachtens aber ist es nicht richtig, wenn man annimmt, in der Verfolgung der Ansprüche auf die Ehescheidungsstrafen und auf Alimente für die Ehefrau sei nicht eine „andere Klage," zu finden. Auch ist es unzutreffend mit von Kräwel zu sagen, die Feststellung der Ehestrafe sei nur ein Ausspruch über den höheren oder geringeren Grad der Schuld, und also, da nach den Motiven (S. 364) der nach dem materiellen Rechte erforderliche Ausspruch über die Schuld nicht aus dem Ehescheidungsprocesse abgesondert werden dürfe, untrennbar mit dem Ehescheidungsprocesse verbunden. Denn wenn auch die Festsetzung der Ehescheidungsstrafe nicht ohne Ausspruch über die Schuld erfolgen kann, so kann doch der Grad der Schuld festgesetzt werden, ohne zugleich eine Ehescheidungsstrafe zu verhängen. Auf nicht verlangte Ehescheidungsstrafen darf doch sicher nicht erkannt werden. Vielmehr liegt nach der richtigen Auffassung, wenn mit der Ehescheidungsklage der Antrag auf Strafe verbunden wurde, eine objective Klagencumulation vor.

sprüche zum Inhalt haben könnten und also die nöthige Gleichartigkeit der aufzurechnenden Forderungen fehlen würde.

Derselbe Gesichtspunkt, daß die unentwickelte Widerklage im Dienste der Vertheidigung steht, bewirkt nun, daß die für Erhebung der entwickelten Widerklage geforderte Abwesenheit proceßhindernder Einreden hier wenigstens theilweise ebenfalls nicht erfordert wird. Denn gewiß ist es für die Erhebung der unentwickelten Widerklage nicht nöthig, daß der Compensant Sicherheit wegen der durch die Geltendmachung seiner Forderung erwachsenden Proceßkosten stellt. Wird doch diese Caution nicht einmal bei der entwickelten Widerklage verlangt (§ 102 Nr. 3 der C. C.P.O.). Ferner kann sicher dem Compensanten auch nicht die Replik entgegengesetzt werden, daß er die zur Erneuerung des Rechtsstreites erforderliche Erstattung der Kosten des früheren Verfahrens — Compensant hatte bereits Klage wegen der zur Compensation gestellten Forderung erhoben, dieselbe aber zurückgenommen — noch nicht bewirkt habe. Denn der Streit um die Gegenforderung wird von dem Compensanten gar nicht aus eigener Initiative erneuert, sondern er ist durch den gegnerischen Angriff gezwungen, im Interesse seiner Vertheidigung die Gegenforderung geltend zu machen. Aus demselben Grunde ist auch die Replik, daß das angegangene Gericht nicht örtlich zuständig sei, dem Compensanten nicht zu opponiren,[1]) wozu noch der andere Grund kommt, daß der Gerichtsstand der Widerklage nach § 33 Abs. 1 der C.P.O. für die zur Compensation gestellte Gegenforderung stets vorhanden ist. Was aber die Frage nach der sachlichen Zuständigkeit anbelangt, so erledigt sich dieselbe dadurch, daß die unentwickelte Widerklage principaliter immer nur in Höhe des Betrages der vom Kläger geltend gemachten Forderung angestrengt wird und daß also, wo für diese die sachliche Zuständigkeit begründet ist, sie auch für die unentwickelte Widerklage vorliegt.[2]) Deshalb kann auch von Anwendung des § 467 der C.P.O. auf diese Widerklage keine Rede sein.

---

[1]) Ist auch dann diese Replik ausgeschlossen, wenn durch Vereinbarung für die Gegenforderung ein anderes forum als ausschließliches begründet ist, als dasjenige, bei welchem Compensat seine Klage erhoben?

[2]) Ueber eventuelle Geltendmachung einer weiteren Gegenforderung für den Fall, daß die zuerst geltend gemachte sich als unbegründet herausstellen sollte, vergl. § 13.

Dagegen genügt der Umstand, daß die Gegenforderung nur zum Zweck der Vertheidigung geltend gemacht wird, nicht, um den Einwand der Unzulässigkeit des Rechtsweges, der Rechtshängigkeit der Gegenforderung oder der mangelnden Proceßfähigkeit des Compensanten beziehentlich seiner fehlenden gesetzlichen Vertretung hinsichtlich der zur Compensation gestellten Gegenforderung auszuschließen. Vielmehr treten an Stelle des Vertheidigungszweckes hier zwei andere Gesichtspunkte in den Vordergrund, nämlich, daß eine rechtskräftige Entscheidung über die zur Compensation gestellte Forderung verlangt wird und daß in der Compensation eine Disposition über die Forderung liegt. Denn die Voraussetzung jeder rechtskraftsfähigen Entscheidung Seitens einer Gerichtsbehörde ist Jurisdictionsbefugniß des angegangenen Gerichts bezüglich solcher Rechtsverhältnisse, über welche die Entscheidung begehrt wird — wenigstens der Art nach. Auch ist Niemand schuldig, sich widersprechende rechtskraftsfähige Entscheidungen über dieselbe Forderung gefallen zu lassen; und endlich darf auch das Gericht einen Handlungsunfähigen zur Disposition über seine Forderung im Proceß nicht verstatten.

Sind danach dem Compensaten die gedachten Einwendungen der Unzulässigkeit des Rechtsweges, der Rechtshängigkeit und fehlenden Proceßfähigkeit nicht zu verwehren, so liegt meines Erachtens auch kein Grund vor, ihnen ihren proceßhindernden Charakter um deswillen abzusprechen, weil die Gegenforderung selbst nur zum Zweck der Vertheidigung geltend gemacht wurde. Denn obwohl der Compensant die unentwickelte Widerklage nur für den Fall erhebt, daß es auf die Gegenforderung zur Ueberwindung der Klageforderung ankommen sollte, so ist doch der Compensat für diesen Fall verpflichtet, sich auf die Gegenforderung einzulassen. Denn der Compensant behauptet durch Anstellung der unentwickelten Widerklage, daß er für diesen Fall zu ihrer Erhebung berechtigt sei. Schützt nun der Compensat der unentwickelten Widerklage gegenüber eine proceßhindernde Einrede vor, so erhebt er damit den Präjudicialeinwand, daß der Compensant, auch wenn es auf die Gegenforderung zur Entscheidung über die Klagforderung ankommen sollte, doch zu ihrer Geltendmachung, so wie geschehen, nicht berechtigt sei. Stellt sich dieser Einwand als begründet heraus, so ist dann der Compensant mit seiner Gegenforderung angebrachtermaßen abzuweisen,[1]) wodurch alle weiteren Verhandlungen über die Gegenforderung, sowie ihre Verweisung zum besonderen Proceß abgeschnitten werden.

Meines Erachtens finden also die §§ 247 und 248 der C.P.O. nach Maßgabe der vorhergehenden Einschränkungen auf die unentwickelte Widerklage analoge Anwendung.

Aus dem Gesagten ergibt sich nun, daß die Voraussetzungen der unentwickelten Widerklage, wie sie von denen der entwickelten abweichen, doch auch nicht mit denen der Angriffs- oder Vertheidigungsmittel übereinstimmen. Denn deren Voraussetzung ist einzig und allein die Rechtshängigkeit des Anspruchs, zu dessen Begründung oder Abwehr die fraglichen Streitmittel bestimmt sind.

Der Erörterung der für die unentwickelte Widerklage im Einzelnen erforderten Voraussetzungen ist nun der folgende Paragraph gewidmet.

§ 5.

Die einzelnen Voraussetzungen.

1. Was zunächst das Erforderniß der Rechtshängigkeit derjenigen Forderung, welcher gegenüber die unentwickelte Widerklage erhoben werden soll, anbelangt, so ist es selbstverständlich, daß alle Voraussetzungen für die Begründung der Rechtshängigkeit gewahrt sein müssen. In dieser Beziehung genügt es, auf Lönings[2]) Ausführungen zu verweisen. Danach muß also zur Zeit der Erhebung der Widerklage die rechtsgültig erhobene Vorklage noch schweben. Würde die Vorklage nicht ordnungsmäßig erhoben sein, würde es ihr namentlich an den sog. Proceßvoraussetzungen fehlen, so wäre die Rechtshängigkeit nur Schein und alle in Folge desselben vorgenommenen weiteren processualischen Acte, also auch die Erhebung der unentwickelten Widerklage selbst, wären nur Scheinacte. Die Rechtshängigkeit der Forderung, gegen welche aufgerechnet werden soll, wird nun regelmäßig durch Klage oder Widerklage erreicht. Doch kann nicht jeder Klage oder Widerklage eine Compensationseinrede entgegengesetzt werden, sondern nur denjenigen,

---

[1]) Durch Zwischenurtheil.

[2]) Löning a. a. O. Seite 36—39.

welche compensirbare Forderungen zum Gegenstand haben. Andererseits ist es nicht nothwendig, daß die Forderung gegen, welche aufgerechnet werden soll, gerade durch Klage oder Widerklage rechtshängig geworden war. Insoweit vielmehr der materiellrechtliche Satz: compensatio compensationis non datur nicht gilt, kann auch die Rechtshängigkeit geradezu durch Einrede bewirkt sein.[1]) Auch ein einfaches Gesuch um Erlaß eines Zahlungsbefehles kann diese Folge haben, da nach § 633 der C.P.O. mit der Zustellung des Zahlungsbefehles an den Schuldner die Wirkungen der Rechtshängigkeit eintreten.

Ob im Uebrigen die Klage, durch welche die Rechtshängigkeit der Forderung, gegen welche aufgerechnet werden soll, auf Feststellung oder Verurtheilung ging, ist gleichgültig. Denn da den Inhalt, des durch die Erhebung der Feststellungsklage begründeten Rechtsstreites dasselbe Privatrechtsverhältniß bildet,[2]) welches bei einer Klage auf Verurtheilung in lite sein würde, so kann von einer Unzulässigkeit der Compensation nicht die Rede sein, obgleich der Klagantrag nur auf Feststellung, der Antrag des Compensanten aber implicite auf Befriedigung durch Aufrechnung gerichtet

---

[1]) Windscheid Pandekten II. § 349 Anm. 21—25. Förster-Eccius I. S. 687. Dernburg preuß. Privatrecht II. § 106 Anm. 1 u. Compensation S. 411. Auch § 375 I. 16 des A.L.Rts und Rehbein und Reincke Anm. 142 zu 301 I. 16 des A.L.Rts. und R.G.E. VII. S. 245.

[2]) Petersen zu § 231 S. 385, Löning a. a. O. S. 183 ff. Mein Zwischenstreit S. 11 und 12. Freilich zählt mich Löning unter denen auf, welche eine von dem festzustellenden Rechtsverhältniß verschiedenen Anspruch auf Feststellung annehmen. Wie er dazu kommt, ist nicht abzusehen. Denn die von ihm in Bezug genommene Aeußerung auf S. 29 meines Zwischenstreites berechtigt ihn dazu nicht. Ich sage dort: „Der Anspruch geht eben nur auf Feststellung des Rechtsverhältnisses, nicht auf Realisirung der aus einem solchen sich ergebenden Ansprüche“. Mit dem auf Feststellung gehenden Anspruche meinte ich aber selbstverständlich den erhobenen Anspruch. Der erhobene Anspruch ist nun aber das streitige Rechtsverhältniß, welches und soweit es geltend gemacht ist (S. 11 meines Zwischenstreites). Weitläufiger hätte ich also sagen können: Das streitige subjective Recht ist nur insoweit geltend gemacht, als seine Feststellung verlangt wurde. Und wenn ich fortgefahren habe: „Der Anspruch geht nicht auf Realisirung der aus dem Rechtsverhältniß sich ergebenden Ansprüche,“ so hätte es anstatt dessen weniger kurz heißen können: Das Rechtsverhältniß ist aber insoweit nicht geltend gemacht, als es sich um Realisirung der aus ihm hervorgehenden Ansprüche handelt.

war. Ich sehe nicht ein, weshalb der Compensant, wenn anders er dies in seinem Interesse findet, einer Klage auf Feststellung einer Darlehnsforderung von 1000, zahlbar nach Belieben, nicht eine Klagforderung in gleicher Höhe, zahlbar sofort, sollte compensando entgegensetzen können. Denn es kommt für die Zulässigkeit der Compensationseinrede gegenüber einer Feststellungsklage einzig und allein auf die Fälligkeit der zur Compensation gestellten Forderung und darauf an, ob die Objecte der gegen einander aufzurechnenden Forderungen gleichartig sind.[1])

Endlich wird auch durch die auf Grund eines Schiedsvertrages erfolgende Geltendmachung eines Anspruchs vor einem Schiedsgericht eine Art Rechtshängigkeit[2]) bewirkt. Der Schiedsvertrag erzeugt ja die Verpflichtung, den Streit nicht an das ordentliche Gericht zu bringen und im Gegentheil Alles zu thun, was Seitens der Parteien nöthig ist, um dem Schiedsrichter die Fällung des Spruches zu ermöglichen.[3]) Demgemäß steht auch der Erhebung der unentwickelten Widerklage im schiedsgerichtlichen Verfahren nichts im Wege. Eines besonderen Vertrages, die zur Compensation gestellte Forderung vor dem Schiedsgericht entscheiden lassen zu wollen, wie solcher bei der gewöhnlichen Widerklage nothwendig ist,[4]) bedarf es dabei zur Begründung der schiedsrichterlichen Competenz nicht. Dies um deswillen, weil die Entscheidung über die zur Compensation gestellte Forderung eine Vorfrage für die Entscheidung des Rechtsstreites bildet und in der Verabredung, die Entscheidung eines Rechtsstreites einem Schiedsrichter anvertrauen zu wollen, zugleich auch die Unterwerfung bezüglich aller dabei in Betracht

---

[1]) Die entgegengesetzte Meinung von Weismann, Feststellungsklage S. 117 und 118 scheint eine unhaltbare. Gerade die Einreden, welche geeignet sind, das an sich begründete klägerische Recht zu beseitigen, müssen der Feststellungsklage ebensogut entgegengesetzt werden können, wie der Klage auf Verurtheilung. Es ist nicht abzusehen, wieso der Antrag auf Feststellung dem Beklagten das Recht, den klägerischen Anspruch überhaupt zu beseitigen, sollte nehmen können. Derselben Meinung ist jetzt auch Bär (Urtheile des Reichsgerichts mit Besprechungen), welcher die Feststellung eines Forderungrechts, unangesehen der Frage, ob ihm Einrede entgegenstehe, für unmöglich erklärt (a. a. O. S. 160 Anm.)

[2]) Vergl. Dernburg, Compensation S. 541 und folg. Seite, Anm. 1.

[3]) Windscheid, Pandekten, § 415 bei Anm. 8 und 9.

[4]) Löning a. a. O. S. 35 und Cap. 6 X de arbitris I. 43.

kommende Vorfragen unter die schiedsrichterliche Gewalt erblickt werden muß.[1])

Damit bin ich schon auf ein weiteres Erforderniß für die Erhebung der unentwickelten Widerklage gekommen, nämlich:

2. Die Jurisdictionsbefugniß des angegangenen Gerichts.

Außer der Rechtshängigkeit der Forderung, gegen welche aufgerechnet werden soll, muß die Jurisdictionsbefugniß des angegangenen Gerichts über die Forderung, mit welcher aufgerechnet werden soll, verlangt werden. Dagegen wird nicht gefordert, daß das angegangene Gericht gerade für die zur Compensation gestellte Forderung zuständig ist, vielmehr genügt es, wenn das Gericht nur befugt ist, über Forderungen der Art, wie die zur Compensation gestellte, zu entscheiden. Fehlt dem Gericht aber diese Befugniß, so muß es auch die Compensationseinrede unberücksichtigt lassen. Denn eine der Rechtskraft fähige Entscheidung kann immer nur von solchen Gerichten erlassen werden, welchen die Jurisdictionsbefugniß über den Gegenstand der Entscheidung wenigstens der Art nach zusteht. Das Gegentheil kann man auch nicht aus dem § 139 der C.P.O. schließen. Denn wenn dort gesagt ist, „das Gericht kann, wenn die Entscheidung des Rechtsstreites ganz oder zum Theil von einem Rechtsverhältniß abhängt, welches von einer Verwaltungsbehörde festzustellen ist," die Aussetzung der Verhandlung bis zur Entscheidung der Verwaltungsbehörde anordnen, so darf man keineswegs per arg. e. contr. folgern, daß also die Gerichtsbehörde dieses Rechtsverhältniß auch selbst rechtskräftig feststellen dürfte. Denn sicher hat in jener Gesetzesstelle dem Gericht eine ausnahmsweise Jurisdictionsbefugniß nicht eingeräumt werden sollen. Außerdem aber hat der § 139 der C.P.O. auch nur solche präjudicielle Rechtsverhältnisse im Sinn, deren rechtskräftige Festsetzung in dem auszusetzendem Processe überhaupt nicht begehrt wurde.[2])

---

[1]) Dernburg a. a. O. S. 541. Ist die Klage bei einem Schiedsgericht angestellt, so steht der anderweiten Geltendmachung des fraglichen Rechtsverhältnisses nicht die proceßhindernde Einrede der Rechtshängigkeit, sondern vielmehr die exceptio pacti entgegen. R.G.E. Bd. 8, S. 400.

[2]) Meines Erachtens hat das Gericht nicht die Befugniß, im Fall von ihm rechtskräftige Entscheidung eines präjudiciellen Rechtsverhältnisses begehrt würde, über welches schon ein Proceß schwebt, diese gemäß § 139 auszusetzen. Das entspräche nicht dem Willen der Partei, welche von dem angegangenen Gericht eine rechtskraftsfähige Entscheidung begehrt, und also offenbar nicht eine ein-

Deshalb bezieht sich der § 139 der C.P.O. auch nicht auf den Fall daß eine unentwickelte Widerklage angebracht wurde, obwohl das durch dieselbe geltend gemachte Rechtsverhältniß präjudiciell für die Entscheidung über die Klagforderung sein kann. Denn mit der unentwickelten Widerklage wird rechtskräftige Feststellung begehrt.[1])

Die Jurisdictionsbefugniß fehlt nun jedenfalls dem mit der unentwickelten Widerklage angegangenen Gericht, wenn über den Gegenstand der letzteren der Rechtsweg überhaupt nicht oder noch nicht zulässig ist. Sie fehlt aber auch dem angegangenen ordentlichen Gericht dann wenn die zur Compensation gestellte Forderung der Verhandlung und Entscheidung der ordentlichen Gerichte entzogen und besonderen Gerichten überwiesen wäre.[2])

Die Fälle, in denen die Verhandlung und Entscheidung einer zur Compensation gestellten Forderung wegen Unstatthaftigkeit des Rechtsweges unzulässig ist, werden allerdings nicht allzuhäufig sein.

---

fache Reproduction des Inhalts der in dem andern Proceß ergangenen Entscheidung fordert. Diesem Verlangen muß das Gericht Rechnung tragen so lange, bis der Beklagte durch Erhebung der exceptio litis pendentis erklärt, er wolle sich eine doppelte, rechtskräftige Entscheidung nicht gefallen lassen. Auf die exceptio litis pendentis ist dann aber Abweisung angebrachtermaßen geboten. In diesem Sinne verstehe ich auch die Reichsgerichtsentscheidung Bd. 3. S. 401. Die Argumentation von Vierhaus in Busch's Zeitschrift Bd. 5. S. 74 und 75 halte ich demnach für unzutreffend. Derselben Meinung: Struckmann und Koch zu § 139 Anm. 1 a. E. A. M. Gaupp Bem. 3 und § 139.

[1]) Uebrigens liegt nicht in jeder Compensationseinrede eine unentwickelte Widerklage. Vergl. darüber den folgenden §. Viele Commentatoren sind der Ansicht, daß bei Präjudicialität eines von einer Verwaltungsbehörde festzustellenden Rechtsverhältnisses das Gericht verpflichtet sei, den präjudicirten Rechtsstreit bis zur Feststellung des präjudiciellen Rechtsverhältnisses durch die Verwaltungsbehörde auszusetzen. Vergl. Petersen zu den §§ 139 und 140 Bem. II, 2., und die dort (Note 1) Citirten. Meines Erachtens ohne Grund. Denn entweder wird rechtskräftige Feststellung des präjudiciellen Rechtsverhältnisses verlangt: dann ist wegen Unzulässigkeit des Rechtsweges Abweisung des präjudiciellen Anspruchs geboten; oder das präjudicielle Rechtsverhältniß kommt lediglich als Vorfrage, ohne rechtskräftige Feststellung in Betracht: dann ist ein Grund, dem Gericht die Aussetzung zur Pflicht zu machen, nicht vorhanden.

[2]) Ueber die Fälle, in denen der Rechtsweg unzulässig oder die Zuständigkeit von Sondergerichten angeordnet ist, vergl. § 14 des G.V.G. und besonders Turnau, die Justizverfassung in Preußen nach Reichs- und Landes-Recht I. Theil 1882 S. 106—128. Auch Wilmowski und Levy Anm. 2 zu § 139 der C.P.R.

Ausgeschlossen sind sie jedenfalls nicht. Sie können sich namentlich ereignen auf Grund des § 33 des Reichsgesetzes über die Kriegsleistungen vom 13. Juni 1873 in Verbindung mit Nr. 16 der Verordnung vom 1. April 1876. Wenn z. B. der Reichsfiskus von einem Gewerbetreibenden wegen säumiger Contractserfüllung eine Conventionalstrafe einklagt, so ist der Beklagte nicht berechtigt, die ihm für zu Kriegszeiten gemachte Leistungen zustehende Forderung auf Vergütigung zur Compensation zu stellen. Ebenso liegt der Fall bei Vergütigungen wegen Naturalleistungen im Frieden nach § 14 des R.G. v. 13. Januar 1875 in Verbindung mit Nr. 8 der Instruction v. 2. September 1875. Sehr zahlreich dagegen sind die Fälle, in denen eine Forderung nicht zur Compensation gestellt werden kann, weil über dieselbe zur Zeit der Rechtsweg noch ausgeschlossen ist, indem die Festsetzung der Verwaltungsbehörden der Entscheidung des Civilgerichts voraufgehen muß und doch nicht erfolgt ist. Dies trifft z. B. zu bei den vermögensrechtlichen Ansprüchen eines Reichsbeamten aus seinem Dienstverhältniß, über welche die Entscheidung der obersten Reichsbehörde zur Zeit noch ausstand. Und ein ganzes Verzeichniß weiterer Fälle vorgängiger Entscheidung der Verwaltungsbehörden geben von Wilmowski und Levy.[1])

Endlich aber sind die Fälle, in denen besondere Gerichte zugelassen sind, in § 14 des G.V.G.'s enthalten. Ihre Ausschließlichkeit ergibt sich aus § 13 des G.V.G.'s, und es kann also eine Forderung, welche vor diesen Gerichten (Rheinschiffahrts- und Elbzoll-Gerichte, Gerichte für Separationsangelegenheiten, Gemeindegerichte) geltend gemacht werden muß, nicht vor einem ordentlichen Gericht zur Compensation gestellt werden.

Zu den Fällen, in denen dem angegangenen Gericht die Fähigkeit, über Forderungen der Art, wie die vorgeschützte, zu erkennen fehlt, zählte man früher auch die Geltendmachung einer vor die gewöhnlichen Gerichte gehörigen Forderung durch Compensationseinrede vor einem Handelsgericht.[2]) Diese Auffassung läßt sich nach dem G.V.G. nicht mehr halten. Denn die Kammern für Handelssachen gehören nicht zu den Sondergerichten. Sie sind nicht einmal eine besondere Art der ordentlichen Gerichte, sondern vielmehr Abthei-

[1]) Anm. I. zu § 139. ihres Commentars.

[2]) Dernburg, Compensation S. 531.

lungen der Landgerichte.[1]) Es handelt sich also bei ihnen nicht um mangelnde Jurisdictionsbefugniß, sondern nur um den Mangel sachlicher Zuständigkeit. Für diesen Mangel folgt aber aus der Stellung der unentwickelten Widerklage im Dienste der selbst nur zur Vertheidigung bestimmten Compensationseinrede, daß er für die Zulässigkeit der unentwickelten Widerklage bedeutungslos sein muß. Speciell für Handelskammern ergibt sich die vorhandene Gerichtsbarkeit auch über Sachen, welche ihrer Art nach vor die Civilkammern gehören würden, aus § 105 des G.V.G.'s, nach welchem die Kammer in Handelssachen nicht verpflichtet ist, von Amtswegen eine Präjudicial-Incidentfeststellungswiderklage oder eine gewöhnliche Widerklage an die Civilkammer zu verweisen. Was aber in dieser Hinsicht von der entwickelten Widerklage gilt, muß erst recht von der unentwickelten gelten.

Eine andere Frage ist es, ob das Handelsgericht berechtigt ist, im Fall eine vor die Civilkammer gehörige Forderung vor die Handelskammer zur Compensation gestellt würde, eine Verweisung vor die Civilkammer vorzunehmen? Diese Frage muß meines Erachtens bejaht werden. Zwar spricht § 105 des G.V.G.'s nicht ausdrücklich von unserem Fall, doch ist er auf ihn ebenfalls anzuwenden. Denn seinen Bestimmungen liegt der Gedanke zu Grunde, daß die Kammer für Handelssachen der Entscheidung über Rechtsverhältnisse nicht handelsrechtlicher Natur möglichst sich enthalten soll, soweit die Entscheidung über den betreffenden Proceß hinausreichen und also die exceptio rei iudicatae bezüglich des nichthandelsrechtlichen Rechtsverhältnisses begründen würde.[2]) Dieser Gesichtspunkt paßt vollständig auf die unentwickelte Widerklage. Auch kann die analoge Anwendung des § 105 des G.V.G.'s um so weniger Bedenken unterliegen, als die Verweisung sich stets auf den ganzen Rechtsstreit bezieht und also eine Zersplitterung zusammengehöriger Dinge nicht eintritt. Demgemäß kann auch der Umstand, daß der § 105 des G.V.G.'s den Fall der Compensationseinrede nicht erwähnt, nicht weiter ins Gewicht fallen, zumal der § 293 der C.P.O. nur insofern eine Abweichung von dem

---

[1]) § 100 G.V.G.

[2]) Vergl. die Erklärung von Amsbergs, abgedruckt in den Materialien zum G.V.G. S. 314.

in § 105 des G.V.G.'s ausdrücklich angezogenen § 253 der C.P.O. enthält, als der Antrag auf rechtskräftige Entscheidung über die zur Compensation gestellte Forderung nicht in die Willkür des Compensanten gestellt ist. Demgemäß hat die Handelskammer auf Antrag den ganzen Rechtsstreit an die Civilkammer zu verweisen, da die Competenz der Civilkammer grundsätzlich auch für Handelssachen, nicht aber umgekehrt die Competenz für Handelssachen auch für Civilsachen angenommen wird. Wird ein Verweisungsantrag aber nicht gestellt, so ist die Handelskammer zu der Verweisung auch von Amtswegen befugt, wenn eine Verhandlung über die zur Compensation gestellte Forderung noch nicht erfolgt und auf dieselbe ein Beschluß noch nicht verkündet ist.

Weiter kommt für die Erhebung der unentwickelten Widerklage

3. die Proceßfähigkeit des Compensanten hinsichtlich der zur Compensation gestellten Forderung in Betracht. Dies muß im Hinblick auf die Normen, welche die Civilproceßordnung über die Proceßfähigkeit aufstellt, angenommen werden. Da nämlich nach § 52 der C.P.O. die Proceßfähigkeit einer Person nur soweit reicht, als sie sich durch Verträge verpflichten kann, so folgt daraus, daß eine Partei hinsichtlich des gegen sie geltend gemachten Anspruchs Proceßfähigkeit besitzt, noch nicht, daß ihr die gleiche Eigenschaft auch bezüglich der von ihr geltend gemachten Ansprüche zukommt. Die Motive erläutern den § 51 der C.P.O. ausdrücklich dahin, daß eine Person, welche sich nur ausnahmsweise verpflichten kann, sei es durch Verträge gewisser Art oder unter gewissen Voraussetzungen, auch nur für diejenigen Rechtsstreitigkeiten proceßfähig ist, welche aus solchen Verträgen entstanden sind. Deshalb halte ich es nicht für zutreffend, wenn Wilmowski und Levy[1]) bemerken, im Fall der Erhebung einer Widerklage sei die Einrede der mangelnden Proceßfähigkeit mit der eigenen Behauptung der Proceßfähigkeit bezw. Vertretung des Gegners seitens des Klägers unvereinbar. Denn der Kläger behauptet, wenn er gegen Jemand klagend auftritt, doch nur hinsichtlich des von ihm geltend gemachten Anspruchs die Proceßfähigkeit seines Gegners, nicht auch bezüglich der vom Beklagten etwa noch geltend zu machenden Gegenansprüche, welche er ja gar nicht kennt. Ist dies aber richtig, so wird man

[1]) Bem. 1 Abs. 2 zu § 247. Ebenso: Struckman u. Koch zu § 247 Bem. 1 Abs. 3.

die Proceßfähigkeit, welche Löning[1]) mit Recht für die gewöhnliche Widerklage verlangt, auch für die unentwickelte fordern müssen. Denn daß die letztere im Dienste der Compensationseinrede steht, welche selbst nur einen Bestandtheil des Hauptprocesses bildet, während die entwickelte Widerklage nur äußerlich mit demselben verbunden ist, macht für die vorliegende Frage schwerlich einen Unterschied. In der Proceßführung liegt eben eine Disposition über das streitige Rechtsverhältniß. Soweit die Dispositionsbefugniß bezüglich eines Rechtsverhältnisses außerhalb des Processes nicht vorhanden ist, kann sie auch durch deductio in litem nicht geschaffen werden. Und ohne Dispositionsbefugniß keine Proceßfähigkeit. Dazu kommt, daß auch die Compensation selbst Dispositionsbefugniß des Compensanten bezüglich der aufzurechnenden Forderung voraussetzt, weil die Compensation ein lästiges Geschäft ist. Und wenn man dies Erforderniß bisher weniger beachtete, so kam das, wie Eisele[2]) ganz richtig bemerkt, daher, daß nach dem früheren Proceßrecht überhaupt nur vollständig handlungsfähige Personen vor Gericht auftreten konnten. Indessen muß man bei Alledem doch festhalten, daß es sich bei der Erhebung der versteckten Widerklage nicht sowohl um den materiellrechtlichen Einwand der mangelnden Dispositionsbefugniß, als vielmehr um das proceßrechtliche und von Amtswegen zu beachtende Erforderniß der Proceßfähigkeit des Compensanten handelt. Wenn deshalb ein Minderjähriger, welcher mit Genehmigung des Vaters ein Erwerbsgeschäft selbständig betreibt, auf Erfüllung einer bei dem Betrieb dieses Geschäfts eingegangenen Geldschuld verklagt wird, so ist er, soweit die Proceßführung diese Geldschuld anbelangt, vollständig proceßfähig.[3]) Wollte er aber eine ihm zustehende, vielleicht ererbte Forderung zur Compensation stellen, so hätte das Gericht von Amtswegen den Mangel der Proceßfähigkeit des Compensanten bezüglich der zur Compensation gestellten Forderung zu rügen. Soll also in solchem Fall über die zur Compensation gestellte Forderung processirt werden, so bedarf der Compensant des gesetzlichen Vertreters, der ja aber denselben Anwalt mit der Proceßführung betrauen kann, welcher

[1]) a. a. O. S. 69.

[1]) Eisele, Die Compensation Berlin 1876 S. 283.

[3]) § 6 des preuß. Gesetz. vom 12. Juli 1875 über die Geschäftsfähigkeit Minderjähriger 2c.

schon die Vertheidigung des Beklagten hinsichtlich der Klageforderung führt.

So blieb nur noch das letzte Erforderniß für die Erhebung der versteckten Widerklage, nämlich

4. die noch nicht vorhandene, anderweite Rechtshängigkeit der zur Compensation gestellten Forderung, zu besprechen. Dasselbe war dem klassischen Recht fremd, entwickelte sich erst nach Wegfall der processualischen Consumtion und beruht wesentlich auf dem Postulat der aequitas, daß es Niemandem zugemuthet werden kann, sich gleichzeitig wegen eines und desselben mit der Tendenz rechtskräftiger Entscheidung geltend gemachten Privatrechts in zwei Processe einzulassen.[1]) Deshalb ist es unzulässig, einen bereits durch Klage, Widerklage, Incidentklage oder auch unentwickelte Widerklage geltend gemachten Anspruch nochmals durch unentwickelte Widerklage vor Gericht zu ziehen. Daraus folgt aber noch nicht die Unzulässigkeit der Compensation mit einer bereits rechtshängigen Forderung, denn nicht immer liegt in der Erhebung der Compensationseinrede eine unentwickelte Widerklage.[2]) Nicht immer ist, wie sogleich nachgewiesen werden soll, das Verlangen gerechtfertigt, daß mit der Vorschützung der Compensationseinrede zugleich Antrag auf Feststellung des Bestehens oder Nichtbestehens der zur Compensation gestellten Forderung in Höhe des Betrages, mit welchem aufgerechnet werden soll, erhoben werde.

§ 6.

Die Compensation mit rechtshängigen Forderungen.

Die Frage, ob eine rechtshängige Forderung noch zur Compensation verwendet werden könne, ist schon nach gemeinem Proceß streitig gewesen, und es hat namentlich Schwierigkeiten verursacht, die l. 8 D. de compens. 16. 2, welche die Compensation mit einer bereits klagweise geltend gemachten Forderung gestattet, zu erklären. Diese Schwierigkeiten sind auch nach der C.P.O. noch nicht beseitigt. Denn einerseits enthält das Gesetz keine Vorschriften, welche die Compensation mit einer rechtshängigen Forderung ausdrücklich gestattete; andererseits verweisen die Motive, welche für Zulassung solcher Forderungen zur Compensation sind, zur Be-

[1]) **Buchka** a. a. O. II S. 120. **Wächter**, Pandekten I S. 568.
[2]) Vergl. **Struckmann** u. **Koch** Bem. 3 Abs. 3 zu § 235.

gründung ihrer Meinung auf die streitige l. 8 D. 16. 2. Die meisten der Commentatoren folgen nun ohne Weiteres der Meinung der Motive, indem sie entweder sich begnügen, auch die dort gegebene Begründung schlankweg zu adoptiren,[1]) oder eine eigene Begründung versuchen. Diejenigen, welche läugnen, daß die Compensationseinrede Rechtshängigkeit der Gegenforderung begründe, glauben schon aus diesem Grunde die Zulässigkeit der Compensation mit rechtshängigen Forderungen bejahen zu können. Und doch ist gerade dieser Grund für die Entscheidung der aufgeworfenen Frage meines Erachtens ganz irrelevant. Denn nicht darauf kann es ankommen, ob durch die Compensationseinrede Rechtshängigkeit begründet wird, sondern ob die zur Compensation gestellte Forderung mit der Tendenz rechtskräftiger Entscheidung geltend gemacht wird. Ich selbst nehme freilich an, daß wo das Gesetz Fähigkeit zur Rechtskraft ausspricht, auch Rechtshängigkeit voraufgehen muß. Aber auch wenn man diesen Standpunkt nicht theilt, und daher die Rechtshängigkeit der zur Compensation vorgeschützten Forderung läugnet, kann man doch das Bedenken nicht verkennen, daß, da die Entscheidung über die compensirte Forderung rechtshängig wird, mit der Zulassung der Compensation rechtshängiger Forderungen offenbar auch die Gefahr widersprechender rechtskräftiger Entscheidungen gegeben ist. Anstatt dies Bedenken zu würdigen, folgert man aber, daß, da durch die Geltendmachung einer Einrede niemals Rechtshängigkeit begründet werde, auch rechtshängige Ansprüche in einem andern Processe durch Compensationseinrede geltend gemacht werden können. Und noch verkehrter ist es, wenn man aus l. 8 D. 16. 2. folgern will, daß auch nach römischem und gemeinem Recht Rechtshängigkeit der zur Compensation gestellten Forderung nicht angenommen werden könne. Denn offenbar sagt darüber die l. 8. l. c. gar nichts. Sie gestattet nur die Compensation rechtshängiger Forderungen und thut dies trotz Rechtshängigkeitsbegründung durch Erhebung der Compensationseinrede. Daher befindet sich L. v. Bülow,[2]) welcher für die C.P.O. Rechtshängigkeitsbegründung durch Erhebung der Compensationseinrede läugnet, durchaus im Irrthum, wenn er meint, unser

---

[1]) Endemann zu § 235 Anm. II. 1., Abs. 3 a. E. Gaupp zu § 235 Anm. II. A. Abs. 5. Seuffert zu § 235 Anm 3 a.

[2]) Anm. 4 zu § 235.

Gesetz stehe auf dem Boden des gemeinen Rechts, wie die l. 8 D. 16. 2 beweise.

Doch es ist Zeit auf die Bedeutung der l. 8 D. 16. 2 etwas näher einzugehen. Sie lautet:

In compensationem etiam id deducitur, quo nomine cum actore lis contestata est, ne diligentior quisque deterioris conditionis habeatur, si compensatio ei denegetur.

Die Stelle stammt aus Gaius' Commentar zum Provinzialedict, und es wird in ihr die Zulässigkeit der Compensation mit einer durch Klage bereits rechtshängigen Forderung ausgesprochen. Dadurch scheint eine offensichtliche Collision mit dem Grundsatz, daß dieselbe Forderung nicht gleichzeitig zweimal rechtshängig sein darf — denn die gemeinrechtliche Doctrin nimmt auch bei der Compensationseinrede Rechtshängigkeit an — sanctionirt zu sein. Deshalb sind die verschiedensten Versuche gemacht, die Bestimmung der l. 8 D. l. c. unter Festhaltung dieses Grundsatzes zu rechtfertigen. Die Mehrzahl der Vereinigungsversuche geht darauf hinaus, daß in der citirten Lex ein Fallenlassen der durch Klage geltend gemachten Forderung vorausgesetzt werde, indem der Excipient entweder die Pflicht habe, die Klage fallen zu lassen[1]), oder indem in der Benutzung der Forderung zur Compensation ein stillschweigendes Fallenlassen der Klage erblickt werden müsse[2]).

Ich halte mit Dernburg[3]) diesen Ausweg für verfehlt. Zunächst ist eine solche Verpflichtung nirgends ausgesprochen, und wenn man das in die Stelle hinein interpretiren wollte, so würde dieselbe etwas rein Selbstverständliches sagen. Denn was bedeutet denn die Verpflichtung des Compensanten, die Klage fallen zu lassen? Die Sache wäre doch so zu denken, daß gegen die Compensation der durch Klage oder Widerklage bereits rechtshängigen Forderung die replicatio litis pendentis opponirt würde. Darauf hätte das Gericht aber nicht ohne Weiteres die Compensationseinrede zurückzuweisen, sondern dem Compensanten eine Frist zu bestimmen, innerhalb deren er zur Beseitigung jener Replik das Fallenlassen der Klage nachzuweisen hätte. Verstriche diese Frist unbenutzt,

---

1) Hasse im Arch. f. civ. Pr. Bd. VII S. 169.

2) So Eisele, Die Compensation S. 370 nach Sintenis' Vorgang.

3) S. 536.

so erfolgte nunmehr die Zurückweisung der Compensationseinrede. Das hieße doch aber mit andern Worten nichts Anderes, als was sich ganz von selbst versteht, daß nämlich der Compensant zwar nicht mit einer rechtshängigen, wohl aber mit einer anderweit nicht rechtshängigen Forderung compensiren könne, und das hat doch die l. 8 D. 16. 2. — auch wenn man für das Justinianische Recht die processualische Consumtion läugnet — sicher nicht aussprechen wollen. Das wird durch den Zusatz bestätigt: ne diligentior quisque deterioris conditionis habeatur, si compensatio ei denegetur. Die Billigkeit ist danach der Grund, weshalb die Compensation zugelassen wird. Ist dabei aber irgend welche besondere Billigkeit, wenn man dem Compensanten gestattet, mit einer früher einmal rechtshängig gewesenen Forderung zu compensiren? Ist es nicht vielmehr umgekehrt ein viel zu theuerer Preis, den der Compensant zahlen muß, wenn er bei der Ungewißheit, ob es in dem 2. Processe überhaupt auf die Compensationseinrede ankommen wird, um compensiren zu können erst die Klage, welche sicher zu einer Entscheidung über seine Forderung geführt hätte, zurücknehmen soll?

Auch ist das Fallenlassen der Klage doch nur insoweit möglich, als nach Justinianischem Recht die oblatio libelli noch nicht stattgefunden hatte,[1]) und es würde also dieser Ausweg auf keinen Fall zu dem gewünschten Ziele führen. Ebensowenig ist er aber nach unserm heutigen Proceßrecht praktikabel, da die einseitige Zurücknahme der Klage, was auch die gemeinrechtliche Praxis annahm, nur bis zur Einlassung gestattet ist.[2]) Trotzdem ist auch für unsern deutschen Civilproceß dieser Ausweg noch neuerdings von Lippmann[3]) vorgeschlagen worden. Lippmann schließt sich für das gemeine Recht der Meinung derer an, welche entweder ein ausdrückliches oder ein stillschweigendes Fallenlassen der Klagforderung verlangen, damit dieselbe in einem 2. Proceß zur Compensation benutzt werden könne. Für unser heutiges Recht aber deducirt er, daß die l. 8 l. c. einen Satz des materiellen Rechts enthalte und daß dieselbe also durch die C.P.O. in keiner Weise berührt worden sei. Bei dieser Sachlage müsse aber, um die alte Theorie von dem Fallenlassen der Klage aufrecht zu erhalten, der § 243 der C.P.O.

---

1) Nov. 112 c. 3.

2) § 243 C.P.O.

3) Lippmann a. a. O. S. 459.

cessiren und eine einseitige Klagerücknahme statthaft sein. Ich muß gestehen, daß ich dies nicht für möglich halte. Also bei Collisionen zwischen materiellen und processualischen Rechtssätzen soll der materielle Rechtssatz vorgehen, auch wenn er der ältere ist! Der Satz ist ebenso neu, als unrichtig, und Lippmann selbst wird sich wohl hüten, ihn consequent durchzuführen. Denn sicher ist es doch ein Grundsatz des materiellen Rechts, daß der Beklagte durch Aufrechnung seine Verurtheilung abwenden könne, falls nur die zwischen den Parteien bestehenden aufzurechnenden Forderungen gleichartig und fällig seien. Gleichwohl wird Lippmann schwerlich diesem Satz gegenüber dem § 136 der C.P.O. außer Anwendung setzen wollen. Ist dem aber so, dann muß allerdings die aus rein processualischen Rücksichten eingeführte Trennungsbefugniß des Gerichts das Compensationsrecht beeinträchtigen. Mit Lippmanns Vereinigungsversuch ist also nichts gewonnen. Die l. 8 D. 16. 2, von der Lippmann mit Recht behauptet, sie sei in keiner Weise durch die Einführung der C.P.O. berührt worden, würde durch den § 243 der C.P.O. fast beseitigt sein, wenn sich die in ihr gestattete Compensation auf keine andere Weise als durch einseitiges Fallenlassen der Klage erklären ließe. Das fühlt auch Freudenstein. Aber wie sucht er zu helfen! Gegen die in angebrachter Art zu erfolgende Abweisung der Compensationseinrede auf Grund der replicatio litis pendentis könne sich der Compensant durch Fallenlassen der Klage schützen. Da aber nach Einlassung des Beklagten die einseitige Zurücknahme der Klage unzulässig sei, so habe der Richter die fallen gelassene Klage auf Verlangen des Beklagten angebrachtermaßen abzuweisen. Das geht nun gar nicht an. Die Abweisung „angebrachtermaßen“ bedeutet doch nichts Anderes, als Abweisung der Klage „in der Art, wie sie angebracht worden“. Es müssen also Mängel bei der Anbringung vorhanden sein, weshalb die Klage nicht zur Grundlage eines Rechtsstreites dienen kann. Um einen solchen Mangel handelt es sich hier aber nicht. Vielmehr wurde die Klage ordnungsmäßig angebracht, und nun soll sie plötzlich dadurch fehlerhaft werden, daß der Kläger seine Forderung in einem andern Proceß zur Compensation stellt? Außerdem: wenn das Gesetz einmal die einseitige Zurücknahme der Klage nach der Einlassung des Beklagten für unzulässig erklärt, so kann doch die Folge einer trotzdem ausgesprochenen einseitigen Zurücknahme einzig und allein darin bestehen, daß die Klagezurücknahme als nicht geschehen erachtet wird. Dann muß aber der Kläger, welcher nun nicht mehr zur Sache verhandeln will, nicht angebrachter Maßen, sondern als contumax definitiv abgewiesen werden. Auch Freudenstein's Ausweg ist also unmöglich.

Der Fehler dieser sämmtlichen Erklärungsversuche der l. 8 D. 16. 2 besteht nun meines Erachtens darin, daß man stets sich bemüht, die Rechtshängigkeit der Klagforderung im ersten Proceß zu beseitigen. Und doch gibt dazu, soviel ich sehe, die Stelle keine Veranlassung. Dieselbe spricht lediglich die Zulässigkeit der Compensation mit einer bereits in iudicium deducirten Forderung aus, ohne die Vollziehung derselben in processualischer Hinsicht irgendwie zu berühren. Die einzige Frage, um welche es sich demgemäß weiter handelt, ist die, ob dadurch nicht ein Verstoß gegen den Satz: „ne bis in idem" in das Recht eingeführt sei? Denn als Vorfrage der Vollziehung der Compensation ist ja immer das Bestehen oder Nichtbestehen der Gegenforderung in Betracht zu ziehen und wenn also eine bereits in iudicium deducirte Forderung zur Compensation gestellt wird, so scheint die Gefahr nahe zu liegen, daß in solchem Falle eine doppelte Erörterung und Entscheidung über das Bestehen oder Nichtbestehen der Gegenforderung stattfinde. In der That nimmt dies auch Bekker an. Er weist nach, daß das Erkennen des Richters über die zur Compensation gestellte Forderung zu Gaius Zeiten wie eine actio über dieselbe behandelt worden sei[1]) und schließt daraus, daß also, wenn der Beklagte im 2. Proceß mittelst exceptio doli den im 1. Proceß consumirten Anspruch zur Compensation stelle, hierdurch eine 2. actio über eine res, über welche schon geklagt wurde, herbeigeführt werde. Diese Schlußfolgerung halte ich aber nicht für geboten, und zwar weder nach klassischem römischen,[1]) noch nach unserm Recht.

---

[1]) Bekker, processualische Cosumtion S. 119 ff. Ich nehme mit Bekker an, daß die processualische Consumtion eine Naturalobligation übrig lasse, sodaß in der Zulassung der Compensation mit einer bereits in litem deducirten Forderung ein Verstoß gegen die processualische Consumtion dann nicht liegt, wenn der Nachweis gelingt, daß eine abermalige Erörterung und Entscheidung über den consumirten Anspruch durch Erhebung der Compensationseinrede nicht herbeigeführt werde.

Was zunächst das römische Recht anbelangt, so herrscht ja darüber großer Streit, ob zu Gaius' Zeiten die Compensation im stricti iuris iudicium schon durch exceptio doli geltend gemacht werden mußte, oder ob eine Ausdehnung der Argentarierformel auch auf andere Fälle stattgefunden hat, indem der Prätor den Kläger zwang, cum compensatione zu klagen, wenn der Beklagte in iure eine Gegenforderung behufs Compensation opponirt hatte. Eine Erörterung dieser Streitfrage liegt außerhalb des Kreises dieser Arbeit und ist auch für die Zwecke derselben bedeutungslos. Denn, mag man auf dem einen oder dem andern Standpunkt stehen, stets ist die Compensation nur unter Vermeidung einer doppelten Erörterung und Entscheiduug über die zur Compensation gestellte Forderung möglich. Ich halte es für undenkbar, daß die Römer, welche zur Vermeidung widersprechender Erkenntnisse das denkbar schärfste Mittel, die processualische Consumtion, angeordnet, den Grundsatz „ne bis in idem" bei der Zulassung der Compensation aus den Augen verloren haben sollten. Hätten sie das gethan, so würde schlecht damit stimmen, daß sogar noch Ulpian an der Zulässigkeit einer Verbürgung für eine in litem deducirte Forderung Anstoß genommen, wie seine Berufung[1]) auf Julian und den usus fori beweisen. Und doch konnte man hier viel eher den Satz: „ne bis in idem sit actio" ignoriren, da der 2. Proceß sich nicht wie der erste zwischen Gläubiger und Schuldner, sondern zwischen Gläubiger und Bürgen — also nicht inter easdem personas — dreht und seinen Inhalt nur die Bürgschaftsobligation, welche freilich accessorischer Natur ist, bildet.

Die Meinung, daß eine doppelte Erörterung und Entscheidung bei der Zulassung der Compensation mit rechtshängigen Forderungen vermieden werden müsse, ist schon von Eisele[2]) vertreten. Derselbe bezieht die Stelle auf das stricti iuris iudicium und nimmt an, daß bei den Römern, im Fall der Compensation mit einer eingeklagten obligatio eine translatio iudicii stattgefunden habe. Das über die Gegenforderung bereits constituirte iudicium werde vor dem Magistrat, vor welchem die Compensation zu opponiren sei, in das zu constituirende iudicium, und zwar durch Zulassung der Compen-

---

[1]) l. 8 § 3 D. de fidei. 46. 1.

[2]) Eisele, die Compensation S. 333. Siehe auch Struckmann und Koch Bem. 3 Abs. 3 zu § 235.

sation in der formula dieses Letzteren, übergeleitet; der dort begonnene Streit werde vor dem iudex des zweiten iudicium, hier allerdings zum Zweck der Defensive, nur fortgesetzt.

Die formula aber ist nach Eisele eine formula cum compensatione, da er zu Gaius' Zeiten die Compensation im stricti iuris iudicium auf diesem Wege geschehen läßt.

Ich halte nun eine translatio iudicii hier für unmöglich, obwohl schon Hasse [1]) dieselbe befürwortet hat, indem er l. 8 D. 16. 2 vom Fallenlassen des 1. Processes und Hineinziehen desselben in den zweiten versteht. Denn die translatio iudicii bezog sich nur auf Veränderungen im Personal des Processes, während der objective Bestand der formula unberührt blieb.[2]) Allerdings würde ja nun bei der Annahme einer translatio iudicii insofern eine Veränderung der Formel in subjectiver Hinsicht vorliegen, als in dem 2. Proceß, in welchem die Klageforderung des 1. Processes benutzt werden soll, der im 1. Proceß als Kläger Aufgetretene die Beklagtenrolle inne hat. Zugleich würde es aber an einer Aenderung des objectiven Bestandes der formula nicht fehlen. Denn wenn, was Eisele ja selbst zugibt, der Streit über die Klagforderung des 1. Processes im zweiten Processe nur zum Zweck der Defensive fortgesetzt wird, so ergibt sich, daß die Klageforderung des 1. Processes, über welche doch unbedingt eine Entscheidung erstrebt wurde, im 2. Processe, weil hier nur defensionsweise geltend gemacht, möglicherweise gar nicht zur Entscheidung gelangt, wenn nämlich die Klagforderung des 2. Processes schon ohnehin sich als unbegründet herausstellt.

Freilich nimmt Eisele [3]) an, daß bei formula cum compensatione auch die zur Compensation gestellte Forderung consumirt werde. Denn hier sei es von allem Anfang an gewiß, daß die Gegenforderung Gegenstand des iudicium sein werde. Aber das gerade bestreite ich. Denn wenn nur der Beklagte die Klagforderung überhaupt bestritten hat, so ist auch die Compensation nur eventuell, d. h. für den Fall vorgeschützt, daß die Klagforderung nicht ohnehin als unbegründet erscheinen sollte. Der Kläger kann also auch dadurch, daß er mit formula cum compensatione klagt, nur für den Fall eine processualische Consumtion der Gegen-

---

1) Archiv für civil. Praxis Bd. VII. S. 169.

2) Keller, röm. Civilproceß S. 332.

3) a. a. O. S. 32 und 33.

forderung herbeiführen, daß seine Forderung sich nicht ohnehin als unbegründet herausstellen sollte. Oder will Eisele annehmen, daß zu Gaius' Zeiten ein Beklagter nur dann habe compensiren können, wenn er das Bestehen der Klagforderung von vorn herein zugestanden? Dies würde natürlich eine von den übrigen Einreden abweichende Besonderheit sein. Denn wie schon aus der Fassung der formula: „si paret“ hervorgeht, war das Begründetsein der intentio die erste Condemnationsbedingung, und zu ihr trat dann als zweite das Nichtbegründetsein der exceptio hinzu. Daß aber hieran auch bei der Objicirung der Compensation nichts geändert wurde, obwohl eine eigentliche exceptio compensationis nicht in die formula inserirt wurde, scheint mir aus der formula cum compensatione selbst hervorzugehen. Denn wenn dieselbe lautet: si paret Titium sibi X milia dare oportere amplius, quam ipse Titio debet,[1]) so wird der Richter doch angewiesen, zunächst zu prüfen, ob überhaupt der Kläger vom Beklagten etwas zu fordern hat, sodann die Höhe dieser Forderung festzustellen, dann die Gegenforderung des Beklagten festzustellen und abzuziehen und das etwaige plus der Klagforderung dem Kläger zuzusprechen. Es ist also auch hier keineswegs mit der Litiscontestation gewiß, „über welche Forderung und Gegenforderung gestritten und judicirt werden wird“. Denn wenn der Minuendus sich als nicht vorhanden herausstellt, kommt der Subtrahendus natürlich gar nicht in Frage.

Danach erscheint mir Eisele's Annahme, der Magistrat habe auf die obiectio compensationis Seitens des Beklagten den Kläger gezwungen, cum cumpensatione zu klagen, und es sei dann der 1. Proceß in den 2. Proceß hineingezogen worden, wenigstens für den Fall unzutreffend, daß der Beklagte im 2. Proceß die Existenz der klägerischen Forderung überhaupt bestritten hatte. Aber auch wenn er die klägerische Forderung sollte zugegeben haben, erscheint mir eine translatio iudicii zweifelhaft. Denn es handelt sich doch streng genommen gar nicht um eine translatio iudicii, sondern um mehr, nämlich um die Vereinigung mehrerer Processe. Eine solche Vereinigung hatte aber keineswegs eine confusio der formulae zur Folge,[2]) welche doch Eisele annimmt, und konnte auch wohl nur bei gleichzeitigem Vorbringen der zu vereinigenden Klagen Seitens

[1]) Gaius IV. § 64.

[2]) Keller, röm. Civilproceß Note 500 a. E.

des Magistrats bewirkt werden.[1]) Auch sieht man nicht ein, welchen Vortheil eine solche Vereinigung für den Kläger hätte haben sollen. Denn der gewöhnliche Zweck, Aufwand an Mühe und Zeit durch die Vereinigung zu ersparen, wäre doch höchstens dann erreicht worden, wenn der iudex des 1. iudicium zugleich zu demjenigen des zweiten ernannt worden wäre.

Richtiger erscheint vielmehr die Annahme, daß zur Vermeidung eines Verstoßes gegen den Satz: „ne bis in idem" bei der Compensation mit bereits in iudicium deducirten Forderungen im stricti iuris iudicium das Präjudicialdecret angewendet worden sei. Der Magistrat, bei welchem eine in litem deducirte Forderung compensationsweise objicirt wurde, ertheilte dem Kläger die actio nicht früher als bis zum Austrag des iudicium, welches über die zur Compensation gestellte Forderung bereits constituirt war. Denn die Voraussetzungen des von Amtswegen zu erlassenden Präjudicialdecrets sind vorhanden: es handelt sich um die Concurrenz zweier Processe, da der eine bereits bis zur Litiscontestation gediehen, der andere aber wenigstens bereits durch Klage anhängig ist, und ferner stehen beide Proceßsachen auch in dem Verhältniß von maior nnd minor causa. Und wenn auch unter den in den Quellen aufgeführten Fällen unser Fall der Erlassung eines Präjudicialdecrets sich nicht findet, so ist doch wohl zu behaupten, daß die Quellen nur Beispiele enthalten und das Präjudicialdecret vermöge der Proceßleitungspflicht des Gerichts überall angewendet werden muß, wo es sich um die Reihenfolge zweier verwandter, zu gleicher Zeit schwebender Processe handelt, von denen die Entscheidung des einen diejenige des andern bedingt. Und wollte man auch so weit nicht gehen, so müßte man doch mit Planck zugeben, daß es zweckmäßig sei, den Streit über ein bedingendes Rechtsverhältniß dem Streit über das bedingte vorausgehen zu lassen, und daß bei den Römern die Anstalten, durch welche verhütet wurde, ne per minorem causam maiori cognitioni praeiudicium fieret, vielfach zur Herbeiführung einer solchen Reihenfolge verwendet worden sind.[2]) Dabei ist jedoch noch ein Bedenken zu beseitigen. Bülow[3])

---

[1]) Planck, Mehrheit der Rechtsstreitigkeiten § 12.

[2]) a. a. O. S. 201. Plancks Verwechselung von Präjudicial-Decret und Präjudicial-Einrede soll damit natürlich nicht das Wort geredet sein.

[3]) Proceßeinreden S. 156 Anm. 52.

hebt nämlich mit Recht hervor, daß das Präjudicialdecret nicht Platz greife, wenn eadem res der beiden Processe vorhanden sei. Eadem res liegt doch aber auch schon dann vor, wenn das Rechtsverhältniß, welches den ausschließlichen Inhalt des einen Processes bildet, in dem andern Proceß nur als Vorfrage in Betracht kommt. Deshalb möchte man aus diesem Grunde bei der Compensation mit rechtshängigen Forderungen die Zulässigkeit des Präjudicialdecrets verneinen wollen. Indessen die Einrede der Litispendenz setzt voraus, daß ein bereits rechtshängiges Rechtsverhältniß in einem andern Processe abermals mit der Tendenz rechtskräftiger Entscheidung geltend gemacht wird. Und das ist hier nicht der Fall. Denn in dem Proceß, in welchem die Compensationseinrede vorgeschützt wurde, handelt es sich gar nicht um abermalige Entscheidung über das Bestehen oder Nichtbestehen der Gegenforderung, sondern lediglich um Tilgung der Klagforderung durch die anderweit bereits rechtskräftig festgestellte Gegenforderung und also um Realisirung der letzteren. Allerdings kann die Compensation nicht vollzogen werden ohne vorherige, oder doch wenigstens gleichzeitige rechtskräftige Feststellung des Bestehens der Gegenforderung pro concurrente summa der Klagforderung. Aber das ist doch meines Wissens nirgends verlangt, daß diese Feststellung in demselben Proceß, in welchem die Gegenforderung zur Compensation gestellt wurde, geschehen müsse. Vielmehr liegt bei der Compensation mit rechtshängigen Forderungen die Sache so, daß der Compensant dasjenige, was er regelmäßig in ein und demselben Processe nachweist, nämlich das Bestehen seiner Forderung und die Bedingungen der Compensabilität, hier in zwei Processen klar legt, — in dem einen das Bestehen der Forderung, in dem andern ihre Compensabilität.

Danach halte ich auch den Einwand, daß es sich ja bei dieser Auffassung um Compensation mit der noch gar nicht oder doch erst bedingt begründeten obligatio iudicati handle und daß Compensation mit bedingten oder zukünftigen Forderungen unzulässig sei, für irrelevant. Denn mit demselben Recht müßte dann überhaupt die Compensation mit andern als im Moment der Objicirung der Compensationseinrede bereits rechtskräftig festgestellten Forderungen versagt werden. Denn auch über die zur Compensation gestellte, vorher nicht rechtshängige Forderung wird rechtskräftig entschieden.[1]) Auch hier erzeugt das Judicat die obligatio iudicati, nur bedarf es keiner actio iudicati mehr, da durch die Vollziehung der Compensation Seitens des Richters das Judicat sofort realisirt wird.

Processualisch scheint mir danach im stricti iuris iudicium die Compensation mit bereits in iudicium deducirten Forderungen in der Weise gehandhabt worden zu sein, daß der Prätor, wenn der Beklagte eine bereits rechtshängige Forderung zur Compensation verstellte, die Klage bis zur rechtskräftigen Entscheidung dieser Forderung sustinirte. War aber diese Forderung aberkannt, so konnte der Kläger nunmehr mit formula pura klagen. War sie dagegen für begründet erfunden, so mußte nun nach der einen Meinung mit formula cum compensatione geklagt werden, während nach der andern eine exceptio doli in die formula inserirt wurde.

Doch es bedarf noch der Erklärung des von Gaius in l. 8 D. 16. 2. angezogenen Billigkeitsgrundes: „ne diligentior quisque deterioris conditionis habeatur, si compensatio ei denegetur". Wer das Uebrigbleiben einer Naturalobligation nach der processualischen Consumtion läugnet, der erblickt in l. 8 D. 16. 2 eben eine Milderung der processualischen Consumtion.

Bekker dagegen, welcher nur das klagbare Moment, die actio, consumiren läßt, erblickt die Billigkeit in einer Ausnahme von dem Grundsatz: „ne bis in idem". Da ich eine Ausnahme von jenem Grundsatz in der Zulassung der Compensation mit in iudicium deducirten Forderungen nicht sehen kann, gleichwohl aber Bekkers Beschränkung der processualischen Consumtion auf die actio und das Uebrigbleiben einer Naturalobligation für durchaus begründet halte, so mag es auf den ersten Blick scheinen, daß Gaius' Hervorkehrung eines Billigkeitsgrundes gänzlich unmotivirt sei. Ich kann das aber nicht zugeben. Vielmehr ist meines Erachtens der Zusatz veranlaßt durch die Erwägung, daß die Grundlage des Compensationsrechtes, der Satz: dolo malo facit, qui petit quod redditurus est[2]), in dem Falle, welchen die Stelle im Auge hat, nicht zutrifft. Denn wenn der Compensant seine Forderung bereits eingeklagt hat, und

[1]) l. 7. § 2 D. de neg. gest. 3. 5. l. 1 § 4 D. de contr. tut. 27. 4.

[2]) Gaius IV. §§ 61—63. l. 8. D. de doli mali except. 44. 4. Dernburg, Compensation S. 361, Windscheid, Pandekten II § 349 Note 3.

der Compensat (Kläger im 2. Proceß), der ja von dieser Thatsache in Folge der Litiscontestation im 1. Proceß unterrichtet ist, nun seine eigene Forderung einklagt, so kann doch sicher darin kein dolus gefunden werden. Allerdings hätte er ja im 1. Proceß die Klageforderung des zweiten möglicherweise, wenn er sie nämlich damals schon hatte, zur Compensation stellen können. Da aber die Compensation ein Recht des Beklagten, nicht eine Pflicht desselben ist, so kann dem Beklagten im ersten und Kläger im 2. Proceß gewiß kein Vorwurf daraus gemacht werden, daß er sein Compensationsrecht unbenutzt ließ. Andererseits erschien es doch billig, auch in solchem Falle dem Beklagten im 2. Proceß die Compensation noch zu gestatten und namentlich etwaige Zweifel über die Unzulässigkeit einer replicatio doli des Klägers im 2. Proceß, darauf basirend, daß der Compensant seinerseits dolos handle, wenn er eine Forderung, deren Zahlung er schon im Wege der Klage begehrt, noch zur Compensation benutzen wolle, abzuschneiden.

Darin allein beruht meines Erachtens die Bedeutung der l. 8. D. 16., 2. nicht in einer Milderung der processualischen Consumtion, nicht in einer Ausnahme von dem Satze: ne bis in idem sit actio. Daß der soeben ausgesprochene Gedanke in der That zur Erklärung jenes von Gaius hervorgehobenen Billigkeitsgrundes geeignet sein möchte, bestätigt nun wie mir scheint, die wenig beachtete l. 13 D. de comp. 16. 2.

Ulpianus libro sexagesimo sexto ad edictum: Quod Labeo ait, non est sine ratione, ut si cui petitioni specialiter destinnata est compensatio, in ceteris non obiiciatur.

Ihre Bedeutung ist meines Erachtens einfach die, daß eine bereits zur Compensation verstellte Forderung nicht abermals zur Compensation benutzt werden kann. Und das ist auch durchaus begründet, denn einer abermaligen Verstellung zur Compensation, während die Forderung anderweit noch zur Compensation steht, würde die replicatio doli entgegenstehen müssen, weil es wirklich arglistig wäre, zweimal Befriedigung wegen derselben Forderung zu begehren. Das liegt aber anders, wenn eine Forderung im Wege der Klage in iudicium deducirt wurde und dann dieselbe Forderung zur Compensation benutzt werden soll. Denn in diesem Fall wird im ersten Proceß nur erst die Zahlungsverbindlichkeit ausgesprochen, während im zweiten dann nur die Befriedigung an=

statt durch actio iudicati durch Compensation bewirkt werden soll. Der Fall, daß eine Forderung zweimal zur Compensation verwendet werden soll, würde dem andern, daß eine eingeklagte Forderung zur Compensation gestellt wird, nur dann gleich stehen, wenn aus dem 1. Proceß, in welchem die Forderung eingeklagt war, die actio iudicati angestellt wurde. Dieser actio würde aber, so lange die eingeklagte Forderuug zur Compensation steht, ebenfalls die exceptio doli entgegengesetzt werden können.[1])

Es ist zu verwundern, daß diese Auffassung der l. 13 D. 16. 2. soviel ich weiß, noch nicht allgemeiner verbreitet ist. Krug, welcher doch die Frage nach der Compensation mit rechtshängigen Forderungen einer weitläufigen Besprechung unterwirft, ignorirt die fragliche Gesetzesstelle vollständig. Und Eisele's[2]) Auffassung andererseits scheint mir zu eng. Derselbe geht davon aus, daß, wenn der Prätor durch eine von ihm angeordnete stipulatio cautionalis ein eventuelles Klagerecht habe verleihen wollen, und der promissor eine gleichartige Gegenforderung dagegen geltend gemacht habe, der stipulator gezwungen gewesen sei, cum compensatione zu stipuliren, d. h. sich einen Saldo promittiren zu lassen. Mit diesem Augenblick sei aber der aus jener Stipulation entspringenden Klage compensatio specialiter destinata gewesen. Der Promissor habe nun seine Gegenforderung einer andern Klage des stipulator erst dann entgegensetzen dürfen, wenn es entschieden worden, daß aus der Stipulation eine Forderung für den stipulator nicht entstehen werde.

Ich gebe zu, daß l. 13 l. c. sich auf den Fall, wenn den stipulationes praetoriae, quae instar actionis habent, Compensation bei Abschluß der stipulatio opponirt wurde[3]), mit bezieht. Aber ich bestreite, daß nur in diesem Falle eine specialis destinatio vorliegt, welche den Compensanten hinderte, die zur Compensation gestellte Forderung anderweit geltend zu machen. Denn meines Erachtens hat die Wendung „specialiter destinata est compensatio“ auch im bonae fidei iudicium ihre volle Berechtigung. Den Gegensatz zu einer specialis destinatio bildet die generalis, wenn also eine Gegenforderung des Beklagten im Allgemeinen zur Compensation bestimmt ist. Das ist sie aber, nach der Ertheilung der

[1]) l. 9. D. de except. d. 44. 4.

[2]) S. 37 ff.

[3]) l. 10 § 3. D. 16. 2.

Formel, wegen des Zusatzes e bona fide. Der Richter ist dann berechtigt, alle Gegenansprüche des Beklagten, welche beachtenswerth erscheinen, nach Treu und Glauben zu berücksichtigen, und deswegen kann man in solchem Fall sagen, einer Klage sei generaliter destinata compensatio. Wenn andererseits nun der Beklagte in iudicio seine Gegenforderung näher angibt und begründet, so ist sie von diesem Augenblick an specialiter destinata, und der Beklagte würde dolos handeln, wenn er nunmehr die Gegenforderung, von welcher er erklärte, daß er sie dieser Forderung gegenüber zur Compensation verwenden wolle, anderweitig geltend machte. Freilich steht nun fest, daß bei Klagen aus einem bonae fidei negotium alle Ansprüche des Klägers aus dem betreffenden Geschäft in iudicium deducirt und consumirt wurden[1]), und es scheint also die Beziehung unserer l. 13 l. c. auf ein onae fi dei iudicium durch Labeo's Bemerkung, daß eine compensatio cui petitioni specialiter destinata, in ceteris non obiiciatur, ausgeschlossen. Dem ist aber nicht so. Denn durch eine praescriptio pro actore konnte ein Theil der dem Kläger aus dem bonae fidei negotium zustehenden Ansprüche vorbehalten und von der deductio in litem ausgeschlossen werden. Wegen dieser konnte dann also der Kläger später noch klagen. Demgemäß hat die Stelle auch für ein bonae fidei iudicium mit praescriptio pro actore ihre Bedeutung.

Sie auf die Argentarierformel zu beziehen, halte ich ebenfalls für möglich. Nur greift das in l. 13 l. c. ausgesprochene Princip auch über die Argentarierformel hinaus. Jedenfalls kann man die Anwendung auf die Argentarierformel nicht mit Eisele schon dadurch zurückweisen, daß bei ihr schon mehr vorhanden sei, als compensatio destinata, nämlich compensatio facta. Denn wenn auch Gaius[2]) beim Argentarius von einer compensatio ab initio facta insofern spricht, als derselbe die intentio auf das nach Abzug der Gegenforderung restirende Plus richtet, so kann sich dies doch nur auf die Fassung der formula beziehen. Materiell ist damit noch keine compensatio facta, da ja der Kläger eine Pluspetitio[3]) begehen, also auf den Betrag seiner ganzen Forderungen als Saldo klagen kann, während der Betrag der dem Beklagten

[1]) Gaius IV § 131.

[2]) IV. § 64.

[3]) Gaius IV § 68.

aus dem Contocorrentverhältniß zustehenden Gegenforderungen die Forderungen des Wechslers möglicherweise weit überstieg.

Auch ist es meines Erachtens denkbar, daß der Wechsler das Bestehen eines Contocorrentverhältnisses in iure behauptet, ohne daß ein solches zu Stande gekommen. Wenn dann der Beklagte die Behauptungen des Klägers bestreitet und sich eventuell auf Gegenforderungen beruft, so könnte ja doch auch hier die formula cum compensatione concipirt werden unter Aufnahme einer exceptio zu Gunsten des Beklagten, und dann kann man doch sicher nicht sagen, daß auch materiell die Compensation vollzogen sei. Ja, ich möchte sogar ganz allgemein behaupten, daß von einer compensatio facta in materiellem Sinn erst dann die Rede sein könne, wenn der Richter die Rechnungsoperation vorgenommen. Und selbst wenn man nicht so weit gehen und auch annehmen wollte, daß der Streit über das Bestehen oder Nichtbestehen eines Contocorrentverhältnisses stets in iure erledigt worden sei, so würde doch, wenn der Kläger die Summe seiner Forderungen als Saldo fordert, auch hier nur hinsichtlich eines Theiles compensatio facta, dagegen hinsichtlich eines andern Theiles der die Summe der klägerischen Forderungen übersteigenden Gegenforderungen compensatio destinata sein. Der Beklagte hätte seine gesammten Gegenforderungen zur Compensation verstellt, und müßte, bevor er den die Forderungen des Klägers übersteigenden Betrag derselben anderweit verwerthen könnte, den Ausgang dieses Processes abwarten. Endlich aber spricht für die Annahme, daß Gaius nur in „formularem Sinn“ von einer compensatio ab initio facta spricht, der unmittelbar vorhergehende Satz: „argentarius cogitur cum compensatione agere, id est ut compensatio verbis formulae conprehendatur“ und der Anschluß des folgenden mit „itaque“.

II. Diese Grundsätze über die Compensation mit rechtshängigen Forderungen gelten nun auch noch im heutigen Recht. Denn das Präjudicialdecret ist unabhängig vom römischen Formularproceß. Es hat demgemäß auch im Justinianischen Libellproceß Geltung bewahrt, und ist auch als für den gemeinen Proceß geltendes Recht zu behaupten[1]).

Ebenso ist es aber auch in die deutsche Civilproceßordnung

---

[1]) Bülow a. a. S. 123 ff. Wetzell, System § 64, Anm. 62—63 b.

übergegangen, wie der § 139 derselben ergibt.[1]) Wenn daher der Compensant eine bereits durch Klage oder Widerklage, Klage auf Feststellung oder Verurtheilung rechtshängig gewordene Forderung zur Compensation stellt, so greift dagegen nicht die replicatio litis pendentis durch. Dieselbe kann nämlich um deswillen nicht durchgreifen, weil hier der Compensant gar nicht abermalige Feststellung des Bestehens oder Nichtbestehens seiner Gegenforderung begehrt, sondern den Compensaten nur mit seiner anderweit festzustellenden oder festgestellten Forderung befriedigen will. Die Bestimmung des § 293 Abs. 2 kommt also in solchem Falle gar nicht in Betracht. Jeder replicatio litis pendentis gegenüber würde der Compensant erklären können, daß ein Streit über die Compensations**einrede** noch gar nicht schwebe, und daß auch nicht eine abermalige Geltendmachung der Forderung vorliege, da er nur mit Dem compensiren wolle, was das Gericht ihm in dem 1. Proceß rechtskräftig zusprechen werde. Natürlich erwartet aber der Compensant, daß er dasjenige rechtskräftig zugesprochen erhalten werde, was er selbst für den Betrag seiner Forderung hält. Ein Compensationsbegehren mit einer noch gar nicht existirenden Forderung liegt darin nicht, denn das Urtheil schafft nicht die Forderung, sondern declarirt dieselbe nur.

Dabei erregt nun aber ein Punkt Bedenken. Während nämlich nach römischem Recht die Erlassung des Präjudicialdecrets, wenn die Voraussetzungen dafür vorlagen, eine von Amtswegen zu beachtende Pflicht des Gerichts war,[2]) wird es in § 139 der C.P.O. durchaus in das Ermessen des Gerichts gestellt, ob ein Präjudicialdecret erlassen werden soll, oder nicht. Das Gericht darf also regelmäßig auch, obwohl der Präjudicialpunkt bereits den Gegenstand eines anderen, schwebenden Processes bildet, ohne Rücksicht auf den letzteren selbst entscheiden, was um deswillen nicht besonders verwundern kann, weil die Entscheidung über Präjudicialpunkte nicht rechtskräftig wird. Anders bei der Compensationseinrede. An sich ist dieselbe zwar reiner Präjudicialpunkt. Aber sie ist dadurch ausgezeichnet, daß das Gesetz den Vollzug der Comsation nicht zuläßt, ohne vorherige oder wenigstens gleichzeitige

[1]) Vergl. auch den Beschluß des Landgerichts Dresden v. 8. Juli 1882 (**Buschs** Zeitschrift Bd. VII. S. 89): § 139 findet auch Anwendung, wenn ein einredeweise geltend gemachter Anspruch identisch ist mit einem Civilanspruch, der in einem anderen Rechtsstreit geltend gemacht wird.

[2]) **Bülow** S. 119.

rechtskräftige Feststellung des Bestehens der Gegenforderung. Daraus ergibt sich, daß, wenn der Compensant mit einer anderweit bereits rechtshängigen Forderung compensiren zu wollen erklärt, das Gericht nicht berechtigt ist, die Compensation in dem 2. Proceß vor rechtskräftiger Feststellung der zur Compensation gestellten Forderung n dem 1. Proceß zu vollziehen. Folgt daraus aber weiter die Verpflichtung des Gerichts, den 2. Proceß bis zur rechtskräftigen Entscheidung des ersten auszusetzen? Ich verneine unbedenklich.[1]) Denn einmal enthält die C.P.O. keine Bestimmung, nach welcher das Gericht verpflichtet wäre, von mehreren anhängigen Processen den einen bis zur Entscheidung des andern auszusetzen, und ferner würde eine Verpflichtung des Gerichts zur Aussetzung im vorliegenden Fall nur geeignet sein, zu Proceßverschleppungen zu führen. Die Compensationseinrede in dem Sinne, daß der Compensant mit einer anderweitig rechtshängigen Forderung compensiren wolle, könnte nämlich im einzelnen Fall durchaus illiquide sein. Als Gegenmittel gegen die durch Vorschützung illiquider Gegenforderungen herbeigeführte Proceßverschleppung gibt hier nun das Gesetz im § 136 Abs. 2 dem Gericht allerdings die Befugniß die nicht connexe Gegenforderung ad separatum zu verweisen. Indessen dieses Mittel versagt bei der Compensation mit rechtshängigen Forderungen, weil hier der Compensant gar nicht eine abermalige Verhandlung und Entscheidung der anderweit bereits geltend gemachten Forderung, sondern nur das Recht, mit ihr so, wie sie in dem andern Proceß festgestellt werden würde, compensiren zu dürfen, begehrt.[2]) Der Compensat würde also schutzlos Proceßverschleppungen preisgegeben sein, wenn man annehmen wollte, daß eine Verpflichtung des Gerichts zur Aussetzung des 2. Procsses bis zur Entscheidung des ersten vorliege. Schon aus diesem Grunde erscheint also die facultative Bestimmung des § 139 wohl begründet. Danach liegt aber bei der Compensation mit rechtshängigen Forderungen die Sache so, daß das Gericht die Wahl hat, ob es den zweiten Proceß bis zur Entscheidung des ersten sistiren,[3]) oder aber die

[1]) A. M. Struckmann u. Koch, Bem. 3 Abs. 3 zu § 235, welche dem Gericht die Aussetzung zur Pflicht machen.

[2]) A. M., wie es scheint, Struckmann u. Koch a. a. O.

[3]) Vergl. auch norddeutsche Protokolle S. 537 und Förster-Eccius I: S. 689 nach Note 85.

Compensationseinrede unberücksichtigt lassen will, weil eine Aussetzung unthunlich und andererseits doch die Compensation ohne vorherige oder wenigstens gleichzeitige Feststellung des Bestehens oder Nichtbestehens der zur Compensation gestellten Forderung in der Rechtskraft fähiger Weise unzulässig sei. Würde sich aber das Gericht für Uebergehung der Compensationseinrede entscheiden, so bliebe es natürlich dem Compensanten unbenommen, die Wirkung der Compensation nach Lage des Falles in dem 1. Proceß auszuführen. Dazu würde aber gehören, daß die Forderung des Compensaten in der Zwischenzeit bereits rechtskräftig festgestellt wurde. Träfe| diese Voraussetzung nicht zu, so bliebe nur die Anstellung eines besondern Processes, dessen Inhalt einzig und allein die Erreichung der Vortheile wäre, welche die vollzogene Compensation gewährt hätte, übrig.

Es kann also in der That bei Compensation 'mit rechtshängigen Forderungen eine Zurückweisung der Compensationseinrede erfolgen, aber der Grund derselben ist niemals die Litispendenz. Und ebensowenig hat bei Compensation mit bereits zur Compensation verstellten Forderungen wegen Litispendenz die Zurückweisung des zweiten Compensationsbegehrens zu erfolgen, sondern nur wegen dolus, wenn dieser von dem Compensaten im 2. Processe monirt wird.

Noch könnte es fraglich erscheinen, ob das Gericht nicht berechtigt sei, bei Compensation mit rechtshängigen Forderungen die Verbindung des 1. und des 2. Processes zum Zweck der gleichzeitigen Verhandlung und Entscheidung anzuordnen? Eisele[1]) bejaht diese Frage ziemlich allgemein. Nach ihm soll der 1. Proceß in den zweiten hineingezogen werden, soweit dies bei der Verschiedenheit der Gerichtsverfassung möglich ist. Das Gericht, bei welchem die Forderung im Wege der Compensationseinrede angebracht wird, soll, wenn es die Compensation für an sich zulässig erachtet, dasjenige Gericht, bei welchem die jetzt compensando geltend gemachte Forderung durch Klage anhängig gemacht worden ist, um Einstellung des Processes und Abgabe der Sache an das ersuchende Gericht angehen. Werde nun dem Ersuchen nicht stattgegeben, so liege ein positiver, auf dem hierfür gewiesenen Wege zu erledigender Competenzconflict vor, da in der Erhebung der Compensationseinrede ein Verzicht des Compensanten auf Fortsetzung des von ihm angestrengten Processes ent-

---

[1]) a. a. O. S. 369 und 370.

halten sei. Es mag dahingestellt bleiben, ob diese Meinung für den gemeinen Proceß haltbar war. Ich bezweifle es, da der Beklagte im 1. Proceß nach der Litiscontestation ein selbständiges Recht auf Entscheidung der gegen ihn geltend gemachten Forderung erlangte, und die Entscheidung über die Compensationseinrede davon abhängig ist, ob die Klageforderung des 2. Processes begründet erscheint oder nicht. Jedenfalls ist diese Meinung für die D. C.P.O. schon um deswillen in ihrer Allgemeinheit unhaltbar, weil nach § 138 der C.P.O. die Verbindung mehrerer anhängiger Processe nur dann zulässig ist, wenn dieselben bei demselben Gericht schweben, und zugleich die Ansprüche, welche den Gegenstand dieser Processe bilden, in rechtlichem Zusammenhang stehen, oder in einer Klage hätten geltend gemacht werden können. Nun können möglicher Weise der 1. und der 2. Proceß bei demselben Gericht schweben; aber keinesfalls hätten die beiden Ansprüche in einer und derselben Klage geltend gemacht werden können. Und ein rechtlicher Zusammenhang zwischen der Forderung[1]) und der Gegenforderung wird auch oftmals nicht vorhanden sein. Deshalb wird nur ausnahmsweise die Verbindung des 1. und 2. Processes möglich sein und auch dann nur in der Weise, daß der Proceß über die im 2. Proceß zur Compensation gestellte Forderung zu diesem letzteren in das Verhältniß eines Widerklagprocesses tritt und allen Regeln über die Behandlung einer Widerklage untersteht. Es müßte also über diese Widerklage auch selbständig und unabhängig von der Klage erkannt werden, und nur das Eine könnte in Frage kommen, ob das Gericht berechtigt ist, den dem Widerkläger zuerkannten Betrag seiner Forderung in entsprechender Höhe gegen die dem Kläger zuerkannte Forderung aufzurechnen. Diese Frage muß aber natürlich wegen der vom Beklagten und Widerkläger erhobenen Compensationseinrede bejaht werden.

§ 7.

Zeit ihrer Erhebung.

Der Zeitpunkt, bis zu welchem die Compensationseinrede erhoben werden darf, ist in § 251 der C.P.O. genau bestimmt. „Angriffs- und Vertheidigungsmittel (Einrede, Widerklage, Repliken,

---

[1]) Nur sie, nicht auch die Gegenforderung bildet bei Compensation mit rechtshängigen Forderungen den Gegenstand des einen Processes.

u. s. w.) können bis zum Schluß derjenigen mündlichen Verhandlung, auf welche das Urtheil ergeht, geltend gemacht werden.[1]) Mag man also die Compensationseinrede durchaus zu den Vertheidigungsmitteln zählen, oder mag man in ihr zugleich eine Widerklage auf Feststellung des Bestehens oder Nichtbestehens der Gegenforderung erblicken, für beide Auffassungen gilt wenigstens in I. Instanz der gleiche Grundsatz hinsichtlich des Zeitpunktes, bis zu welchem die Vorbringung erfolgen darf.

Das Urtheil nun, dessen Erlaß der weiteren Erhebung der Widerklage entgegensteht, ist stets ein Endurtheil. Denn die Compensationseinrede, in deren Dienst die unentwickelte Widerklage steht, wird nicht sowohl gegenüber selbständigen Streitmitteln, als vielmehr gegenüber dem Klag- oder Widerklaganspruch, welcher nur durch Endurtheil, nicht durch Zwischenurtheil entschieden werden kann, erhoben.[2])

Uebrigens steht jedes Endurtheil der Vorschützung einer Compensationseinrede entgegen, nicht nur das Schlußurtheil. Man wird meines Erachtens, wenn über die Forderung des Compensaten gemäß § 274 der C.P.O. ein Theilurtheil ergangen ist, für den Fall, daß die vor Erlaß dieses Urtheils erhobene Compensationseinrede sich als unbegründet herausstellen sollte, eine weitere Compensationseinrede nicht zulassen dürfen. Zwar möchte man geltend machen, daß nach Erlaß des Theilurtheils der Proceß noch schwebt, und daß dieses Urtheil möglichst wenig in die Rechte des Compensanten eingreifen darf. Vor dem Theilurtheil hatte aber, so möchte man weiter sagen, der Compensant das Recht, noch weitere eventuelle Compensationseinreden vorzuschützen, und demgemäß müsse ihm dies Recht auch nach dem Theilurtheil noch zustehen. Dafür spreche auch die Erwägung, daß der § 274 der C.P.O. nur eine

[1]) § 251 der C.P.O. bezieht sich auch auf das Vorbringen der Compensationseinrede in II. Instanz. Vergl. § 491 Abs. 2 der C.P.O.

[2]) Vergl. darüber meinen Zwischenstreit, S. 8 u. 9. Löning, Widerklage S. 138. Anm. 175 zählt mich zu denen, welche dem Richter nach Gutdünken die Wahl zwischen Theil- und Zwischenurtheil lassen wollen. Er hat dabei übersehen, daß das von mir S. 26 ff. a. a. O. Gesagte sich nur auf diejenigen Rechtsverhältnisse bezieht, welche, wie die Compensationseinrede, gemischter Natur, nämlich Theil des Streitgegenstandes und doch auch Vertheidigungsmittel, sind.

Consequenz des § 136 Abs. 2 der C.P.O. ist und daß, im Fall die Gegenforderung gemäß § 136 Abs. 2 der C.P.O. abgetrennt wurde, in dem Proceß über die Klagforderung doch noch eine weitere Compensationseinrede vorgeschützt werden könne. Letztere dürfe das Gericht dann allerdings, wenn die Voraussetzungen dafür vorhanden seien, ebenfalls abtrennen und in den Proceß über die 1. Gegenforderung verweisen. Denn natürlich sei die nach der 1. Trennung vorgeschützte Compensationseinrede ebenfalls nur für den Fall erhoben, daß die 1. Compensationseinrede nicht durchgreifen sollte.

Indessen diese Deductionen dürften schwerlich stichhaltig sein. Denn wenn das Gericht nach § 136 Abs. 2 der C.P.O. eine Gegenforderung zum besondern Proceß abgetrennt hat, so ist damit dem Compensanten schon ein Ersatz für die vereitelte Compensation gewährt.[1]) Er ist demgemäß auch nicht berechtigt, in dem Proceß über die Klageforderung weitere Compensationseinreden vorzubringen, gleich als ob die zum besondern Proceß abgetrennte Gegenforderung als unbegründet oder incompensabel zurückgewiesen wäre. Ist dies aber im Fall der Trennung nach § 136 Abs. 2 der C.P.O. Rechtens, so ergibt sich gerade aus der Erwägung, daß § 274 der C.P.O. lediglich eine Consequenz des § 136 Abs. 2 der C.P.O. ist, das gleiche Resultat, wenn der Richter die Trennung durch Theilurtheil über die Klageforderung bewirkte. Es sind also auch nach Erlaß dieses Theilurtheils weitere Compensationseinreden unzulässig.

Andererseits steht der Erlaß eines Zwischenurtheils über die Compensationseinrede der Vorschützung einer weiteren Compensationseinrede natürlich nicht im Wege. Der Compensant kann selbstverständlich, nachdem seine Compensationseinrede durch Zwischenurtheil für unbegründet oder ungeeignet erachtet wurde, eine andere Forderung zur Compensation verstellen.

Dieselben Grundsätze müssen im Allgemeinen auch für die Erhebung einer unentwickelten Widerklage in II. Instanz gelten. Doch stellt das Gesetz als weiteres Erforderniß noch die Glaubhaftmachung darüber auf, daß die Partei ohne ihr Verschulden außer Stande gewesen ist, die unentwickelte Widerklage in I. Instanz geltend zu machen.[2]) Diese Bestimmung enthält gegenüber dem Vorbringen von

[1]) Vergl. unten § 15.

[1]) § 491 Abs. 2 der C.P.O.

selbständigen Angriffs- oder Vertheidigungsmitteln eine Einschränkung. Solche dürfen unbeschränkt in II. Instanz geltend gemacht werden. Aber gerade diese Einschränkung ist gemacht, weil die Compensationseinrede mehr der Widerklage als dem Vertheidigungsmittel analog behandelt ist, obwohl sie den Zwecken der Vertheidigung dient. Dieser Vertheidigungszweck mußte aber andererseits eine Ausnahme von dem Grundsatz bewirken, daß Widerklagen nicht mit Ueberspringung der I. Instanz angestellt werden können. Denn der Beklagte soll Gelegenheit haben, sich zu vertheidigen. Er soll aber, soweit er dieselbe in I. Instanz verpaßt hat, nicht berechtigt sein, die Säumniß wieder gut zu machen.[1])

In III. Instanz endlich ist eine unentwickelte Widerklage wegen der Beschränkung der Verhandlung auf die Rechtsfrage unzulässig.

Wenn dies im Allgemeinen die Grundsätze über den Zeitpunkt, bis zu welchem eine unentwickelte Widerklage erhoben werden kann, sind, so fragt es sich weiter, von welchem Zeitpunkt an die Erhebung stattfinden könne. Als solcher ist zu bezeichnen der Beginn der mündlichen Verhandlung des Beklagten zur Hauptsache, da in der Vorschützung der Compensationseinrede stets die Einlassung des Beklagten liegt;[2]) die Anführung in einem Schriftsatz genügt nicht, da derselbe gemäß der allgemeinen Grundsätze nur vorbereitenden Charakter hat und also sein Inhalt, um überhaupt als vorgebracht zu gelten, der Wiederholung der mündlichen Verhandlung bedarf.

Abweichende Grundsätze gelten in dem vorbereitenden Verfahren für Rechnungssachen, Auseinandersetzungen und ähnliche Processe wenigstens bezüglich des Zeitpunktes, bis zu welchem die unentwickelte Widerklage erhoben werden darf. Dieses Verfahren hat

---

[1]) Nach § 446 des I. Entwurfs war die Compensationseinrede in II. Instanz unbeschränkt zulässig. In § 464 des II. Entwurfs findet sich die Beschränkung. Die Vorschrift schließt sich an den § 585 des Hannöverschen Entwurfs an, in welchem zugleich, was sich übrigens von selbst versteht, die Zulässigkeit einer replicatio compensationis ohne das Erforderniß der Glaubhaftmachung ausdrücklich ausgesprochen war.

[2]) Zur Erhebung einer offenen Widerklage ist die Einlassung des Beklagten und Widerklägers auf die Vorlage nicht erfordert. Es genügt vielmehr Rechtshängigkeit derselben. Löning a. a. O. S. 39 Anm. 32. A. M. Wach in Grünhuts Zeitschrift VII. S. 137, vermöge seiner Auffassung, daß erst mit der Einlassung der Proceß zu Stande komme.

eine durchaus andere Bedeutung, als die vorbereitenden Schriftsätze. Zwar dienen sowohl die letzteren, als das vorbereitende Verfahren in Rechnungssachen u. s. w. zur Vorbereitung der mündlichen Verhandlung. Während aber durch die Schriftsätze die Parteien sich gegenseitig auf die mündliche Verhandlung vorbereiten sollen, bezweckt das Protokollirungsverfahren im Wesentlichen die Vorbereitung des Gerichts.[1]) Soll dieser Zweck aber erreicht werden, so dürfen die Parteien auch nicht berechtigt sein, Abweichendes von dem in dem Protokollirungsverfahren vor dem beauftragten Richter zu Protokoll Gegebenen in der mündlichen Verhandlung vorzubringen. Deshalb muß auch die unentwickelte Widerklage regelmäßig bereits in dem Protokollirungsverfahren angebracht sein. Und nur die Ansprüche, welche erst später entstanden oder der Partei bekannt geworden waren, dürfen noch in der mündlichen Verhandlung nachgebracht werden.[2])

Die Zeit der Erhebung einer unentwickelten Widerklage würde nur ganz unvollkommen erörtert sein, wenn der Zweifel, ob die unentwickelte Widerklage auch wegen Verspätung aus culpa lata oder Verschleppungsabsicht gemäß § 252 der C.P.O. zurückgewiesen werden könne, unberücksichtigt bliebe. Die entwickelte Widerklage ist der Zurückweisung nicht ausgesetzt, sondern nur der Verweisung zum besondern Proceß gemäß § 136 Abs. 2 der C.P.O. Und dies auch nur dann, wenn die Widerklagforderung mit der Klagforderung nicht in rechtlichem Zusammenhang steht. Im Uebrigen ist einer Verschleppung dadurch vorgebeugt, daß das Gericht verpflichtet ist, die entscheidungsreife Klag- oder Widerklagforderung durch Theilurtheil zu erledigen.[3]) Nun findet der § 136 Abs. 2 auch auf die Compensationseinrede Anwendung, nun ist ferner über

---

[1]) Motive S. 238.

[2]) §§ 315 u. 329 Abs. 2 der C.P.O.

[3]) Vergl. darüber meinen Zwischenstreit S. 48 und jetzt auch Löning a. a. O. S. 129. Letzterer wirft mir auf S. 24 Anm. 18 gänzlich müssige Erörterungen darüber vor, ob die Widerklage zu den Angriffs- oder Vertheidigungsmitteln zu zählen sei. Sein Vorwurf trifft nicht. Denn nicht diese Frage erörtere ich, sondern die andere, ob die Widerklage im Sinne des § 251 der C.P.O. zu den Angriffs- oder zu den Vertheidigungsmitteln zu zählen sei. Und diese Frage ist um deswillen von Erheblichkeit, weil der im engsten Zusammenhange mit § 251 stehende § 252 der C.P.O. sich nur auf Vertheidigungsmittel bezieht.

die vertheidigungsreife Klagforderung bei Nichtentscheidungsreife der nicht connexen, einredeweise geltend gemachten Gegenforderung Theilurtheil gestattet (§ 274), und so möchte man denn dahin gelangen, die Anwendung des § 252 beziehentlich 502 der C.P.O. auf die Compensationseinrede zu verneinen. Zur Unterstützung dieser Auffassung möchte man sich auch noch darauf beziehen, daß in der Compensationseinrede eine unentwickelte Widerklage liegt, und daß die Erhebung einer gewöhnlichen Widerklage in II. Instanz unzulässig ist. Man möchte sagen, daß dieser Grundsatz aus dem Gesichtspunkt geflossen ist, daß es den Parteien nicht gestattet sein dürfe, „ihre Streitigkeiten unter Uebergehung des 1. Richters sofort vor den 2. Richter zu bringen und dadurch den im Interesse der staatlichen Ordnung gegebenen Organisations- und Competenzgesetzen ihre Wirksamkeit zu nehmen". Man möchte endlich sagen, daß also auch eine Zurückweisung der Compensationseinrede in I. und Nachbringung derselben in II. Instanz unzulässig sei, weil darin die Ueberspringung einer Instanz erblickt werden müsse. — Alle diese Gründe sind jedoch meines Erachtens nicht stichhaltig. Das für Klagen und Widerklagen geltende Verbot der Ueberspringung einer Instanz ist für die unentwickelte Widerklage verlassen, wie der § 491 Abs. 2 der C.P.O. ergibt[1]) Denn auch das dort aufgestellte Erforderniß der Glaubhaftmachung ist nicht ein Nachklang an dieses Verbot, sondern lediglich eingeführt, „um das Verfahren gegen Verschleppungen durch simulirte oder schuldbar zurückgehaltene Compensationseinreden sicher zu stellen".[2]) Gerade dieses Streben des Gesetzgebers, Proceßverschleppungen durch verspätetes Vorbringen von Compensationseinreden zu verhüten, nöthigt aber auch dazu, die Zurückweisung der Compensationseinrede wegen Verspätung zuzulassen. Denn da bei Connexität von Forderung und Gegenforderung Theilurtheil über die Forderung nicht erlassen werden darf, so würde ohne Anwendung des § 252 der C.P.O. auf die

---

[1]) **Dernburg** a. a. O. S. 335 vertritt für den gemeinen Proceß die Auffassung, daß der Compensant nicht mit einem neuen Anspruch, sondern mit der auf eine neue Thatsache gegründeten Behauptung auftrete, daß die Forderung des Gegners in Folge der Compensationseinrede kraftlos sei. Diese Auffassung wird für den Reichsproceß schon durch den Wortlaut des § 491 Abs. 2 der C.P.O. ausgeschlossen.

[2]) Begründung zu § 264 des II. Entwurfs a. E.

Compensationseinrede eine Lücke vorliegen.[1]) Nach dieser Sachlage ist dem Compensaten wenigstens insofern ein Dispositionsrecht darüber, ob bezüglich der Gegenforderung eine Instanz übersprungen werden solle oder nicht, eingeräumt, als ohne seinen Antrag die Zurückweisung wegen Verspätung nicht erfolgen darf. Und in der That konnte die Zurückweisung einer verspäteten Compensationseinrede von Amtswegen schon um deswillen nicht zugelassen werden, weil sonst durch die Schuld des Compensanten auch dem Compensaten ohne Weiteres eine Instanz entzogen worden wäre.[2])

---

[1]) Nach Lage der Gesetzgebung ist danach der Compensant, welcher aus grober Nachlässigkeit mit Vorschützung seiner Einrede bis zuletzt zögerte und also mit Sicherheit ihre Zurückweisung wegen Verspätung zu erwarten hat, gezwungen, dieselbe trotzdem noch in I. Instanz vorzubringen, nur um sie in II. Instanz überhaupt noch nachbringen zu können. Denn thäte er es nicht, so wäre die für die Geltendmachung in II. Instanz vorgeschriebene Glaubhaftmachung, daß die Partei ohne ihr Verschulden außer Stande gewesen sei, die Compensationseinrede in I. Instanz geltend zu machen, unmöglich. Bringt er aber, sei es noch so verspätet, seine Compensationseinrede in I. Instanz an und wird er nun damit zurückgewiesen, so handelt es sich für die II. Instanz nicht um einen neuen Anspruch im Sinne des § 491 Abs. 2, und deshalb wäre in solchem Falle das Erforderniß der Glaubhaftmachung nicht zu stellen.

[2]) Auch bezüglich der Incidentfeststellungswiderklage muß, soweit dieselbe ein Vertheidigungsmittel des Beklagten zur Geltung bringt, ihre Zurückweisung nach § 252 der C.P.O. meines Erachtens als möglich angenommen werden. Es kann dem Beklagten nicht freistehen, sein Vertheidigungsmittel, welches der Kläger bestritten und dessen Zurückweisung als verspätet er beantragt hat, durch Incidentfeststellungswiderklage noch aufrecht zu erhalten. Z. B. der Kläger hat 400 Theilforderung von 1000 geltend gemacht, der Beklagte wendete dagegen ein pactum de non petendo in tempus ein, dessen Rechtsgültigkeit der Kläger unter gleichzeitigem Antrag auf Zurückweisung wegen Verspätung bestritt. Darauf erhebt der Beklagte schnell Incidentfeststellungswiderklage dahin, daß das pactum de non petendo für rechtsgültig zu erklären. Wollte man solchen Anträgen stattgeben, so wäre der Wirksamkeit des § 252 der C.P.O. der Boden entzogen. Auch spricht für meine Auffassung der Zusammenhang des § 253 mit § 293 der C.P.O. und die Absicht des Gesetzgebers, in § 253 ein Surrogat für die Rechtskraft der Gründe zu schaffen. Die entgegengesetzte Ansicht findet sich ausgesprochen bei Gaupp zu § 253 Bem. IV. Abs. 2; von Wilmowski und Levy zu § 253 Anm. 2.

Selbstverständlich ist, daß ein Vertheidigungsmittel, welches bereits als verspätet zurückgewiesen ist, nicht mehr durch Präjudicial-Incidentfeststellungsklage oder -Widerklage geltend gemacht werden kann. Denn da in Folge der Zurückweisung das den Inhalt des Vertheidigungsmittels bildende Rechtsverhältniß gar nicht mehr Proceßstoff ist, so ist es auch nicht mehr ein Rechtsverhältniß, von dessen

§ 8.

Form ihrer Erhebung.

Am meisten stimmt die Form, in welcher die unentwickelte Widerklage erhoben wird, mit derjenigen der Erhebung einer offenen Widerklage überein. Für Beide ist Vorbringen in der mündlichen Verhandlung wesentlich.[1]) Für das Verfahren in Rechnungssachen u. s. w. ist nothwendig die Erklärung zu gerichtlichem Protokoll.[2]) Die Erhebung in der mündlichen Schlußverhandlung ist nur dann zulässig, wenn der Compensant glaubhaft macht, daß der Anspruch erst später entstanden, oder dem Compensanten bekannt geworden ist.[3])

Andrerseits ist es natürlich nicht unstatthaft, die Vorbringung auch der unentwickelten Widerklage durch Schriftsätze vorzubereiten. Der Beklagte kann, wenn er die Klagebeantwortung zustellen läßt, in ihr die Compensationseinrede bereits erwähnen. Er kann, falls er dies vergessen haben sollte, einen besondern Schriftsatz zustellen lassen. In dieser Beziehung kommen durchaus die Vorschriften in den §§ 120—124 der C.P.O. zur Anwendung. Doch ist stets zu beachten, daß der die versteckte Widerklage enthaltende Schriftsatz niemals die Bedeutung und den bestimmenden Charakter einer Klageschrift hat.

Der Vortrag in der mündlichen Verhandlung muß enthalten eine genaue Angabe des der Forderung zu Grunde liegenden Thatbestandes und der Höhe, in welcher sie zur Compensation gestellt werden soll. Auch muß der Compensant die ordentlichen Bedingungen der Compensabilität nachweisen. Soweit den Compensanten die Beweislast trifft, kommt für den Urkunden- und Wechselproceß hinzu, daß der Beweis mit den im Urkundenproceß zulässigen Beweismitteln (Urkunden- oder Eideszuschiebung § 558 Abs. 2) angetreten ist und auch geführt werden kann (§ 561). Soweit dies nicht geschehen kann, wird aber die unentwickelte Widerklage nicht etwa nach Analogie der Klage als im Urkundenproceß unstatthaft abgewiesen. Vielmehr bleibt, da die Widerklage nur zum Zweck der

---

Bestehen oder Nichtbestehen die Entscheidung des Rechtsstreites oder zum Theil abhängt. Vielmehr ist die angfänglich vielleicht vorhandene Präjudicialität durch die Zurückweisung beseitigt.

[1]) §§ 251, 253, 254 und 128 der C.P.O.

[2]) Vergl. über die offene Widerklage Löning a. a. O. S. 129.

[3]) §§ 315 Nr. 1 und 319 Abs. 2 der C.P.O.

Vertheidigung angestellt war, der Rechtsstreit im ordentlichen Verfahren anhängig mit den im § 563 normirten Wirkungen. Diese Entscheidung hat besonders um deswillen nichts Auffallendes, weil nach den Motiven im Nachverfahren auch eine gewöhnliche Widerklage, welche ja im Urkundenproceß nicht gestattet ist, noch nachgebracht werden kann.[1]) Demgemäß muß auch eine im Urkundenproceß noch nicht geltend gemachte unentwickelte Widerklage noch nachgebracht werden können, woraus sich dann, da die unentwickelte Widerklage an sich auch im Urkundenproceß statthaft ist, das Gleiche für den Fall ergibt, daß sie im Urkundenproceß zwar geltend gemacht, aber als im einzelnen Fall für den Urkundenproceß unstatthaft zurückgewiesen worden war.

Dagegen ist es nun sehr zweifelhaft, ob bei der unentwickelten Widerklage die sonst in § 269 der C.P.O. vorgeschriebenen Verlesung eines besondern Antrages erfordert werde. Diese Frage wird gewöhnlich verneint, und es läßt sich auch Manches für diese Verneinung anführen. Man könnte nämlich folgendermaßen deduciren: Offenbar sei es die Absicht des Gesetzes, die Entscheidung über das Bestehen oder Nichtbestehen der zur Compensation gestellten Forderung unabhängig von dem Willen der Parteien rechtskräftig werden zu lassen. Wollte man aber die Verlesung eines besondern Antrages auf richterliche Feststellung der zur Compensation gestellten Forderung verlangen, so sei diese Absicht des Gesetzes illusorisch gemacht. Denn Abs. 4 des § 269 bestimmt ausdrücklich daß die Nichtverlesung Nichtberücksichtigung der Anträge zur Folge haben solle. Der Compensant könnte danach also Compensation ohne rechtskräftige Entscheidung der zur Compensation gestellten Forderung pro concurrente summa der Klagforderung erreichen, indem er die Verlesung eines Feststellungsantrages unterließe. Dies ist nun auf keinen Fall zuzugeben. Denn wenn das Gesetz die Compensation ohne vorherige oder wenigstens gleichzeitige Feststellung des Bestehens oder Nichtbestehens der Gegenforderung in rechtskraftsfähiger Weise nicht gestattet, so könnte die Nichtverlesung des Feststellungsantrages doch höchstens die Nichtberücksichtigung der Compensationseinrede zur Folge haben.

---

[1]) § 558 der C.P.O. S. 350 der Motive. Bei der gewöhnlichen Widerklage ist die Nachbringung wegen des Gerichtsstandes der Widerklage besonders bedeutungsvoll. § 3 der preuß. Verordnung v. 1. Juni 1833.

Ebensowenig zutreffend wäre es aber meines Erachtens, wenn man aus jener Meinung des Gesetzgebers folgern wollte, daß ein besonderer Feststellungsantrag für Erzielung einer rechtskräftigen Entscheidung über die zur Compensation gestellte Gegenforderung überflüssig sei. Das hieße meines Erachtens zwei Schritte auf einmal thun. Man ist ja darüber einig, daß der § 269 auch bei Incidentfeststellungsklagen nach § 253 der C.P.O. zur Anwendung gelangen müsse. Ob eine solche erhoben werden soll, steht allerdings im Belieben der Partei. Nun müßte nach allgemeinen Grundsätzen auch die rechtskräftige Feststellung der zur Compensation gestellten Forderung in der Parteiwillkür stehen. Dies und nur dies wollte die C.P.O. vermeiden, wenn sie in § 293 Abs. 2 die Entscheidung über das Bestehen oder Nichtbestehen einer mittels Einrede geltend gemachten Gegenforderung in Höhe desjenigen Betrages, mit welchem aufgerechnet werden soll, für der Rechtskraft fähig erklärte. Deshalb aber nun gleich noch einen weiteren Schritt zu thun, und anzunehmen, daß also das Gesetz die Fiction aufstelle, in der Erhebung einer Compensationseinrede liege ohne Weiteres, auch ohne Antrag eine Feststellungswiderklage, halte ich für unzulässig. Denn einmal ist die Fiction unter allen Umständen kein wünschenswerther Ausweg, und ferner bestimmt doch das Gesetz, wenn es die Entscheidung über die Gegenforderung für der Rechtskraft fähig erklärt, damit eigentlich nur, daß eine Compensationseinrede ohne rechtskräftige Feststellung des Bestehens oder Nichtbestehens der Gegenforderung unzulässig sein soll. Darüber, wie diese rechtskräftige Entscheidung herbeigeführt werden soll, bestimmtes nichts. Sache des Compensanten ist es also, wenn er seine Compensationseinrede berücksichtigt haben will, Incidentfeststellungswiderklage in ordnungsmäßiger Form zu erheben. Daß *diese* Widerklage in Abweichung von der Incidentfeststellungsklage des § 253 im Dienste der Compensationseinrede steht, hindert meines Erachtens nicht sowohl das Erforderniß eines besondern Feststellungsantrags, als vielmehr den Erlaß einer abgesonderten Entscheidung auf diesen Antrag.

Empfehlenswerth wäre es aber natürlich, wenn der Zusammenhang des Feststellungsantrages mit der Compensationseinrede ersichtlich gemacht würde, indem der Antrag z. B. auf Feststellung der Gegenforderung *zum Zwecke der Compensation* gerichtet werden könnte.

Dies Erforderniß eines besondern Feststellungsantrages empfiehlt sich übrigens namentlich wegen der möglichen Verweisung der Gegenforderung zum besondern Proceß gemäß § 136 Abs. 2 der C.P.O. Denn die Verhandlung in dem besondern Proceß müßte doch jedenfalls durch ordnungsmäßige Antragstellung eingeleitet werden. Ist dies aber richtig, so ist es auch durchaus begründet, wenn man sofort von vorn herein und vor der Trennung die Stellung des oben erwähnten Antrages verlangt.

Dagegen bedarf es eines solchen Widerklageantrages nicht, ja derselbe würde auf Antrag des Gegners (replicatio litis pendentis) sogar als unzulässig zurückgewiesen werden müssen, wenn die zur Compensation gestellte Forderung schon in einem andern Proceß durch Klage oder Widerklage rechtshängig geworden sein sollte.

Uebrigens kann die Erhebung der unentwickelten Widerklage nur in contradictorischer Verhandlung zur Hauptsache erfolgen. Auch dies hat sie gemeinsam mit der Incidentklage des § 253 der C.P.O. Denn in der Erhebung der Compensationseinrede und demgemäß auch in der Anstellung der unentwickelten Widerklage liegt stets die Einlassung, wenn sie noch nicht vorausgegangen sein sollte. Und doch ist einem säumigen Kläger gegenüber die Einlassung unmöglich. Denn wenn der Kläger den Termin versäumt, so verwirkt er ohne Weiteres seinen Anspruch. Eine Verhandlung zur Sache kann also nicht statthaben[1]), ganz abgesehen davon, daß es der Compensationseinrede zum Zweck der Vertheidigung nicht mehr bedarf. Wenn andererseits die Compensationseinrede einer Widerklage entgegengesetzt werden soll, und der Widerkläger bleibt nach Erhebung der Widerklage in dem 1. Termin zur mündlichen Verhandlung in einem späteren Termin aus, so kann wiederum wie bei der Klage nur von einer Vertagung oder Abweisung des Widerklägers in contumaciam die Rede sein. Ein Antrag des Widerbeklagten, zur Sache verhandeln zu dürfen, wäre ebenfalls unzulässig, und demgemäß auch die Vorschützung der Compensationseinrede gegen die vielleicht als bestehend anerkannte Widerklagforderung. Dabei macht es keinen Unterschied, ob der Widerbeklagte gleich in dem 1. Termin, in welchem die Widerklage erhoben wurde, die Compensationseinrede vorschützte und sie nun in dem vom Widerkläger versäumten zweiten Termin nur wiederholen wollte. Denn auch hier muß wegen des

---

1) Wachs Vorträge S. 136. Gaupp II. S. 183

Grundsatzes der Einheit der mündlichen Verhandlung für den Widerkläger das Princip der Verwirkung seines Anspruches gelten. Ist aber der zu bekämpfende Anspruch Seitens des säumigen Widerklägers verwirkt, so hat nun die den Zwecken der Vertheidigung dienende unentwickelte Widerklage keinen Sinn mehr. Der Fall, für welchen sie angestellt war, tritt nun nicht ein. Deshalb fällt sie von selbst in sich zusammen, ohne daß es eines Antrages, sie abzuweisen, bedarf.

§ 9.

Die Erhebungsberechtigten.

Die unentwickelte Widerklage kann von jeder Partei erhoben werden. Soweit die Partei bezüglich der zur Compensation gestellten Forderung proceßfähig ist, kann sie dieselbe in Person oder durch ihren Bevollmächtigten erheben. Soweit ihr die Proceßfähigkeit nicht zusteht, bedarf sie zur Erhebung der Thätigkeit ihres gesetzlichen Vertreters.[1]) Mit dieser Maßgabe kann die unentwickelte Widerklage erhoben werden sowohl vom Beklagten als vom Widerbeklagten. Andererseits muß aber auch verlangt werden, daß dem Compensaten die Proceßfähigkeit bezüglich der gegen ihn zur Compensation gestellten Forderung zukomme, widrigenfalls es wiederum der Thätigkeit des gesetzlichen Vertreters bedarf.

Wenn im Laufe des Processes eine Succession in die Parteirolle stattgefunden hat,[2]) so kann stets nur der Rechtsnachfolger der ausgeschiedenen Partei die unentwickelte Widerklage erheben, beziehentlich nur gegen ihn die unentwickelte Widerklage erhoben werden. Hat also der Kläger seine Forderung cedirt und ist der Cessionar mit Zustimmung des Beklagten an Stelle des Cedenten in den Proceß eingetreten, so kann nur gegen ihn die unentwickelte Widerklage sich richten, wobei es jedoch dem Beklagten unbenommen ist, gegen den Cessionar auch solche Forderungen zur Compensation zu verwenden, welche ihm gegen den Cedenten schon vor der Bekanntmachung der Abtretung begründet waren.[3]) Wenn andererseits die Succession

---

[1]) Vergl. oben § 5 Nr. 3.

[2]) Vergl. darüber meinen Zwischenstreit S. 100—118.

[3]) Förster-Eccius I. § 94 S. 680. Dernburg, Compensation S. 404 ff. Dernburg, preuß. Privatrecht II. S. 249. Windscheid Pandekten II § 350 Nr. 6 und §§ 302, 313 ff. I. 16 des A.L.Rts. und l. 18 § 1 u. l. 23 D. de compens. 16. 2.

in die Parteirolle noch nicht vollendet ist, indem der Kläger seine Forderung abgetreten hat, ohne daß der Cessionar den Proceß übernommen hätte, so ist trotz der Bestimmung des § 236 Abs. 2 der C.P.O., daß die Cession auf den Proceß keinen Einfluß haben soll, der Beklagte nicht etwa berechtigt, auch die nach der Bekanntmachung der Cession ihm gegen den Kläger entstandenen Forderungen zur Compensation zu stellen. Denn hier würde es an dem materiellrechtlichen Erforderniß der Gegenseitigkeit von Forderung und Gegenforderung fehlen und es ist nicht anzunehmen, daß die C.P.O. in dieses materiellrechtliche Erforderniß habe eingreifen wollen. Wohl aber ist der Beklagte berechtigt, Compensationseinreden, aus der Person des Cessionars der actio litigiosa herzuholen.[1]) Eine Succession in die Parteirolle bei der unentwickelten Widerklage kann nun nur vorkommen im Fall des Todes einer Partei oder der Veräußerung einer actio litigiosa. Denn der Fall der laudatio auctoris muß wegen des Inhaltes der unentwickelten Widerklage, welcher nur in Geld oder vertretbaren Sachen bestehen kann, außer Betracht bleiben, während durch den Eintritt des Litisdenuntiaten gemäß § 72 der C.P.O. in den Streit über die zur Compensation gestellte Forderung eine Succession in die Parteirolle überhaupt nicht begründet wird.

Diese eben erwähnten Successionsfälle können sich aber auch ereignen, nachdem bereits eine unentwickelte Widerklage erhoben war. Wenn diese Successionsfälle bei der gewöhnlichen Widerklage eintreten, so wird durch dieselben die anfänglich vorhandene Identität der Parteien im Vor- und Widerklagproceß möglicher Weise beseitigt. Dabei macht es keinen Unterschied, ob es sich um Singular- oder Universal-Succession handelt. Veräußert z. B. der Kläger seine actio litigiosa und übernimmt der Cessionar den Proceß, so geht die Widerklage gegen den ursprünglichen Kläger, während der Cessionar Kläger in der Vorklage ist. Cedirt umgekehrt der Widerkläger die Widerklagforderung, so geht gegen ihn die Klage, während die Widerklagrolle von dem succedirenden Cessionar eingenommen wird. Ebenso kann die Identität der Parteien im Vor- und Nach-Proceß im Fall der Universalsuccession beseitigt werden, wenn z. B. der Kläger mit Hinterlassung zweier Miterben stirbt, deren Einem die Klagforderung bei der Erbtheilung zuge-

[1]) A. M. Lothar Seuffert Anm. 2 zu § 236.

wiesen wurde, während der Andere die Schuld des widerbeklagten Erblassers übernehmen mußte.

Bei der unentwickelten Widerklage dagegen ist in allen diesen Successionsfällen eine Aufhebung der Parteienidentität nicht möglich. Daraus folgt aber nicht, daß die von mir so genannte unentwickelte Widerklage doch schließlich nur ein Vertheidigungsmittel im Vorproceß ist. Denn wenn sie auch den Zwecken der Vertheidigung dienen soll, so hat sie doch einen ganz selbständigen Inhalt, nämlich die geltend gemachte Gegenforderung, welche als Theil des Streitgegenstandes aufgefaßt wird. Vielmehr ist der Umstand, daß bei der unentwickelten Widerklage im Vor- und Nach-Proceß dieselben Parteien fungiren müssen, überhaupt nicht Folge processualischer Rücksichten, sondern Erforderniß des materiellen Rechts, speciell des Satzes, daß die aufzurechnenden Forderungen gegenseitige des Gläubigers und des Schuldners sein müssen. In Folge dieses Satzes muß, wenn eine Succession in die Forderung oder Gegenforderung stattgefunden hat, welche die Gegenseitigkeit von Forderung und Gegenforderung beseitigt, der Widerklagproceß eingestellt werden. Denn derselbe wurde nur zum Zwecke der Compensation geführt, und solche ist, sobald die Aufhebung der Gegenseitigkeit von Forderung und Gegenforderung feststeht, unmöglich. Wenn also z. B. der Compensant die zur Compensation gestellte Forderung cedirt hätte, so könnte weder der Cessionar in den Streit über diese Forderung eintreten, noch auch könnte ihn der Cedent selbst weiterführen. Vielmehr würde dem Einen wie dem Andern der Einwand mangelnder Gegenseitigkeit entgegenstehen, — soweit nicht Ausnahmen von dem Erforderniß der Gegenseitigkeit von Forderung und Gegenforderung bestehen.

Auf diese Ausnahmen, welche dem materiellen Rechte angehören, einzugehen, ist hier nicht der Platz. Wohl aber scheint noch eine nähere Erörterung des Zweifels geboten, ob die Behauptung, daß die unentwickelte Widerklage hinfällig werde, sobald das materiellrechtliche Erforderniß der Gegenseitigkeit von Forderung und Gegenforderung gefährdet sei, in dieser Allgemeinheit noch aufrecht erhalten werden könne, und nicht vielmehr für den Fall der Veräußerung der bereits rechtshängig gewordenen Forderung oder Gegenforderung im Proceß das materielle Erforderniß der Gegenseitigkeit von Forderung und Gegenforderung insofern beseitigt sei, als trotz geschehener Veräußerung der Forderung oder Gegenforderung Compensant und Compensat noch weiter über dieselbe processiren dürfen. Soll doch nach § 236 der C.P.O. die Cession einer rechtshängigen Forderung zwar gültig, aber auf den Proceß einflußlos sein! Indessen die Auffassung, als ob durch diese Bestimmung dem Cedenten für die Dauer des Processes volle Dispositionsberechtigung bezüglich der abgetretenen Forderung beigelegt wäre, erscheint ungerechtfertigt. [1]) Denn man kann unmöglich annehmen, daß nach Absicht des Gesetzgebers die Cession als für den zu entscheidenden Rechtsstreit gar nicht geschehen erachtet werden solle. Eine Fiction, der Cedent sei noch Gläubiger, ist sicher nicht beabsichtigt. [2]) Vielmehr sollte durch jene Bestimmung nur die Fortsetzung des Verfahrens zwischen den ursprünglichen Parteien sanctionirt werden. Der Veräußerer oder Cedent sollte trotz geschehener Veräußerung oder Cession vollständig zur formellen Proceßführung legitimirt sein. Einen darüber hinausgehenden Sinn hat die fragliche Bestimmung schwerlich, sodaß man sich behufs ihrer richtigen Anwendung stets zu fragen hat, ob eine vom Cedenten im Proceß vorgenommene Handlung sich als processualische Handlung qualificirt oder nicht. Demgemäß erscheint, wie Eccius treffend bemerkt, der Cedent materiell als Vertreter des Cessionars, woraus von selbst folgt, daß er nicht dessen Forderung zur Tilgung seiner Schuld durch Compensation verwenden darf. Da aber die unentwickelte Widerklage nur Zwecks dieser Compensation erhoben ist, so kann sie auch nach geschehener Cession nicht fortgesetzt werden. Doch ist hier noch Folgendes zu beachten: Die Cession einer zur Compensation gestellten Forderung wird meistens nur bedingt geschehen.

---

[1]) Mandry, der civilrechtliche Inhalt der Reichsgesetze S. 272, will dem Cedenten Dispositionsbefugniß insoweit zugestehen, als die Disposition in einem processualen Acte (Verzicht, Anerkennung vor Gericht) sich äußert. Daß die fraglichen Acte im Proceß vorgenommen werden, macht sie noch nicht zu processualen Acten.

[2]) Die einschränkende Auslegung des § 236 der C.P.O. wird namentlich vertreten von Eccius bei Förster I. § 99 S. 758 ff. Ihm hat sich angeschlossen: Dernburg, preuß. Privatrecht II. § 83 Anm. 17, ebenso von Wilmowski u. Levy Bem. 2 Abs. 4, sowie Struckmann und Koch, Bem. 2 Abs. 6 zu § 236 der C.P.O. Dagegen vertritt die dem Cedenten volle Dispositionsbefugniß und also auch Compensationsrecht einräumende Meinung namentlich Gaupp II. S. 31 Nr. III. u. L. Seuffert Bem. 2 zu § 236 der C.P.O.

Der Compensant, der in dem einen Augenblick das Verlangen stellt, seine Forderung zur Tilgung einer andern verwenden zu dürfen, wird selten im nächsten Augenblick die Absicht haben, sich dieser Forderung voll und ganz zu entäußern. Vielmehr wird im Zweifel anzunehmen sein, daß eine solche Cession nur für den Fall bewirkt wurde, daß die Forderung nicht zur Compensation verwendet werden sollte, sei es, weil die Klageforderung ohnehin hinfällig, sei es, weil die Gegenforderung nicht zur Compensation geeignet sein sollte. Die Cession wäre dann also eine suspensiv bedingte. Daraus folgt, daß der Cedent bis zur Entscheidung der Bedingung den Streit über die Gegenforderung weiter führt. Daraus folgt weiter, daß selbst mit Einwilligung des Compensaten von einer Uebernahme des Proeesses über die zur Compensation gestellte Forderung Seitens des Cessionars vor Eintritt der Bedingung keine Rede sein kann. Keineswegs aber folgt daraus, daß der Cessionar bezüglich der ihm bedingt cedirten Forderung nicht als Nebenintervenient aufzutreten. berechtigt ist. Da vielmehr nach den Bestimmungen des Gesetzes über die Abtrennung der zur Compensation gestellten Gegenforderung (§§ 136 Abs. 2 und 274 der C.P.O.) eine Entscheidung über die Gegenforderung möglich ist, ohne daß es zur Compensation kommt, so hat der Cessionar von vorn herein ein rechtliches Interesse daran, daß der Streit über die Gegenforderung so geführt wird, daß der Compensant den Sieg davon trägt.

Natürlich ist es nun auch bei Singularsuccession mortis causa bezüglich der zur Compensation gestellten Forderung möglich, daß eine nur bedingte Uebertragung beabsichtigt wurde. In diesem Falle geht beim Tode des Cedenten die Compensantenrolle gemäß § 217 der C.P.O. auf die Universalsuccessoren desselben über. Die Letzteren sind sowohl die Beklagten im Vorproceß als auch die Kläger bezüglich der unentwickelten Widerklage. Denn der Singularsuccessor mortis causa, z. B. der Vermächtnißnehmer, hat nur ein bedingtes Recht an der zur Compensation gestellten Forderung. Er kann also auch erst nach Eintritt der Bedingung die ihm vermachte Forderung im Wege des gewöhnlichen Processes geltend machen.

So bleibt denn nur noch die Frage zu beantworten, ob auch noch andere Personen als die Parteien zur Erhebung der unentwickelten Widerklage berechtigt sind? Die Frage wird gemeinhin zu Gunsten des Nebenintervenienten einer Proceßpartei bejaht und es lassen sich in der That, auch wenn man in der Compensationseinrede eine unentwickelte Widerklage erblickt, Gründe **dafür** anführen. Der Nebenintervenient ist seiner ganzen Stellung nach berechtigt, Alles zu thun, was geeignet ist, den Sieg des Interventen in dem anhängigen Processe herbeizuführen. Auch die unentwickelte Widerklage dient diesem Zweck, sie ist jedenfalls Vertheidigungsmittel im weiteren Sinn, und so scheint sich direct aus § 64 der C.P.O. das Recht des Intervenienten, eine Forderung des Interventen zur Compensation zu verstellen zu ergeben. Nichts desto weniger ist ihm, wie mir scheint, dieses Recht im Allgemeinen abzusprechen, und zwar sowohl für die Fälle, in denen der Nebenintervenient an dem Ausgange des Processes wegen einer ihm für den Fall des Unterliegens des Interventen drohenden Regreßforderung interessirt ist, als auch dann, wenn das Interesse des Intervenienten darin besteht, daß sein eigenes Recht von dem bestrittenen Bestande des Rechts des Interventen abhängt.

Meine Gründe für diese Meinung, welche mit derjenigen sämmtlicher Commentatoren der C.P.O., so weit ich sehe, in Widerspruch steht, sind folgende:

Das Gesetz[1]) setzt als Voraussetzung der Nebenintervention ein rechtliches Interesse des Nebenintervenienten daran, daß in einem zwischen andern Personen anhängigen Rechtsstreit die eine Partei obsiege. Wo ein solches Interesse vorliegt, da ist der Nebenintervenient nach seinem Beitritt berechtigt, alle zur Befriedigung dieses Interesses dienlichen Proceßhandlungen (mit der in § 64 der C.P.O. euthaltenen Einschränkung) wirksam vorzunehmen. Daraus ergibt sich consequenter Weise, daß der Nebenintervenient überall da, wo er ein rechtliches Interesse nicht ganz allgemein am Obsieg einer Partei, sondern nur an einer bestimmten Art des Obsiegs hat, auch nur die zur Befriedigung dieses Interesses, welches er ja in dem seinen Beitritt enthaltenden Schriftsatz angeben muß,[2]) dienlichen Proceßhandlungen vornehmen darf. Ein rechtliches Interesse aber an einem durch Compensation mit einer Forderung des Interventen herbeigeführten Obsieg desselben hat der Nebenintervenient dann niemals, wenn er im Fall des Unterliegens des Interventen eine

[1]) § 63 der C.P.O.

[2]) § 67 Nr. 2 der C.P.O.

Regreßklage desselben zu befürchten hat (z. B. eine Forderung ist eingeklagt, bezüglich deren der Nebenintervenient dem Interventen und Beklagten gegenüber die Garantie ihres Nichtbestehens übernommen hatte). Denn an der Regreßforderung des Interventen wird dadurch nichts geändert, daß die Verurtheilung desselben lediglich durch Aufopferung seiner Gegenforderung abgewendet wird. Ein Obsieg, welcher nur durch Aufopferung einer Gegenforderung des Interventen herbeigeführt wird, ist hier für den Intervenienten gleich einer Niederlage des Interventen. Daraus folgt dann aber, daß der Nebenintervenient in solchen Fällen nicht berechtigt sein kann, eine unentwickelte Widerklage zu erheben. Setzen wir also z. B. den folgenden Fall: A schuldet dem B. Letzterer stirbt und C erlangt von A Zahlung, nachdem er garantirte, daß er und nicht D Erbe sei. Jetzt weist D unter Geltendmachung der Erbschaftsforderung im Proceß gegen A seine Erbenqualität nach. C intervenirt zu Gunsten des A und will schließlich, als ihm Alles nichts hilft, mit einer Forderung des A an den D compensiren. Das ist nach dem vorher Gesagten unzulässig. Ein rechtliches Interesse an dem durch die Compensation herbeigeführten Obsieg des A hat C nicht. Denn dem A bleibt sein Regreßanspruch an den C geradeso erhalten, als wenn A selbst die fragliche Compensationseinrede geltend gemacht hätte.

In denjenigen Fällen andererseits, in denen das rechtliche Interesse des Nebenintervenienten darin besteht, daß sein Recht von dem Bestande des bestrittenen Rechts des Interventen abhängt, — z. B. der Vermächtnißnehmer einer actio litigiosa erhält nur das, was in dem Proceß schließlich erstritten wird [1]) — hätte der Intervenient ja allerdings ein Interesse, eine Compensationseinrede des Beklagten durch eine replicatio compensationis aus der Person des Klägers abzuwehren. Aber es ist nicht entfernt abzusehen, wie der Gesetzgeber dazu hätte kommen sollen, dem Nebenintervenienten, welcher doch aus eigenem Interesse an dem vom Interventen geführten Processe sich betheiligt, zur Wahrnehmung dieses Interesses die Disposition über eine dem Interventen zustehende Forderung zu gestatten. Das wäre doch ein exorbitanter Eingriff in die Rechte des Interventen, welcher auch dadurch nur wenig gemildert wird,

[1]) Nov. 112 c. I.

daß der Intervent ein Widerspruchsrecht hat. Denn meines Erachtens könnte der Intervent mit Fug und Recht verlangen, daß er vom Intervenienten gar nicht in die Lage, zur Vermeidung einer Aufopferung seiner Gegenforderung widersprechen zu müssen, gebracht werde. Endlich aber cessirt ja das Widerspruchsrecht des Interventen in denjenigen Fällen, in denen der Nebenintervenient als Streitgenosse der Hauptpartei im Sinne des § 58 der C.P.O. gilt. Soll da nun unbedingt dem Nebenintervenienten ein Dispositionsrecht über die Gegenforderung des Interventen und selbst zuwider den Interessen des Letzteren zustehen?

Nach § 298 I. 12 des A.L.Rts. macht das zwischen den Nachlaßgläubigern und den Erben ergehende Urtheil auch res iudicata gegen die Legatare. Wenn also ein Nachlaßgläubiger eine ihm gegen den Erblasser zustehende Forderung von 1000 von den Erben einklagt, so ist, falls er ein obsiegliches Erkenntniß erstreitet, auch der Legatar an dieses Urtheil gebunden und erleidet bei Insufficienz des Nachlasses nach § 334 I 12 des A.L.Rts. bezüglich seines Vermächtnisses einen Abzug. Demgemäß kann der Legatar in dem Proceß zwischen Nachlaßgläubiger und Erben die Stellung eines Streitgenossen des Erben einnehmen.[1]) Hat er aber die Stellung eines Streitgenossen inne, so ist er nicht mehr den Beschränkungen des § 64 der C.P.O. unterworfen. Demgemäß könnte er auch der Forderung des Nachlaßgläubigers eine Forderung des Erben compensando entgegenstellen, wenn der § 64 der C.P.O. ganz allgemein auch das Recht, unentwickelte Widerklagen zu erheben, gewährte. Ich glaube nicht, daß dies in der Absicht des Gesetzgebers gelegen hat, und entscheide mich dahin, daß der Nebenintervenient als solcher zur Erhebung einer unentwickelten Widerklage nicht befugt ist. Dann natürlich könnte der Nebenintervenient regelmäßig auch nicht seine eigene Forderung zur Compensation verstellen, da die Forderung, gegen welche aufgerechnet werden soll, nicht gegen ihn gerichtet ist und es also an der erforderlichen Gegenseitigkeit von Forderung und Gegenforderung fehlen würde.

Dadurch sind aber natürlich die Fälle nicht berührt, in denen das Erforderniß der Gegenseitigkeit von Forderung und Gegenforderung im bürgerlichen Recht nicht gestellt wird und in denen

[1]) § 66 der C.P.O.

nach den Grundsätzen des bürgerlichen Rechts ein Nebenschuldner aus der Person des Hauptschuldners Einreden zu erheben berechtigt ist. Demgemäß kann z. B. der Cedent, welcher dem klagenden Cessionar als Nebenintervenient beigetreten ist, dem ex persona cedentis compensirenden cessus eine replicatio compensationis ex persona cedentis entgegensetzen, wenn die replicando zur Compensation gestellte Forderung zur Zeit der Cession bereits fällig war und der Cedent die Abrechnung auf diese Forderung hätte verlangen können.[1]) Oder es kann z. B. der Bürge dem beklagten Hauptschuldner als Nebenintervenient beitreten und dann auch eine Compensationseinrede aus der Person des Hauptschuldners vorschützen.[2])

Kurz zusammengefaßt liegt danach die Sache also:

Der Nebenintervenient als solcher ist niemals berechtigt, dem Intervenienten zustehende Forderungen durch eine unentwickelte Widerklage geltend zu machen. Dieses Recht steht ihm vielmehr nur dann zu, wenn er nach den Grundsätzen des bürgerlichen Rechts befugt wäre, eine Compensationseinrede des Interventen geltend zu machen. Andererseits kann der Intervenient wohl befugt sein, ihm selbst zustehende Forderungen zur Compensation zu stellen, wenn nämlich der Intervent nach den Grundsätzen des bürgerlichen Rechts diese Forderungen zur Compensation verwenden dürfte.

§ 10.

Die Wirkungen der Erhebung.

a) Im Allgemeinen.

In den Wirkungen vor allen Dingen tritt der eventuelle Charakter der unentwickelten Widerklage und ihre Bestimmung, den Zwecken der Compensation zu dienen, hervor.

Die Wirkungen der gewöhnlichen Widerklage lassen sich kurz als die Entstehung eines neuen Processes bezeichnen,[3]) womit sowohl

[1]) Förster-Eccius I. § 94 S. 681. Dernburg II. § 106. S. 251, Anm. 1.

[2]) l. 4 und 5 D. de compens. 16. 2 und §§ 324 und 329 I. 16 des A.L.Rts.

[3]) Löning a. a. O. S. 135 ff. Dagegen aus nichtigen Gründen Lippman im Archiv f. civ. Prax. Bd. 65 S. 367 ff.

die Rechtshängigkeit des Widerklageanspruchs als die Begründung von Partei- und Richterpflicht bezüglich desselben gemeint sind. Durch die Erhebung der gewöhnlichen Widerklage tritt neben dem Vorproceß ein zweiter Proceß ins Leben, mit allen in der Rechtshängigkeit und dem Proceßverhältniß enthaltenen processualen Rechten und Pflichten des Gerichts und der Parteien. Derselbe erscheint zwar formell als ein Bestandtheil des Vorprocesses, materiell aber handelt es sich um zwei Streitverhältnisse mit selbständigen Streitgegenständen. Der erstere Umstand bedeutet, daß Klage und Widerklage regelmäßig gleichzeitig und gemeinsam verhandelt und entschieden werden müssen, die inhaltliche Selbständigkeit von Vor- und Widerklage aber bewirkt, daß über jeden der Ansprüche ein selbständiger Rechtsstreit im materiellen Sinne entsteht. Deshalb müssen auch für jedes der beiden Proceßverhältnisse die Proceßvoraussetzungen erfüllt sein. Deshalb müssen ferner auch zwei inhaltlich selbständige Urtheile gefällt werden, von denen sogar das eine ein contradictorisches, das andere ein Versäumnißurtheil sein kann. Ferner hat deshalb der Widerkläger nach § 81 des G.K.G. dem Gericht einen Gebührenvorschuß zu machen, gleichwie auch die Widerklage „zu all denjenigen Erweiterungen und processualen Neubildungen (Haupt- und Neben-Intervention, Streitverkündigung, laudatio auctoris) den Anlaß geben kann, welche sich auch sonst auf Grund der Rechtshängigkeit an ein schwebendes Verfahren anschließen können“. Deshalb endlich ist die Entscheidungspflicht des Gerichts bezüglich der Widerklage genau conform derjenigen bezüglich der Klage geregelt und von derselben unabhängig.

Bei der unentwickelten Widerklage dagegen fällt gerade der Umstand, daß der Compensant seine Forderung nicht unabhängig von dem Klageanspruch geltend macht, sondern geradezu zum Zweck der Bekämpfung desselben, schwer ins Gewicht. Dadurch wird zwar nicht das Zustandekommen eines eigenen Rechtsstreits über die Gegenforderung gehindert, aber doch wesentlich modificirt. Derselbe kommt, weil zum Zweck der Vertheidigung geführt, theilweise auch ohne die für Klag- oder Widerklagproceß geforderten Proceßvoraussetzungen zu Stande.[1]) Derselbe bringt nicht die Verpflichtung des Compensanten mit sich, im Fall seines Unterliegens bezüglich der versteckten

[1]) Vergl. oben § 4.

Widerklage dem Gegner die durch dieselbe entstandenen Kosten zu ersetzen.[2]) Auch kann von einer Verpflichtung des Compensanten, dem Gericht noch einen besondern Kostenvorschuß zu machen, keine Rede sein. Endlich aber wird durch den Umstand, daß die versteckte Widerklage nur zum Zweck der Vertheidigung geführt wird, Rechtshängigkeit und Richterpflicht zwar nicht ausgeschlossen, aber doch umgestaltet, — Punkte, welche in den folgenden §§ 11 und 12 näher erörtert werden sollen. Dagegen verhindert der Umstand, daß die versteckte Widerklage nur zum Zwecke der Vertheidigung angestellt wird, die oben erwähnten processualischen Neubildungen und Erweiternngen, mit Ausnahme der laudatio auctoris, nicht.

1. Was die Hauptintervention anlangt, so ist sie zulässig, wenn ein Dritter das Recht, worüber zwischen anderen Personen ein Rechtsstreit anhängig geworden, ganz oder theilweise für sich in Anspruch nimmt. Es ist gleichgültig, ob das Recht ein dingliches oder persönliches, ob es auf eine species oder ein genus gerichtet ist, sodaß also auch bezüglich einer zur Compensation gestellten Forderung die Hauptintervention zulässig erscheint. Denn auch ein Rechtsstreit ist über sie anhängig.[2]) Weiter kommt dazu, daß die Beweggründe, welche überhaupt zur Zulassung der Hauptintervention im Gesetzbuch geführt haben, nämlich widersprechende Urtheile über dasselbe Rechtsverhältniß zu vermeiden und dem obsiegenden Hauptintervenienten ein gegen beide Theile wirksames und vollstreckbares Urtheil zu gewähren, auch bei der unentwickelten Widerklage in vollem Umfange zutreffen. Dagegen entstehen Zweifel bezüglich der nach § 62 auf Antrag einer Partei bis zur rechtskräftigen Entscheidung über die Hauptintervention zu bewirkenden Aussetzung des Hauptprocesses. Ist in unserem Falle Hauptproceß der Proceß

---

[1]) Vergl. jedoch unten § 16.

[2]) Vergl. Gaupp I. S. 210 ff. Ein Rechtsstreit liegt meines Erachtens vor, sobald über eine Sache oder ein Recht mit der Tendenz rechtskräftiger Entscheidung gestritten wird. Vergl. auch Drechsler im civil. Archiv Bd. 62, besonders S. 416; ferner Uebel in der Zeitschrift f. deutsch. C.P. Bd. I. S. 369 ff., besonders S. 373, 377 u. 379. Unzureichend ist, was Francke in seinem Buch über die Nebenparteien der deutschen C.P.O., Göttingen 1882 S. 3—6 über den Begriff des Rechtsstreites sagt. Denn dort findet sich nur eine Aufzählung der Fälle, in denen kein Rechtsstreit vorliegt, ohne daß auch nur der entfernteste Versuch einer Definition des Rechtsstreites gemacht würde. Auch fehlt jeder Hinweis auf die über diesen Gegenstand vorhandene Literatur.

über die Klagforderung oder derjenige über die zur Compensation gestellte Forderung? An sich gewiß nur über die zur Compensation gestellte Forderung. Da aber dieselbe nur zum Zweck der Vertheidigung geltend gemacht war, so darf auch über die Klagforderung nicht früher erkannt werden, als über die zur Compensation gestellte Forderung, und so ergibt sich die Aussetzung sowohl des Klagprocesses als des Widerklagprocesses bis zur Entscheidung der Hauptintervention. Andererseits ist aber der Zweck der Vertheidigung nur bei connexen Gegenforderungen streng festgehalten. Denn bei nicht connexen Gegenforderungen kann über die entscheidungsreife Klagforderung abgesondert erkannt werden. Deshalb ist bei ihnen im Fall der Hauptintervention bezüglich der Gegenforderung nur eine Aussetzung des Processes über die letztere geboten. Und wenn endlich bezüglich der Klagforderung intervenirt und Aussetzungsantrag gestellt würde, so müßte mit der Aussetzung des Klagprocesses gemäß des Zweckes der Vertheidigung der Rechtsstreit stets auch bezüglich der Gegenforderung, möge dieselbe connex oder nicht connex sein, ausgesetzt werden, es müßte denn die nicht connexe Gegenforderung bereits gemäß § 136 Abs. 2 zum besondern Proceß verwiesen oder über die Klagforderung bereits Theilurtheil gemäß § 274 der C.P.O. erlassen sein.

2. Ebenso unzweifelhaft, wie die Hauptintervention, ist nun meines Erachtens auch die Nebenintervention bezüglich der zur Compensation gestellten Forderung zulässig. Wer an der Feststellung des Bestehens, beziehentlich Nichtbestehens der zur Compensation gestellten Forderung ein rechtliches Interesse hat, kann dem Compensanten, beziehentlich Compensaten zum Zweck seiner Unterstützung beitreten. Nebenintervenient in dem Rechtsstreit über die Forderung, gegen welche aufgerechnet werden soll, wird man dadurch noch nicht. Wer andrerseits ein Interesse daran hat, daß der, Kläger beziehentlich Beklagte in dem Klagproceß obsiege, der wird obwohl die Compensationseinrede den Zwecken der Vertheidigung dient, und also möglicher Weise die Entscheidung über die Klageforderung von derjenigen über die Gegenforderung abhängig ist, doch nicht ohne Weiteres auch zur Nebenintervention bezüglich des Streites über die Gegenforderung berechtigt sein. Vielmehr wird es darauf ankommen, ob im einzelnen Falle das Interesse des Nebenintervenienten wirklich einen Obsieg des Intervenenten trotz entgegengesetzter Compensationseinrede verlangt. Wenn

also beispielsweise dem klagenden Cessionar einer Forderung eine gegen ihn gerichtete Gegenforderung compensando entgegengesetzt wird, so hat der Cedent, welcher dem Cessionar als Nebenintervenient beigetreten war, kein Interesse daran, daß der Kläger trotz entgegenstehender Compensationseinrede eine Verurtheilung des Beklagten erzielt. Wollte er hier also auch bezüglich des Streites über die Gegenforderung interveniren, so würde ihm sein mangelndes Interesse entgegenstehen. Wenn aber andererseits dem klagenden Cessionar eine Forderung ex persona cedentis entgegengesetzt wäre, so verlangte das Interesse des Cedenten am Obsieg des Klägers auch seine Intervention zu Gunsten des mit der unentwickelten Widerklage Belangten. Daraus ergibt sich dann, namentlich auch mit Rücksicht auf die Möglichkeit der Verweisung der Gegenforderung zum besondern Proceß, weiter, daß der Intervenient im Streit über die Klagforderung, welcher dem Kläger auch bezüglich der Gegenforderung als Nebenintervenient beitreten will, dies ebenfalls in der Form des § 67 der C.P.O. erklären muß.

3. In gleicher Weise endlich ist auch bezüglich der zur Compensation gestellten Gegenforderung die Streitverkündigung gestattet, ja unter Umständen Pflicht. Denn die C.P.O. regelt nur die processualischen Voraussetzungen und Wirkungen der Litisdenunciation, während sie bezüglich der Verpflichtung einer Partei zur Streitverkündigung es lediglich bei dem materiellen Recht beläßt. Wollte man nun aber annehmen, daß eine Streitverkündigung bezüglich der zur Compensation gestellten Forderung unzulässig sei, so würde, entgegen dem allgemeinen Standpunkte der C.P.O., ein Eingriff in das materielle Recht allerdings vorliegen. Dies ergibt sich unter Anderem aus den Bestimmungen des Preußischen Allgemeinen Landrechts.[1] Dasselbe schreibt vor, daß der Cessionar, welchem die Richtigkeit und Rechtsgültigkeit der cedirten Forderung bestritten wird, Alles beobachten soll, was dem Käufer, welcher wegen der gekauften Sache in Anspruch genommen wird, vorgeschrieben ist.[2] Der Käufer ist aber, wenn er von einem Dritten wegen der verkauften Sache belangt wird, verpflichtet, behufs Sicherung seines

[1] Ueber die Fälle, in denen gemeinrechtlich eine Verpflichtung zur Streitverkündigung besteht — es sind die sog. Evictionsfälle — vergl. L. Seuffert Bem. 5 zu § 69 der C.P.O.

[2]) § 426 I. 11 des A.L.Rts.

Regresses an den Verkäufer, diesem den Streit zu verkündigen.[1]) Das Gesetz macht keinen Unterschied, ob dem Cessionar als Kläger, Widerkläger oder Compensant die Forderung bestritten wurde. Stets ist sein Regreß in gewisser Weise[2]) bedingt durch die Litisdenunciation. Daraus folgere ich, daß es nicht die Meinung der C.P.O. gewesen sein kann, die processualische Zulässigkeit der Streitverkündigung auf den Fall der Klage oder Widerklage zu beschränken. Weiter aber gereicht zur Bestätigung meiner Ansicht auch die Erwägung, daß Nebenintervention bezüglich der zur Compensation gestellten Forderung zulässig ist und daß die Streitverkündigung doch lediglich als Aufforderung zur Nebenintervention aufgefaßt werden kann. Endlich aber ergibt sich aus dieser Erwägung, daß die Frage, wie weit der Litisdenunciat dem Litisdenuncianten beitreten dürfe, nach den bereits erörterten Grundsätzen über die Nebenintervention zu beantworten ist.

4. Wenn hiernach die Streitverkündigung bezüglich der zur Compensation gestellten Forderung zulässig ist, so wird man auch noch weiter gehen, und den § 72 der C.P.O. auf den Compensaten ebenfalls für anwendbar erklären müssen. Freilich ist dies durchaus bestritten, jedoch meines Erachtens ohne Grund. Denn der Compensat ist Widerbeklagter bezüglich der auf Feststellung der Gegenforderung gehenden unentwickelten Widerklage und, da dieselbe zum Zwecke der Compensation geltend gemacht ist, ebensogut wie jeder andere Beklagte oder Widerbeklagte der Gefahr ausgesetzt, doppelt leisten zu müssen, wenn er nicht weiß, ob der Compensant sein richtiger Gläubiger ist. Das verkennt auch Petersen[3]) nicht, obwohl derselbe die Rechtshängigkeit der zur Compensation gestellten Forderung und daß in der Compensationseinrede eine Widerklage enthalten sei, läugnet. Des Näheren aber gestaltet sich meines Erachtens die Sache folgendermaßen: der Compensat bewirkt, wenn der dritte auf seine Streitverkündigung in den Streit eintritt, durch Deposition des Betrages der Gegenforderung, daß seiner Forderung nun die Gegenforderung nicht mehr entgegensteht. Denn die Deposition auch im Sinne des § 72 ist Zahlung. Sache des Compen-

---

1) § 143 I. 11 des A.L.Rts.

2) § 146 I. 11 des A.L.Rts.

3) in den Beiträgen zum d. Rt. XXV. S. 544.

santen ist es aber, nunmehr dem Dritten gegenüber seinen Anspruch auf den hinterlegten Betrag geltend zu machen. Allerdings wird hierdurch in das materielle Compensationsrecht eingegriffen, doch ist das nur consequent, wenn man einmal annimmt, daß der § 72 das materielle Recht hinsichtlich der Befreiung durch Deposition erweitere. Dabei ist es für die unentwickelte Widerklage ebenso, wie für die gewöhnliche, durchaus unbegründet, die Depositionsbefugniß auf den Fall der Geltendmachung nicht connexer Gegenforderungen zu beschränken.[1]) Denn das nur für diesen Fall zugelassene richterliche Trennungsrecht (§ 136 Abs. 2) hat mit der Depositionsbefugniß nichts gemein. Der Umstand, daß der Compensant die Verhandlung und Entscheidung der connexen Gegenforderung in ungetrenntem Verfahren zu verlangen berechtigt ist, berechtigt ihn noch nicht, der ihm vom Compensaten angebotenen Zahlung zu widersprechen. Und in § 72 der C.P.O. ist eben die Zahlung an den unbestimmten Gläubiger gestattet.

§ 11.

Fortsetzung: b) Die Rechtshängigkeit der zur Compensation gestellten Forderung.

Daß durch die Erhebung der Compensationseinrede Rechtshängigkeit der zur Compensation gestellten Forderung in Höhe des Betrages der Klageforderung begründet wird, habe ich bereits nachgewiesen. Hier handelt es sich um Feststellung der Natur dieser Rechtshängigkeit, ihrer Höhe und um Präcisirung ihrer Wirkungen.

I. Was den ersten Punkt anbelangt, so wird sich schwerlich läugnen lassen, daß die Rechtshängigkeit der zur Compensation gestellten Forderung eine bedingte sei. Ist doch auch die Rechtshängigkeit der Klageforderung nur bedingt, wie sich aus § 243 Abs. 3 der C.P.O. ergibt. Denn wenn diese Gesetzstelle der Zurücknahme die Folge beilegt, daß der Rechtsstreit als nicht anhängig geworden anzusehen ist, so geht daraus hervor, daß die Klageforderung überhaupt nur resolutiv bedingt rechtshängig wird. Die Rechtshängigkeit tritt zwar durch die Klageerhebung ein, ob sie aber bestehen bleibt, hängt von dem zukünftigen ungewissen Ereigniß der Klagezurücknahme ab. Wenn aber schon die durch die Klageerhebung

[1]) Dies thun von Wilmowski u. Levy zu § 72 Bem. 1 Abs. 3.

begründete Rechtshängigkeit eine bedingte ist, so erst recht die durch die Vorschützung der Compensationseinrede hervorgerufene. Denn der Compensant verlangt nicht, wie der Kläger oder Widerkläger auf alle Fälle eine Entscheidung über die geltend gemachte Forderung, sondern er thut dies einzig und allein für den Fall, daß durch andere Mittel eine Zurückweisung der Klageforderuug sich nicht ermöglichen lassen sollte. Ob dieser Fall aber eintreten werde oder nicht, darüber besteht bis zur rechtskräftigen Entscheidung des Processes nicht ein Zustand subjectiver, sondern ein solcher objectiver Ungewißheit. Und das macht ja, der richtigen Meinung nach, das Wesen der Bedingung aus.

Aber, ist diese bedingte Rechtshängigkeit nun auch, wie bei der Klage oder Widerklage, resolutiv oder nicht vielmehr suspensiv bedingt? Ich stehe nicht an, die Frage im ersteren Sinne zu beantworten, obwohl es näher zu liegen scheint, sich für die letztere Alternative zu entscheiden.[1]) Indessen bei Annahme einer suspensivbedingten Rechtshängigkeit würden, da die erfüllte Suspensivbedingung nicht zurückbezogen wird, auch die materiellen Wirkungen der Rechtshängigkeit erst mit der Rechtskraft des über die Gegenforderung entscheidenden Erkenntnisses eintreten, und doch ist nicht abzusehen, weshalb der Compensant der für ihn vortheilhaften Wirkungen der Rechtshängigkeit erst so spät theilhaftig werden sollte. Dazu kommt, daß das Gesetz selbst nicht zwischen verschiedenen Arten der Rechtshängigkeit unterscheidet, sodaß auch wir von vornherein nur berechtigt sind, eine und dieselbe Art von Rechtshängigkeit anzunehmen. Endlich aber ist die Gegenforderung nur für den Fall, daß sie zur Ueberwindung der Klagforderung nothwendig sein sollte, geltend gemacht. Ihre Geltendmachung ist also in Abhängigkeit von der Geltendmachung der Klagforderung gesetzt. Ist aber die Klagforderung nur resolutivbedingt rechtshängig, so muß wegen der Abhängigkeit der Geltendmachung der Gegenforderung von der Klagforderung und ihrer Erhebung auch die Gegenforderung resolutivbedingt rechtshängig sein. Bei dieser resolutivbedingten Rechtshängigkeit der zur Compensation gestellten Forderung ist aber zur Bedingung gesetzt, daß es überhaupt zur Compensation komme.

II. Daraus, daß das Gesetz, falls die zur Compensation ge-

---

[1]) Dies thut auch Fitting, Lehrbuch (4. Auflage) § 43 Anm. 27.

stellte Forderung für begründet erachtet wird, die Rechtskraft dieser Entscheidung nur in Höhe der Klagforderung eintreten läßt, möchte man gemäß des Grundsatzes, daß Rechtshängigkeit und Rechtskraftsfähigkeit einander correspondiren, schließen, daß also auch die Rechtshängigkeit der zur Compensation gestellten Forderung nur in gleicher Höhe eintreten könne. Allein nur eine oberflächliche Betrachtungsweise kann sich mit diesem Schluß einverstanden erklären. Aus ihm würde nämlich folgen, daß einer Forderung nur immer höchstens der gleiche Betrag einer Gegenforderung compensando entgegengesetzt werden könne. Jede weitere Compensationseinrede, vorgeschützt für den Fall, daß die zuerst zur Compensation gestellte Forderung sich als unbegründet oder nicht zur Compensation geeignet herausstellen sollte, würde unzulässig sein. Und doch kann der allgemeine Grundsatz nur dahin gehen, daß Gegenforderungen insoweit eingesetzt werden können, als sie zur Deckung der Klagforderung nothwendig sind. Das kann aber auch der Fall sein zu einem den Betrag der Klagforderung übersteigenden Betrage, wenigstens vom Standpunkt des Compensanten aus. Der Compensant muß also in der mündlichen Verhandlung erklären können, daß er z. B. einer Forderung von 1000 Kaufgeldern principaliter eine Miethszinsforderung gleichen Betrages, eventuell aber eine Darlehnsforderung von 1000 entgegensetze. Thut er dies, so wird möglicher Weise zum Zweck der Compensation gegen 1000 über 2000 erkannt. Daraus, daß dieses Erkenntniß über die zweiten 1000 nur möglicher Weise erfolgt, darf man aber nicht schließen, daß also auch die Rechtshängigkeit der zweiten 1000 erst eintritt, wenn die ersten 1000 als unbegründet oder zur Compensation nicht geeignet zurückgewiesen sind. Vielmehr sprechen dieselben Gründe, welche mich bestimmt haben, überhaupt die Rechtshängigkeit der zur Compensation gestellten Forderung vom Augenblick ihrer Vorschützung in der mündlichen Verhandlung an zu datiren, für die gleiche Annahme bei der nur eventuell zur Compensation gestellten zweiten Gegenforderung. Ist dies aber richtig, so wird man noch einen Schritt weiter gehen und auch in dem Falle, wenn der Compensant von vorn herein einer Forderung von 1000 gegenüber eine Gegenforderung von 2000 zur Compensation verstellt,[1]) Rechtshängigkeit der ganzen

---

[1]) Der Fall ist nicht zu verwechseln mit dem andern, wenn der Com-

Gegenforderung annehmen müssen. Auch hier will der Compensant nöthigenfalls die ganze Gegenforderung zur Tilgung der Klagforderung verwenden. Hier verlangt der Compensant in der That zum Zwecke der Compensation Feststellung, ob ihm von seiner angeblich 2000 betragenden Gegenforderung 1000 oder weniger oder gar nichts zustehe. Die Sache wird noch klarer, wenn man sich vergegenwärtigt, daß der Compensant seine Gegenforderung von 2000 theilen und principaliter 1000 zur Compensation verstellen, für den Fall aber, daß dieser Betrag sich als unbegründet herausstellen sollte, noch die andern 1000 nachbringen könnte. Und diese Absicht liegt stets vor, wenn der Compensant sogleich seine ganze Gegenforderung zur Compensation verstellt. Doch verlangen die Motive (S. 227), daß diese Absicht noch in dem Antrage des Beklagten ausdrücklich hervorgehoben werde, indem sie sagen: „Ueber die summa concurrens hinaus ist eine Feststellung der Absicht der Parteien nur entsprechend, wenn diese Feststellung ausdrücklich beantragt worden ist." Die herrschende Meinung faßt diese Worte zwar als auf eine Incidentfeststellungswiderklage bezüglich auf. Jedoch mit Unrecht. Denn eine solche Klage würde nur dann zulässig sein, wenn der überschießende Betrag wirklich präjudiciell für die Entscheidung des Processes wäre. Ebensowenig kann man jene Aeußerung der Motive aber auf eine gewöhnliche Widerklage beziehen, denn bei ihr kommen noch besondere Proceßvoraussetzungen in Betracht, welche bei der versteckten Widerklage fehlen können. Und so bleibt denn nichts übrig, als die Motive in dem von mir angegebenen Sinne zu deuten. Es wird doch auch in der That Niemandem einfallen wollen, dem Beklagten die Vorschützung einer zweiten Gegenforderung zu verbieten, wenn er sieht, daß er mit der ersten zurückgewiesen werden wird. Gestattet doch der § 251 aus-

---

pensant erklärt, er wolle von seiner Gegenforderung von 2000 nur 1000 zur Compensation verstellen. Dies verwechselt Schwalbach, wenn er (bei Rassow XXVI. 515) meine im Zwischenstreit S. 15. ff. Anm. 2 geäußerte Mittelmeinung für unhaltbar erklärt. Denn ich spreche dort nur von dem Fall, daß der Compensant einer Forderung von 1000 gegenüber eine solche von 2000 zur Compensation verstellt, nicht von dem Fall, daß er von einer Forderung von 2000 nur 1000 zur Compensation benutzen will. Im ersteren Falle liegt eine eventuelle Geltendmachung der ganzen 2000 vor, eine Möglichkeit, welche Schwalbach in seiner ganzen Abhandlung nicht beachtet.

drücklich die Vorschützung von Einreden bis zum Schluß derjenigen Verhandlung, auf welche das Urtheil ergeht. Ist dies aber richtig, so muß der Beklagte auch von vorn herein die zweite Gegenforderung in eventum vorzuschützen berechtigt sein. Hier wird dann der ganze zur Compensation verstellte Betrag der Gegenforderungen rechtshängig unter der Resolutivbedingung, daß es auf ihn bei der Compensation ankommen sollte. Danach erstreckt sich auch die Correspectivität zwischen Rechtshängigkeit und Rechtskraftsfähigkeit nicht auf den Betrag der geltend gemachten Forderung. Die Rechtshängigkeit kann in höherem Betrage eintreten, als schließlich die Rechtskraft, aber niemals umgekehrt.

III. Welches sind nun aber die Wirkungen der durch die Erhebung der Compensationseinrede begründeten Rechtshängigkeit?

Die durch die Erhebung einer Klage begründete Rechtshängigkeit hat sowohl materiellrechtliche als processualische Wirkungen. Uns interessiren hier nur die letzteren. Dieselben finden sich in § 235 Abs. 2 der C.P.O. aufgezeichnet und sind folgende:

1. Wenn während der Dauer der Rechtshängigkeit von einer Partei die Streitsache anderweitig anhängig gemacht wird, so kann der Gegner die Einrede der Rechthängigkeit erheben (exceptio litis pendentis.)

2. Die Zuständigkeit des Proceßgerichts wird durch eine Veränderung der sie begründenden Umstände nicht berührt (perpetuatio fori).

3. Der Kläger ist nicht berechtigt, ohne Einwilligung des Beklagten die Klage zu ändern (Verbot der mutatio libelli).

Da das Gesetz diese Wirkungen dem Wortlaute nach als Folgen der durch die Klage begründeten Rechtshängigkeit auffaßt, so kann es sich nur um analoge Anwendung der Vorschriften des § 235 der C.P.O. auf die durch Erhebung der Compensationseinrede begründete Rechtshängigkeit der zur Compensation gestellten Forderung handeln. Denn daraus, daß das Gesetz nicht ausdrücklich eine analoge Anwendung dieser Vorschriften auf die Compensationseinrede angeordnet hat, kann man natürlich nicht, wie es Lippmann[5]) thut, die Unzulässigkeit der Analogie folgern. Das wäre doch ein neuer Grundsatz, daß die Analogie nur da zur An-

---

[1]) a. a. O. S. 366.

wendung komme, wo das Gesetz auf dieselbe verweise. Derselbe hätte im Gesetz unter allen Umständen ausdrücklich ausgesprochen werden müssen, wenn er für die C.P.O. hätte eingeführt werden sollen. Der bloße, von Lippmann unternommene Nachweis, daß an andern Stellen des Gesetzes ein ausführlicher Hinweis auf analoge Gesetzesanwendung sich finde und daß er bezüglich der Compensationseinrede fehle, kann nicht genügen, um die Anwendung eines solchen exorbitanten Rechtssatzes zu rechtfertigen. Da vielmehr in § 254 der C.P.O. ausdrücklich die Rechtshängigkeit der erst im Laufe des Processes erhobenen Ansprüche statuirt wird, ohne besondere Wirkungen dieser Rechtshängigkeit festzusetzen, so ist die zu beantwortende Frage einzig und allein die, ob die anderwärts normirten Folgen der Rechtshängigkeit auf diejenige des § 254 der C.P.O. Anwendung finden oder nicht?

1. Als wichtigste proceßrechtliche Wirkung der Rechtshängigkeit steht die exceptio litis pendentis an der Spitze der processualen Rechtshängigkeitswirkungen. In Anwendung derselben auf die Compensationseinrede handelt es sich darum, ob die in einem Proceß zur Compensation gestellte Forderung noch im Wege der Klage oder Widerklage geltend gemacht, beziehungsweise in einem andern Proceß noch zur Compensation benutzt werden könne? Wer die Rechtshängigkeit der zur Compensation gestellten Forderung läugnet, wird diese Frage ohne Weiteres bejahen. Und umgekehrt ist für uns, die wir Rechtshängigkeit annehmen, die Verneinung geboten. Denn wenn auch die Geltendmachung der zur Compensation gestellten Forderung nur subsidiär erfolgt, so kann doch der Compensat verlangen, daß er wegen derselben Forderung nicht eher anderweit in Anspruch genommen werde, als bis es feststeht, daß es in dem früheren Proceß auf die Compensation entweder überhaupt nicht, oder doch mit der geltend gemachten Forderung nicht ankommt. Demgemäß halte ich jede anderweite Geltendmachung einer zur Compensation gestellten Forderung, möge dieselbe durch Klage, Widerklage oder Compensationseinrede erfolgen, für unzulässig. Würde dieselbe gleichwohl erfolgen, so müßte die zweite Geltendmachung auf Verlangen des Gegners zurückgewiesen werden. Dasselbe könnte gestellt werden in der Form einer exceptio (bez. replicatio) doli oder in derjenigen der exceptio litis pendentis. Soweit durch die erste Compensationseinrede bereits Rechtshängigkeit be-

gründet war,[1]) was dann zutrifft, wenn in der Compensationseinrede eine unentwickelte Widerklage liegt, steht der Erhebung derselben Forderung im Wege der Klage oder Widerklage die exceptio litis pendentis entgegen. Soweit ferner, nachdem eine unentwickelte Widerklage erhoben, die mit ihr geltend gemachte Gegenforderung abermals zur Compensation verstellt würde, stände dieser Compensationseinrede die replicatio doli entgegen.[2]) Dagegen halte ich die Aussetzung der Verhandlnng über die Klage, Widerklage, oder zweite Compensationseinrede, bis zur rechtskräftigen Entscheidung des Processes, in welchem die Forderung früher zur Compensation verstellt wurde, — ein Auskunfsmittel, welches von Fitting[3]) befürwortet wird — wenigstens insofern für unzulässig, als da, wo die Einrede der Rechtshängigkeit Platz greift, der § 139 der C.P.O. nicht zur Anwendung gelangt.

2. Die perpetuatio fori bedeutet, daß sachliche sowohl als örtliche Zuständigkeit des Proceßgerichts nach dem Zeitpunkt des Proceßbeginns zu beurtheilen ist und daß also nachmalige Veränderungen in den die Zuständigkeit begründenden Umständen auf die Zuständigkeit nicht einwirken können.[4]) Danach ist denn sofort klar, daß die zweite Wirkung der Rechtshängigkeit auf die in der Compensationseinrede liegende Widerklage keine, oder doch nur ganz entfernte Anwendung finden kann. Denn diese Widerklage setzt, weil sie den Zwecken der Vertheidigung dient, keine besondere Competenz voraus.[5]) Sind aber überhaupt besondere Voraussetzungen hinsichtlich der Zuständigkeit nicht zu wahren, so kann es auch Veränderungen in den die Zuständigkeit begründenden Umständen nicht geben. Nur in einer Beziehung könnte man von besonderer Zuständigkeit bezüglich der Compensationseinrede reden, insofern nämlich, als die Einrede in foro conventionis beziehentlich reconventionis vorgebracht werden muß, sodaß also als Voraussetzung für die Zuständigkeit des Gerichts bezüglich der Einrede der Um-

---

[1]) Vergl. darüber oben § 6.

[2]) A. M. Förster, Klage und Einrede, S. 155, welcher ohne Angabe von Gründen die gleichzeitige Opponirung derselben Einrede gegen verschiedene Klagen zuläßt. Vergl. auch Striethorst, Archiv Bd. 9. S. 131.

[3]) Lehrbuch § 43 Anm. 27.

[4]) Ubi coeptum est semel iudicium, ibi et finem accipere debet.

[5]) Vergl. oben § 4 Struckmann u. Koch, Bem. 1, Abs. 2 a. E. zu § 235.

stand in Betracht kommt, daß die Forderung, welcher die Einrede opponirt werden soll, bei dem Gericht bereits rechtshängig geworden ist. Hier kommt aber dann wegen der Widmung der Einrede zu den Zwecken der Vertheidigung mit dem Wegfall der Klage auch die Zuständigkeit für die Entscheidung der Einrede in Wegfall.

3. Das Verbot der Klageänderung. Die Klageänderung berührt sich nahe mit der Klagezurücknahme. Denn in der Klageänderung [1]) kann eine Zurücknahme der ursprünglich erhobenen Klage liegen.

Von diesem Zusammenhang zwischen Klageänderung und Klagezurücknahme ausgehend, folgert nun Lippmann aus der Befugniß, Einreden bis zum Schluß der mündlichen Verhandlung vorzubringen, daß jede Einrede, und also auch die Compensationseinrede, bis zum Erlaß des über sie ergehenden Urtheils beliebig modificirt werden könne. Sei dem aber so, dann müsse auch ihre totale Zurücknahme gestattet sein. Ich halte Lippmanns Begründung nicht für richtig. Daraus, daß Einreden bis zum Schluß der mündlichen Verhandlung geltend gemacht werden können, folgt nicht die Befugniß, die einmal geltend gemachte Einrede noch beliebig abzuändern. Durch Fallenlassen der Eventualmaxime ist nur die Präclusion wegen nicht gleichzeitigen Vorbringens beseitigt, keineswegs aber ein Recht, angebrachte Angriffs- oder Vertheidigungs-Mittel beliebig zurückzuziehen, eingeführt. Und ohne dieses Recht ist eine Aenderung der Compensationseinrede unden bar. Deshalb ist bei der Frage, ob das Verbot der Klageänderung auf die unentwickelte Widerklage Anwendung finde, von der Frage, ob man berechtigt sei, die Einrede fallen zu lassen, auszugehen. Und wenn diese Befugniß sich herausstellen sollte, so wäre damit wegen § 251 der C.P.O. auch das Recht, die Compensationseinrede zu ändern, d. h. an Stelle einer zur Compensation vorgeschützten Forderung eine andere zur Compensation zu stellen,

---

1) Die Meinungen hierüber sind getheilt. von Wilmowski und Levy zu § 240 S. 312 erblicken in jeder Klageänderung eine Klagezurücknahme, Endemann dagegen in keiner (zu § 240 II. S. 37). Die richtige Meinung findet sich bei Gaupp (zu § 240 Bem. I.) und Lippmann a. a. O. S. 364. Danach wird regelmäßig in der Klageänderung eine Klagezurücknahme liegen. Auch kann dem bisherigen Klagegrund noch ein neuer hinzugefügt werden, und dann ist ebenfalls eine Klageänderung, jedoch ohne Klage zurücknahme, vorhanden.

erwiesen. Denn die Consequenz verlangt, daß so lange nur eine Zurücknahme der Einrede und die Vorschützung neuer Einreden zulässig ist, auch eine Aenderung derselben gestattet wird. Dieser Sachverhalt scheint in der C.P.O. bei der Klage verdunkelt zu sein. Denn bei ihr ist laut § 235 Nr. 3 der C.P.O. die Klageänderung verpönt, obwohl nach § 243 die einseitige Klagezurücknahme noch zulässig ist. Aber das hat seine besondern Gründe, welche auf der Bedeutung der Klageschrift beruhen. Denn wenn die durch Mittheilung an den Beklagten erhobene Klage die Grundlage des ganzen Rechtsstreites sein soll, was durchaus im Interesse des Beklagten liegt, so ist offenbar eine einseitige Aenderung derselben überhaupt nicht zulässig, während andererseits das Interesse des Beklagten bezüglich der Klagezurücknahme als genügend gewahrt erscheinen mußte, wenn ihm erst nach der Einlassung ein Recht auf definitiven Austrag der Sache gewährt wurde. Aber diese Bedeutung des Klagelibells kommt für die Compensationseinrede gar nicht in Betracht, und deshalb erscheint es durchaus statthaft, für sie den Satz aufzustellen, daß nur dann, wenn die Zulässigkeit ihres Fallenlassens sich erweisen sollte, auch eine Aenderung ihres Fundaments erlaubt sein könne.

Im Allgemeinen scheint es mir nun zweifellos, daß ein Vertheidigungsmittel Seitens der Partei, welche sich desselben bedient, fallen gelassen werden kann. Dies selbst dann noch, wenn über dasselbe bereits durch Zwischenurtheil erkannt sein sollte. Denn auf die Vertheidigung muß der Angegriffene jederzeit verzichten können. Da er das ganze, vom Kläger geltend gemachte Recht ohne Weiteres anerkennen darf, muß er auch die anfänglich vielleicht versuchte Vertheidigung nachträglich aufgeben dürfen. Auch kann es an sich jedem Kläger nur lieb sein, wenn ein seinem Anspruch entgegengesetztes Vertheidigungsmittel zurückgezogen wird, und ein Festhalten desselben im Proceß könnte für den Kläger nur insofern Interesse haben, als die Entscheidung über dies Mittel der Rechtskraft fähig wäre und der Kläger, nachdem ihm einmal eine Einrede, welche ein selbständiges Gegenrecht zur Geltung bringt, entgegengesetzt worden, nun den definitiven Austrag des Streites über dies Gegenrecht verlangen könnte. Indessen diese Gesichtspunkte fallen bei den Vertheidigungsmitteln der C.P.O. im Allgemeinen fort.

Die Entscheidung über Vertheidigungsmittel ist der Rechtskraft nicht fähig, und deshalb kann von einer Bindung der Vertheidigungsmittel des Beklagten in dem Proceß keine Rede sein. Dazu kommt, daß der nach Beseitigung der Eventualmaxime (§ 251 der C.P.O.) drohenden Gefahr stets erneuter Vexationen durch Fallenlassen und abermaliges Vorbringen der Einrede in demselben Proceß auf andere Weise — durch Kostenauferlegung (§ 251 Abs. 2) und Zurückweisung der nachträglich vorgebrachten Vertheidigungsmittel (§ 252) — vorgebeugt ist. Deshalb halte ich ein Fallenlassen der Vertheidigungsmittel bis zum Endurtheil für zulässig. Will der Kläger dies vermeiden, so hat er durch Erhebung der Incidentfeststellungsklage wenigstens in 1. Instanz ein Mittel, die vorgebrachten und noch nicht wieder fallen gelassenen Vertheidigungsmittel zur rechtskräftigen Feststellung zu bringen (§ 491 Abs. 2). Dies Mittel mußte aber in 2. Instanz wegen der Ordnung des Instanzenzuges versagt werden.

Ist es danach bei den Vertheidigungsmitteln lediglich das Interesse des Klägers oder Widerklägers an rechtskräftiger Feststellung des präjudiciellen Rechtsverhältnisses, welches das Fallenlassen des Vertheidigungsmittels verhindert, so erscheint es folgerichtig, ein einseitiges Fallenlassen der Compensationseinrede im Allgemeinen für unzulässig zu erklären.[1]) Denn das Gesetz nimmt eben mit Recht an, daß der Kläger stets ein rechtliches Interesse an der rechtskräftigen Entscheidung über die zur Compensation gestellte Forderung, soweit diese Entscheidung zur Aufrechnung gegen die Klagforderung nöthig, habe. Denn in der Compensationseinrede liegt doch zugleich der Antrag auf Realisirung der zur Compensation gestellten Forderung, ähnlich dem auf Condemnation des Beklagten gerichteten klägerischen Antrag. Deshalb soll es auch dem Compensanten gar nicht möglich sein, die Compensation in anderer Weise als unter gleichzeitiger oder nach vorheriger rechtskräftiger Feststellung seiner Gegenforderung zu bewirken.

Demgemäß ist also der Compensant nicht berechtigt, die Compensationseinrede einseitig fallen zu lassen,[2]) sobald nur der Com-

[1]) Derselben Meinung ist für den gemeinen Proceß auch Dernburg, Compensation S. 538.

[2]) Auch Endemann, das deutsche Civilproceßrecht Bd. I. S. 386 nimmt für den gemeinen Proceß an, daß die Renuntiation auf Vertheidigungsmittel denselben Grundsätzen unterliege, wie die Renuntiation auf die Klage, und hält dies hinsichtlich der Compensationseinrede auch für den Reichscivilproceß fest.

pensat sich auf dieselbe erklärt hat. Thut er es gleichwohl, so gilt die Zurücknahme als nicht geschehen, und es treten die im folgenden Paragraphen zu besprechenden Versäumnißfolgen ein.

Für die Richtigkeit dieser Auffassung spricht auch noch die Erwägung, daß diejenigen, welche das Fallenlassen der Compensationseinrede für zulässig erklären wollten, genöthigt sein würden, dem Kläger Sicherung gegen die Zurücknahme durch Incidentfeststellungsklage bezüglich der zur Compensation gestellten Forderung zu gewähren. Denn auch bezüglich sonstiger präjudicieller Rechtsverhältnisse hat er das gleiche Recht, sodaß er im Stande ist, bezüglich seiner sonstigen Vertheidigungsmittel den Beklagten im Proceß festzuhalten. Soll er also hinsichtlich der Compensationseinrede schlechter gestellt sein, als hinsichtlich der Vertheidigungsmittel des Beklagten, oder soll die Incidentfeststellungsklage wegen der zur Compensation gestellten Forderung zulässig sein, obwohl die Entscheidung dieser Forderung schon auf Grund der Compensationseinrede die Rechtskraft beschreitet?

Andererseits steht eben, wenn eine bereits rechtshängige Forderung zur Compensation verstellt würde, der einseitigen Zurücknahme der Compensationseinrede niemals etwas im Wege. Denn eine unentwickelte Widerklage liegt hier nicht vor, und auch eine Incidentfeststellungsklage ist unmöglich, da ihr die Einrede der Litispendenz entgegenstehen würde.

Aus diesen Ausführungen folgt nun für die Frage nach der Zulässigkeit einer Aenderung der Compensationseinrede, daß sie insoweit unzulässig ist, als ihre Zurücknahme nicht gestattet werden kann. Denn die Behauptung von Wilmowski's und Levy's,[1] daß auf Compensationseinreden der Begriff der Klageänderung schon begrifflich nicht anwendbar sei, halte ich für unzutreffend. Wie eine Klageänderung dann vorliegt, wenn an Stelle des ursprünglichen Anspruchs ein anderer geltend gemacht wird, so liegt eine unzulässige Aenderung der Compensationseinrede dann vor, wenn an Stelle der ursprünglich zur Compensation gestellten Forderung

---

Vergl. seine Anm. zu § 254. Derselben Ansicht auch Buchka, die Lehre vom Einfluß des Processes auf das materielle Rechtsverhältniß, Rostock 1847, Bd. II S. 206.

[1]) Zu § 240 der C.O.P. Bem. 1, Abs. 2.

eine andere zur Compensation gestellt wird.[1]) Dagegen ist gemäß § 251 der C.P.O. die Vorschützuug neuer Compensationseinreden ohne Fallenlassen der alten bis zum Schluß der mündlichen Verhandlung, auf welche das Urtheil ergehen soll, zulässig. Diese nachgebrachten Compensationseinreden können, wenn schon die erste Compensationseinrede rechtshängig wurde, immer nur als eventuell vorgeschützt gelten, d. h. für den Fall, daß die zuerst vorgebrachte zur Deckung der Klagforderung nicht hinreichend oder geeignet sein, oder daß der Compensat ihr Fallenlassen noch gestatten sollte. Demgemäß darf auch das Gericht auf solche nachgebrachte Compensationseinreden, selbst wenn ihre Entscheidung leichter und einfacher sein sollte, als diejenige der zuerst angebrachten, vor Eintritt einer dieser Eventualitäten nicht eingehen.

§ 12.

Fortsetzung c) Die richterliche Urtheilspflicht.

Wie die Rechtshängigkeit der zur Compensation gestellten Forderung bedingt ist, so auch die Urtheilspflicht des Gerichts. Das ist bei der unentwickelten Widerklage nicht anders als bei der entwickelten. Während aber bei der letzteren die Urtheilspflicht des Gerichts nicht elidirt wird ohne Schritte des Widerklägers,[2]) bedarf es bei der unentwickelten Widerklage solcher Schritte des Widerklägers zur Beseitigung der richterlichen Urtheilspflicht nicht, indem dieselbe schon ohnehin doch für den Fall nicht vorhanden ist, daß es auf die Compensation zur Zurückweisung der Forderung, gegen welche aufgerechnet werden soll, nicht ankommen, oder daß die Gegenforderung zur Compensation nicht geeignet sein sollte. Diese Urtheilspflicht besteht nun nach dem im vorigen Paragraphen Ausgeführten nicht bloß dem Compensanten, sondern auch dem Compensaten gegenüber, indem der erstere nicht berechtigt ist, seine Compensationseinrede einseitig fallen zu lassen. Andererseits kann auch der Compensat durch seine Handlungen die Urtheilspflicht des Gerichts beseitigen, indem er auf die Forderung, zu deren Ueber-

---

[1]) Vergl. über den Begriff des Klagegrundes und der Klageänderung: Fitting im Archiv f. civil. Praxis Bd. 61. S. 422 ff.

[2]) Auch die Zurücknahme der Klage bewirkt nicht den Hinfall der Widerklage, wenn dieselbe einmal rechtshängig geworden.

windung die Compensationseinrede vorgeschützt war, verzichtet, oder mit Einwilligung desselben seine Klage zurücknimmt.

Der Weg, auf welchem das Gericht sich seiner Urtheilspflicht entledigt, kann vor der Trennung zum besondern Proceß regelmäßig nur ein contradictorisches Endurtheil sein. Ein Versäumnißurtheil über die zur Compensation gestellte Forderung ist unmöglich. Darin liegt nicht, wie Lippmann[1]) meint, ein Widerspruch mit dem Recht des Compensaten auf Entscheidung über die zur Compensation gestellte Forderung, sondern es ist dies die Folge davon, daß die unentwickelte Widerklage nur den Zwecken der Vertheidigung dient. Demgemäß ist dieselbe subsidiären Charakters, woraus weiter folgt, daß bei Nichtverhandlung zur Hauptsache — einerlei von welcher Seite — die Compensationseinrede überhaupt nicht in Betracht kommt. Wir setzen z. B. den Fall, daß einer Kaufgeldforderung von 1000 eine Darlehnsforderung gleichen Betrages compensando entgegen gesetzt wird. Wenn nun auch in der Compensationseinrede eine Widerklage enthalten ist, so kann doch beim Ausbleiben des Klägers nur dessen Abweisung durch Versäumnißurtheil ausgesprochen werden, von einer Feststellung der Gegenforderung in contumaciam des Klägers kann keine Rede sein. Denn die unentwickelte Widerklage wurde nur für den Fall geltend gemacht, daß die Klageforderung nicht schon ohnehin abgewiesen werden sollte. Diese Abweisung des Klägers durch Versäumnißurtheil tritt freilich nur auf Antrag ein. Der Compensant kann also diesen Antrag auch unterlassen. Die Folge dieser Unterlassung ist aber nicht einseitiges Verhandeln zur Sache, sondern Vertagung, beziehentlich Ruhen des Verfahrens. Wenn andererseits nicht der Kläger, sondern der Compensant im Verhandlungstermin ausbleiben sollte, so gelten ja die vom Kläger vorgebrachten Thatsachen als zugestanden und es tritt Präcludirung des Beklagten mit seinen Einwendungen ein.[2]) Ist aber der Beklagte mit seinen Einwendungen präcludirt, so ist ihm damit die Vertheidigung abgeschnitten. Deshalb kann er auch eine unentwickelte Widerklage nicht mehr vorbringen, beziehentlich die in einem früheren Termine vorgebrachte gilt wegen des Grundsatzes der Einheit der mündlichen Verhandlung als nicht ange-

---

[1]) a. a. O. S. 394.

[2]) §§ 296 u. 208 der C.P.O.

bracht. Demgemäß ist also auch hier ein Versäumnißurtheil über die zur Compensation gestellte Forderung, eine Abweisung des Compensanten mit derselben, unmöglich. Dies selbst dann, wenn das Gericht zunächst gemäß § 137 der C.P.O. die Verhandlung über die Compensationseinrede abgesondert haben sollte. Denn ein solcher Termin wäre immer zugleich zur Verhandlung der Hauptsache bestimmt.

Bisher wurde der Fall gesetzt, daß eine der Parteien über die Klageforderung nicht verhandelt. Es bleibt also — und dies ist die Hauptsache — noch der Fall zu betrachten, daß Parteien zwar erscheinen und verhandeln, von einer Seite jedoch die Verhandlung über die zur Compensation gestellte Forderung verweigert wird, wobei vorausgesetzt ist, daß bereits ordnungsmäßig Antrag auf Feststellung des Bestehens der Gegenforderung zum Zwecke der Compensation erhoben und in der mündlichen Verhandlung die Forderung näher begründet worden war. Wenn hier eine der Parteien im Termin zur Fortsetzung der mündlichen Verhandlung über die Gegenforderung nicht verhandelt, so müßte sie ja nach den über die gewöhnliche Widerklage geltenden Grundsätzen contumacirt werden. Bei der unentwickelten Widerklage greift aber auch hier der Umstand modificirend ein, daß sie den Zwecken der Vertheidigung dient. Dieser Umstand bewirkt, daß vor der Trennung der Gegenforderung zum besondern Proceß ein selbständiges Urtheil über die Gegenforderung — vom Zwischenurtheil abgesehen — nicht ergehen, vielmehr nur in einem und demselben Endurtheil über Forderung und Gegenforderung erkannt werden kann. Nur nachdem bereits über die Klageforderung nach § 274 der C.P.O. erkannt ist, würde auch über die Gegenforderung selbständig erkannt werden können. Vor diesem Zeitpunkt würde danach auch ein Versäumnißurtheil über die Gegenforderung unzulässig sein.

Daraus folgt, daß bei Nichtverhandeln einer der Parteien zur Gegenforderung nur die Folgen partieller Versäumniß eintreten können. Danach liegt die Sache folgendermaßen:

Wenn der Compensant im Termin zur Fortsetzung der mündlichen Verhandlung seine zur Begründung des Antrags auf Feststellung der Gegenforderung zum Zwecke der Compensation im ersten Termin vorgebrachten Behauptungen nicht wiederholt, so gilt die unentwickelte Widerklage keineswegs als zurückgenommen, sondern der Compensat ist berechtigt, seine Gegenerklärungen abzugeben. Denn „die fortgesetzte, vertagte mündliche Verhandlung ist nicht die beginnende mündliche Verhandlung. Was im ersten Termin vorgetragen worden, hört nicht auf, Proceßstoff zu sein, weil sich ein weiterer Termin vernothwendigt".[1]) Thut der Compensat das nicht, so gelten die im früheren Termin abgegebenen Behauptungen des Compensanten, soweit sie dem Gericht noch im Gedächtniß sind, als zugestanden. Thut er es, und schweigt andererseits der Compensant auf die Gegenbehauptungen des Compensaten, so sind die letzteren als zugestanden zu erachten.

Diese ein Versäumnißurtheil über die Gegenforderung regelmäßig für unzulässig erachtende Meinung steht denn auch durchaus im Einklang mit den Bestimmungen der C.P.O. Denn bei der bestimmten Fassung des § 312 Abs. 1 und da das Gesetz selbst nirgends die zur Compensation gestellte Forderung als durch Widerklage geltend gemacht bezeichnet, erscheint mir die Annahme, daß jener Paragraph sich auch auf die unentwickelte Widerklage beziehe, durchaus unmöglich. Und eine andere, für die soeben bekämpfte Ansicht verwerthbare Gesetzesbestimmung enthält die C.P.O. überhaupt nicht. Wohl aber spricht gegen dieselbe der schon öfter erwähnte § 274 der C.P.O. Derselbe gestattet nur bezüglich der Klageforderung ein Theilurtheil, wenn Forderung und Gegenforderung nicht connex und die letztere noch nicht zur Entscheidung reif ist. Bei Connexität von Forderung und Gegenforderung ist ein Theilurtheil also überhaupt nicht gestattet, wie namentlich auch aus der Bemerkung der Motive hervorgeht, daß der § 274 nur die Consequenz des § 136

---

[1]) Wach, Vorträge S. 6. Der namentlich in der Praxis weitverbreitete Satz, daß das in einem Termin zur Fortsetzung der mündlichen Verhandlung nicht wiederholte Vorbringen einer Partei als nicht vorgebracht anzusehen sei, wird namentlich durch die Erwägung widerlegt, daß das Gesetz ein Versäumnißurtheil über die gewöhnliche Widerklage für zulässig erklärt. Diese Widerklage wird erhoben durch Vorbringen in der mündlichen Verhandlung. Kommt nun die Verhandlung in einem Termin nicht zu Ende und erscheint in dem 2. Termin der Widerkläger nicht, so wird doch trotzdem die Widerklage als erhoben anzusehen sein. Wäre aber der Satz der Praxis richtig, so müßte das in dem 1. Termin Vorgebrachte, weil im 2. Termin nicht wiederholt, gar nicht als vorgebracht gelten und es könnte also auch die Widerklage gar nicht als erhoben angesehen werden. Dann wäre aber auch ein Versäumnißurtheil, welches doch § 312 Abs. 1 der C.P.O. gestattet, unzulässig.

der C.P.O. sei. Ebensowenig ist ein Theilurtheil gestattet bei Nichtconnexität beider Forderungen, während sie beide zur Entscheidung reif sind. Und endlich ist auch kein Theilurtheil über die Gegenforderung gestattet bei Nichtentscheidungsreife der Klageforderung, mögen beide Forderungen connex oder nichtconnex sein. Der einzige Fall also, in welchem bei Vorschützung einer Compensationseinrede ein Theilurtheil zulässig ist, ist der in § 274 der C.P.O. erwähnte.[1]) Daraus folgt aber pro argumento e contrario, daß auch nur in diesem Fall ein Theilurtheil über die Gegenforderung, welches natürlich auch ein Versäumnißurtheil sein könnte, erlassen werden darf.

Daraus, daß über die Klageforderung und über die Gegenforderung regelmäßig in einem und demselben Endurtheil entschieden werden muß, folgt nun aber noch keineswegs, daß die Entscheidung über die Compensationseinrede nur im Endurtheil abgegeben werden könne. Allerdings bildet die zur Compensation gestellte Forderung einen Theil des Streitgegenstandes und über solchen ist ein Zwischenurtheil regelmäßig unzulässig. Denn der § 273 Abs. 2 läßt dem Richter nicht die Wahl zwischen Theil- und Zwischenurtheil, sondern macht ihm den Erlaß eines Theilurtheils zur Pflicht, sobald ein Theil des durch Klage oder Widerklage erhobenen Anspruchs zur Entscheidung reif ist.[2]) Andererseits ist aber die Compensationseinrede, obwohl sie einen Theil des Streitgegenstandes zur Geltung bringt, doch auch Vertheidigungsmittel, indem die Entscheidung über sie eine Vorfrage für die andere Frage bildet, ob der Kläger mit seiner Forderung abzuweisen sei oder nicht. In Folge dieser Doppelnatur der Compensationseinrede — ein selbständiges Gegenrecht zum definitiven Austrag zu bringen, wenn auch nur zum Zwecke der Vertheidigung — halte ich auch ein Zwischenurtheil über die Compensationseinrede für zulässig,[3]) vorausgesetzt natürlich, daß das

---

[1]) Auch der für das vorbereitende Verfahren geltende § 318 Abs. 2, welcher die Erledigung der in diesem Verfahren als unstreitig festgestellten Ansprüche durch Theilurtheil vorschreibt, gilt für die zur Compensation gestellte Gegenforderung nicht, da diese Forderung nur zur Vertheidigung geltend gemacht war, und ihre Erledigung durch Theilurtheil also voraussetzt, daß ein die Klagforderung für begründet erachtendes Urtheil bereits erlassen wurde.

[2]) Vergl. darüber meinen Zwischenstreit, S. 8 u. 9.

[3]) Vergl. auch Struckmann u. Koch, Bem. 5 zu § 274, Wach, Vorträge S. 84, von Wilmowski u. Levy Bem. 4 zu § 273 und L. Seuffert Bem. 3 zu § 273, dessen Einschränkung ich nicht beitreten kann.

Endurtheil zur Zeit noch nicht erlassen werden kann. Gerade in solchem Falle ist wegen des Bedürfnisses der Sichtung und Vereinfachung des Proceßmaterials ein Zwischenurtheil durchaus am Platze. Natürlich aber wäre ein solches Urtheil nicht der Rechtskraft fähig.[1])

In denjenigen Fällen andererseits, in denen in der Compensationseinrede eine unentwickelte Widerklage überhaupt nicht enthalten ist, also wenn es sich um Compensation mit rechtshängigen Forderungen handelt, kann an der Zulässigkeit eines Zwischenurtheils gar nicht gezweifelt werden. Denn hier ist die Compensationseinrede reines selbständiges Vertheidigungsmittel.

In der Mitte zwischen Theilurtheil und Zwischenurtheil steht nun das nach § 276 der C.P.O. bei Ansprüchen, welche nach Grund und Betrag bestritten sind, über den Grund vorab entscheidende Urtheil. Dasselbe ist seinem Wesen nach ein Zwischenurtheil, jedoch ausnahmsweise durch Rechtsmittel anfechtbar. Demgemäß möchte man geneigt sein, dasselbe auch auf die durch Compensationseinrede geltend gemachte Gegenforderung für anwendbar zu erklären, was in der That auch Endemann thut.[2]) Doch halte ich dies für unrichtig. Vielmehr ergibt der § 274 der C.P.O., daß § 276 sich nicht auf die im Dienste der Compensationseinrede stehende Gegenforderung beziehen kann. Denn das die Gegenforderung für unbegründet erachtende Urtheil könnte doch nur ein Endurtheil sein, und solches ist nach § 274 vor Entscheidung der Klageforderung nicht gestattet. Falls aber der Anspruch sich als begründet herausstellen sollte, so ist nach Abs. 2. des § 276 dem Gericht die Anordnung der Verhandlung über den Betrag erlaubt. Wollte man also über den Grund der zur Compensation gestellten Forderung nach § 276 Abs. 1 ein Zwischenurtheil zulassen, so würde die Folge sein, daß bei Weiterverhandlung über den Betrag gemäß § 276 Abs. 2 der C.P.O. eher ein Urtheil über die Gegenforderung erzielt werden könnte, als die Klageforderung zur Entscheidung reif wäre. Dieses Urtheil wäre aber ein Endurtheil und also nach § 274 der C.P.O. unzulässig, so lange nicht über die Klageforderung durch Theilurtheil entschieden wurde. So ergibt sich

---

[1]) Vergl. darüber im folgenden Paragraphen das S. 127 Gesagte.

[2] Anm. zu § 276.

sowohl bei connexen als nicht connexen Gegenforderungen die Unanwendbarkeit des § 276. Nur in dem einen Fall, wenn über die Klagforderung bereits durch Theilurtheil gemäß § 274 erkannt war, kann auch ein über den Grund der Gegenforderung gemäß § 276 vorab entscheidendes Urtheil erlassen werden.[1]) Selbstverständlich ist aber ein solches unmöglich, wenn es sich um Compensation mit rechtshängigen Forderungen handelt. Denn in dem Processe, in welchem die rechtshängige Forderung zur Compensation gestellt ist, wird über Bestehen oder Nichtbestehen derselben überhaupt nicht gestritten, und deshalb ist also auch eine Vorentscheidung über den Grund der Forderung nicht am Platze.

Fassen wir das über die richterliche Urtheilspflicht bezüglich der zur Compensation gestellten Forderung Gesagte zusammen, so ergibt sich, daß gerade sie zu den Ausnahmen gehört, bei denen in der C.P.O. über Theile des Streitgegenstandes außer dem Theilurtheil auch ein Zwischenurtheil zulässig ist. Doch ist die Regel: „Da wo Theilurtheil, kein Zwischenurtheil" auch bezüglich der Compensationseinrede doch insofern wenigstens festgehalten, als auch hier der Richter nicht freie Wahl hat zwischen dem Theilurtheil und dem reinen Zwischenurtheil, sondern das letztere nur dann zu erlassen berechtigt ist, wenn trotz Entscheidungsreife der Gegenforderung nach der positiven Bestimmung des Gesetzes Theilurtheil zur Zeit noch nicht erlassen werden darf. Das Zwischenurtheil des § 276 dagegen darf nur dann erlassen werden, wenn zwar an sich bei Entscheidungsreife der Gegenforderung ein Theilurtheil zulässig, die Entscheidungsreife der Gegenforderung aber noch nicht vorhanden ist.

Wie aber nun, wenn das Gericht seiner Urtheilspflicht überhaupt nicht nachkommt, indem es die Compensationseinrede übergeht, obwohl dieselbe für die Entscheidung über die Klagforderung präjudiciell war? Als aberkannt kann eine solche Gegenforderung nicht gelten, vielmehr fragt es sich, ob bezüglich ihrer Ergänzungsurtheil gemäß § 292 der C.P.O. zulässig ist, oder ob der Compensant durch Anfechtung des ihn auf die Klage verurtheilenden Erkenntnisses noch

[1]) Das Urtheil des R.G. v. 16. Mai 1882 (R.G.E. Bd. VI. S. 421 u. 422), welches ganz allgemein die Möglichkeit eines Urtheils gemäß § 276 über die zur Compensation gestellte Forderung verneint, geht meines Erachtens zu weit.

eine Berücksichtigung seiner Gegenforderung in höherer Instanz herbeiführen kann? Auch wäre endlich der Zweifel noch zu berühren, ob ein solches unvollständiges Urtheil nicht als Theilurtheil anzusehen sei, sodaß es der Partei überlassen bliebe, Antrag auf Terminsanberaumung zur Verhandlung und Entscheidung über den restirenden Theil zu stellen, sobald es ihr passen sollte.

Was zunächst den letzterwähnten Punkt anbelangt, so fertigen ihn von Wilmowski und Levy[1]) mit der Bemerkung ab, daß nach Erlassung eines Urtheils über die Klagforderung ein Theil des Rechtsstreites nicht mehr unerledigt sei. Offenbar mit Unrecht! Denn § 274 der C.P.O. ergibt unwiderleglich, daß die Gegenforderung als Theil des Rechtsstreites und nicht als bloßes Vertheidigungsmittel angesehen wird. Andererseits aber genügt es nicht, um einem Urtheil den Charakter eines Theilurtheils aufzudrücken, daß dasselbe thatsächlich nur einen quotitativen Theil des Streitgegenstandes erledigt, sondern es muß außerdem[2]) ausdrücklich als Theilurtheil erlassen werden, oder wenigstens aus ihm hervorgehen, daß das Gericht sich bewußt war, ein Theil des Streitgegenstandes harre noch der Erledigung. Deshalb kann allerdings ein Urtheil, in welchem das Gericht die Compensationseinrede aus Vergeßlichkeit unberücksichtigt gelassen, obwohl es auf dieselbe nach Lage der Sache bei der Entscheidung ankam, nicht als Theilurtheil gelten.

Andererseits ist es nun aber auch nicht in das Belieben des Gerichts gestellt, ob es eine relevante Compensationseinrede berücksichtigen will oder nicht. Das römische Recht ließ dem iudex hier einen freieren Spielraum, indem es im bonae fidei iudicium vollständig frei gegeben war, ob der iudex die Compensationseinrede in Betracht ziehen wollte oder nicht. Er durfte es thun wegen der Natur des bonae fidei iudicium, ohne sich einer Amtsüberschreitung schuldig zu machen, aber er war nicht verpflichtet, es zu thun, auch wenn die Berücksichtigung an sich der bona fides gemäß gewesen wäre[3]). Anders bei uns. Die Partei hat Anspruch

---

[1]) Bem. 1 letzter Absatz zu § 292 der C.P.O.

[2]) Die Bezeichnung als Theilurtheil genügt natürlich auch nicht, sondern das Urtheil muß sich auch inhaltlich als Theilurtheil qualificiren. R.G.E. Bd. 6 S. 430 Abs. 3. Vergl. auch Bd. 1 S. 429.

[3]) Daß die Sache sich in der That so und nicht anders verhalten hat, ergibt die vom Herrn Professor Studemund vorgenommene, erneute Collation des codex

auf Berücksichtigung ihrer relevanten Compensationseinrede, sei es durch Vollziehung der Compensation, sei es durch Verweisung ad separatum, und muß also auch bei grundloser Uebergehung der Einrede Rechtsmittel zur Herbeiführung einer Berücksichtigung derselben haben. Dabei ist es ganz zweifellos, daß der Compensant durch Einlegung der Berufung gegen das ihn auf die Klage verurtheilende Erkenntniß gegen die unbegründete Uebergehung der Compensationseinrede remonstriren kann[1]). Denn bei der Compensationseinrede liegt die Sache anders, als bei den durch Klage oder gewöhnliche Widerklage erhobenen Ansprüchen. Bei letzteren ist es im Allgemeinen unzulässig, durch Rechtsmittel gegen das unvollständige Erkenntniß ein vollständigeres zu erzielen. (Motive S. 224.) Denn eine Verletzung könnte hier nur insofern vorliegen, daß trotz des Antrages nicht über den Anspruch erkannt wäre und demgemäß könnte auch das Rechtsmittel nur auf Erzielung eines vollständigeren Urtheils gerichtet sein. Dies Ziel wird aber bezüglich der durch Klage oder Widerklage erhobenen Ansprüche leichter durch Ergänzungsantrag gemäß § 292 der C.P.O. erreicht, eine Instanz geht dabei nicht verloren, und wenn die für den Ergänzungsantrag gestellte Frist unbenutzt verstrichen sein sollte, so bliebe immer noch der Weg

---

Veronensis. Nach seiner, mir gütigst gemachten Mittheilung ist der Text der Krüger-Studemund'schen Gaiusausgabe (pag. 159, Zeile 12—16, Gai. IV § 62) so umzustellen: mandati, depositi, fiduciae, pro socio, tutelae, rei uxoriae, [commodati, pigneraticium, familiae erciscundae, communi dividundo, praescriptis verbis]. [liberum est] tamen iudici, nullam omnino invicem compensationis rationem habere, nec enim aperte formulae verbis praecipitur, sed quia id bonae fidei iudicio conveniens videtur, ideo officio eius contineri creditur. Danach ist denn auch das von Eisele, Compensation S. 3—5 Gesagte in der im Text angegebenen Weise zu modificiren. Vergl. übrigens auch Pernice (Labeo II S. 80): „bona fides . . . . . eine Directive, welche das Verhalten des Richters bei der Entscheidung von Rechtsstreitigkeiten bestimmt, die ihm vor allen Dingen gestattet, seine Officium freier walten zu lassen". Anders bei den arbitria, „bei denen der Richter zuzusprechen hat, was der Beklagte offenbar nach der Verkehrssitte zu leisten hat; dem Richter wird also die bona fides als Maßstab in die Hand gegeben".

[1]) Eine Zurückweisung der Sache in I. Instanz ist nicht gestattet. Der iudex ad quem hat über die in I. Instanz übergangene Compensationseinrede selbst zu verhandeln und zu entscheiden. Vergl. auch die Ausführungen in § 7 a. E.

erneuter Klaganstellung bezüglich des übergangenen Anspruchs. Wollte man nun in gleicher Weise die Einlegung eines Rechtsmittels wegen Uebergehung der zur Compensation gestellten Gegenforderung negiren, so würde dies den Compensanten schädigen. Denn hier besteht die Rechtsverletzung nicht allein darin, daß über die Gegenforderung trotz Antrages nicht erkannt wurde, sondern es erscheint auch die Entscheidung auf die Klage wegen Uebergehens der Gegenforderung als unbegründet. Denn die Gegenforderung sollte ja dazu dienen, zur Zurückweisung des Klägers zu führen. Und deshalb bedarf der Compensant zur Reparation dieser Rechtsverletzung der Rechtsmittel gegen das auf die Klage ihn verurtheilende Erkenntniß.

Ebenso muß er aber auch das Recht haben, Ergänzung des Urtheils gemäß § 292 der C.P.O. zu verlangen. Denn es ist absolut nicht einzusehen, weshalb ihm dies Recht weniger zustehen sollte, als dem Beklagten, welcher eine Präjudicialincidentfeststellungsklage erhoben hat, die aber vom Gerichte unberücksichtigt gelassen wurde. Natürlich kann er durch seinen Ergänzungsantrag die Abänderung des ihn verurtheilenden Erkenntnisses niemals herbeiführen, denn der Richter ist an das von ihm erlassene Urtheil gebunden. Aber gerade so liegt auch die Sache bei der Präjudicialincidentfeststellungs-Widerklage. Wenn z. B. der Richter den Beklagten zur Anerkennung einer Grundgerechtigkeit verurtheilt hat, ohne auf dessen, die Negirung des Eigenthums des Klägers am herrschenden Grundstück verlangende Widerklage einzugehen, so wird auf den gemäß § 292 der C.P.O. erhobenen Ergänzungsantrag des Beklagten möglicher Weise festgestellt, daß dem Kläger Eigenthum am herrschenden Grundstück nicht zustehe, aber das bezüglich der Grundgerechtigkeit ergangene Urtheil wird nicht geändert. Vielmehr bedarf es zur Aenderung desselben ebenfalls der Einlegung eines Rechtsmittels [1]). Man wird also, wenn man consequent sein will, entweder bei beiden, sowohl der Incidentfest-

---

[1]) Dieser Fall zeigt so recht die Richtigkeit meiner Behauptung, daß präjudicielle Rechtsverhältnisse durch Erhebung einer Incidentfeststellungsklage ihre Natur als selbständige Angriffs- oder Vertheidigungsmittel nicht gänzlich abstreifen, sondern vielmehr eine doppelte Natur annehmen, indem sie nunmehr zugleich als Theile des Streitgegenstandes in Betracht kommen. Vergl. meinen Zwischenstreit S. 26 und 27 und neuerdings L. Seuffert in Busch's Zeitschrift Bd. VII S. 20.

stellungs-Widerklage als der Compensationseinrede den Ergänzungsantrag zulassen, oder ihn bei beiden ausschließen müssen. Ich entscheide mich für das Erstere. Denn einmal ist kein Grund vorhanden weshalb dem Beklagten und Widerkläger eine Instanz wegen eines Versehens des Richters sollte entzogen werden; und ferner ist auch nur auf diese Weise, wenn man in solchen Fällen d. h. bei Uebergehung einer Incidentfeststellungsklage, Widerklage oder Compensationseinrede, sowohl Ergänzungsantrag als Rechtsmittel zuläßt, den Interessen der Parteien genügend Rechnung getragen. Dies wird durch ein anderes Beispiel noch klarer. Wenn wir den Fall setzen, daß nicht der Beklagte, sondern der Kläger bei Gelegenheit der Geltendmachung einer Grundgerechtigkeit Incidentklage auf Feststellung seines Eigenthums am herrschenden Grundstück erhoben, daß aber der Richter zwar den Beklagten zur Anerkennung der Grundgerechtigkeit verurtheilt, dagegen die Incidentklage unberücksichtigt gelassen hat, so liegt für den Kläger offenbar kein Grund vor zu appelliren, wohl aber muß er Ergänzungsantrag stellen dürfen. Und ebenso ist die Sachlage in dem Falle, wenn Beklagter zur Zahlung von Kaufgeldern verurtheilt wurde, der Richter aber die Compensationseinrede aus Vergeßlichkeit nicht berücksichtigte, obwohl es am Tage lag, daß die Gegenforderung unbegründet war. Da nämlich der Kläger nach meinen früheren Ausführungen ein Recht auf Entscheidung der gegen ihn compensando geltend gemachten Gegenforderung hat, so kann er in dem angegebenen Falle nur durch Ergänzungsantrag dieses Recht realisiren [1]). Denn ein Grund zur Appellation liegt nicht vor, da der Beklagte zur Zahlung der Kaufgelder verurtheilt wurde.

§ 13.

Die Rechtskraft der Entscheidung.

Ueber den Umfang, in welchem die Rechtskraft einer Entscheidung über die Compensationseinrede eintritt, bestimmt der § 293 Abs. 2 der C.P.O.:

„Die Entscheidung über das Bestehen oder Nichtbestehen einer

---

[1]) Jede Partei hat meines Erachtens das Recht, Ergänzung zu verlangen nicht nur bezüglich ihrer eigenen übergangenen Ansprüche, sondern auch bezüglich der Ansprüche des Gegners.

mittelst Einrede geltend gemachten Gegenforderung ist der Rechtskraft fähig, jedoch nur bis zur Höhe desjenigen Betrages, mit welchem aufgerechnet werden soll".

Die erste Hälfte dieses Satzes ist klar. Da der Compensant die Realisirung seiner Forderung im Wege Rechtens verlangt, so muß er sich vorheriger rechtskräftiger Feststellung derselben unterwerfen, d. h. es muß, soweit er die Befriedigung verlangt, das Bestehen der Forderung als einer gegenwärtigen, sofort zu erfüllenden festgestellt werden.

Dabei entsteht nun aber sogleich die Frage, in wie weit denn der Compensant die Befriedigung wegen seiner Forderung verlange? Und die Antwort ist: In so weit, als dies zur Tilgung der Forderung des Compensaten erforderlich ist. Denn der Compensant sucht eben seine Befriedigung durch Tilgung der Forderung des Compensaten vermöge Aufrechnung. Danach ist also rechtskräftige Entscheidung der Forderung des Compensanten, vorausgesetzt, daß er sie nicht von vornherein geringer beziffert, als es der Compensat mit der seinigen gethan hat, mindestens zu dem Betrage erforderlich, zu welchem sich die Forderung des Compensaten als begründet herausstellt, also zu gar keinem Betrage, wenn sie sich als unbegründet herausstellt, und mindestens zu dem der Klageforderung entsprechenden Betrage, wenn sich dieselbe in ihrem vollen Umfange als begründet herausstellt. Ich sage „mindestens" und markire damit den Gegensatz zu der gemeinen Meinung, welche eine rechtskräftige Entscheidung über die Gegenforderung höchstens zu dem der Klageforderung entsprechenden Betrage für möglich erklärt.

Die Gründe, welche von den Gegnern für ihre Meinung angeführt werden, sind folgende:

Es sei Consequenz des in der C.P.O. aufgestellten Princips über den Umfang der Rechtskraft, daß das Urtheil keine über den vermuthlichen Willen der Parteien hinausgreifende Rechtskraft erlangen kann, der Compensant wolle aber eben höchstens den der Klageforderung entsprechenden Betrag seiner Gegenforderung zur Compensation verwenden.[1]) Denn die Entscheidungen über das Bestehen oder das Nichtbestehen einer mittelst Einrede geltend

[1]) Herzog in den Beiträgen z. deutsch. Recht Bd. I S. 422.

gemachten Gegenforderung seien im Gesetz gleichwerthig neben einander gestellt, man dürfe also auch nicht annehmen, daß der Compensant, welcher eine den Betrag der Klageforderung übersteigende Gegenforderung zur Compensation verstellte, für den Fall des Begründetseins seiner Gegenforderung, nur den der Klageforderung entsprechenden Betrag, für den Fall des Nichtbegründetseins der Gegenforderung dagegen dieselbe ganz habe einsetzen wollen[1]). Dazu komme noch Folgendes:

An sich sei aus der Entscheidung, daß die zur Compensation gestellte Forderung nicht einmal zu dem der Klageforderung entsprechenden Betrage bestehe, die logische Folgerung zu ziehen, daß es also auch keinen Rest der Forderung mehr gebe. An sich müsse also auch die Rechtskraft der Entscheidung über die Gegenforderung den Betrag der Klageforderung übersteigen, wenn die Gegenforderung für unbegründet erachtet werde. Aber durch § 293 Abs. 2 sei diese nothwendige Folgerung gesetzlich verboten[2]).

Ich halte keinen dieser Gründe für stichhaltig. Zunächst ist mir unverständlich, wieso denn aus dem in der C.P.O. adoptirten Princip über den Umfang der Rechtskraft das thema probandum der Gegner sich ergeben soll. Natürlich kann es nicht die Absicht des Compensanten sein, wenn er die zur Compensation gestellte Gegenforderung höher beziffert, als es der Kläger mit seiner Klageforderung thut, die ganze, in dem seinerseits normirten Betrage vom Gericht als begründet erkannte Gegenforderung zu realisiren. Das widerspräche dem Begriff der Compensation. Deswegen kann auch für diesen Fall seine Absicht nicht auf rechtskräftige Entscheidung der ganzen Gegenforderung gerichtet sein. Wohl aber kann es seine Absicht sein, in dem andern Falle, daß das Gericht die Gegenforderung zu dem überschießenden Betrage oder noch höher als unbegründet erkennen sollte, wenigstens den als begründet erkannten Betrag der Gegenforderung zu realisiren. In diesem Fall wird man dann aber auch rechtskräftige Entscheidung der ganzen zur Compensation gestellten Gegenforderung als von ihm beabsichtigt annehmen müssen. Der den Betrag der Forderung überschießende Betrag der Gegenforderung ist hier eventuell zur

---

1) Dernburg, preuß. Privatrecht I S. 312 Anm. 12.

2) Schwalbach in den Beiträgen zum deutschen Recht Bd. 26. S. 515.

Compensation verstellt. Der Compensant erklärt hier, daß er von der, seiner Meinung nach den Betrag der Klageforderung um X übersteigenden Gegenforderung zunächst nur höchstens den der Höhe der Klageforderung entsprechenden eventuell aber auch einen höheren Betrag einsetzen wolle. Er zerlegt also, wenn der Kläger seine Forderung nur auf 1000 angibt, während er seine angeblich 2000 betragende Gegenforderung zur Compensation verstellt, diese Gegenforderung in zwei kleinere Forderungen von je 1000 und verlangt eine rechtskräftige Entscheidung darüber, ob ihm die eine Gegenforderung, in Höhe von 1000 oder wieviel weniger begründet sei. Für den Fall aber, daß das Gericht finden sollte, es stehe ihm von der ersten Gegenforderung von 1000 weniger als 1000 oder gar nichts zu, verlangt er auch noch über die bisher nur eventualissime eingesetzten 1000 eine Entscheidung in dem zur Tilgung der Klageforderung erforderlichen Umfang. Daß wenigstens diese Absicht möglich ist, wird sich durchaus nicht bestreiten lassen, ebensowenig, wie man die Möglichkeit davon bestreiten kann, daß einer Kaufgelderforderung von 1000 der Beklagte principaliter eine Darlehnsforderung in gleichem Betrage, eventuell aber, d. h. für den Fall, daß diese Darlehnsforderung sich als unbegründet herausstellen sollte, eine Miethzinsforderung von 1000 entgegen setzt. Soll etwa hier die Entscheidung über die Darlehnsforderung nicht rechtskräftig werden? Das wird doch Niemand, wenn er überhaupt die Möglichkeit, mehrere Compensationseinreden eventuell vorzuschützen, zugibt, behaupten können. In wiefern sollte nun aber dieser Fall anders liegen, als der vorhergehende? Für die principielle Seite der Frage sind beide Fälle, nachdem einmal die Rechtskraft der Gründe in das Gesetz keine Aufnahme gefunden hat, von ganz gleicher Bedeutung. Es kommt also nicht darauf an, ob aus der Entscheidung des Gerichts sich mit logischer Nothwendigkeit ergibt, daß ein überschießender Betrag der Gegenforderung in Wirklichkeit nicht vorhanden ist, sondern darauf, ob der Beklagte eventuell eine rechtskräftige Entscheidung auch über den, den Betrag der Klageforderung angeblich übersteigenden Betrag der Gegenforderung begehrt[1]). Dieses Begehren, gerade

[1]) Daraus rechtfertigt sich auch mein Widerspruch gegen Fitting's Meinung, welcher dahin geht, daß bei Geltendmachung einer Theilforderung

für den Fall, daß die compensando geltend gemachte Forderung unbegründet erfunden würde, die ganze Forderung der Rechtskraft zu unterwerfen, ist nun keineswegs so merkwürdig, wie Schwalbach meint [1]). Allerdings wird der Compensant, welcher mit dem principaliter eingesetzten Theil seiner Forderung abgewiesen wurde, weil die Forderung überhaupt nicht begründet sei, auf Obsieg hinsichtlich des eventuell eingesetzten Theiles nicht rechnen können. Denn das Gericht wird natürlich hinsichtlich des Restbetrages dieselbe Auffassung zu Grunde legen, welche es sich bei Entscheidung über den principaliter eingesetzten Betrag bezüglich der Existenz der Forderung schon gebildet hatte. Und auch der Umstand, daß vielleicht ein Wechsel des Richterpersonals inzwischen eingetreten, kann daran nicht ändern. Vielmehr wird das Gericht, wenn der principaliter eingesetzte Betrag sich als unbegründet herausstellt, während eventuell die ganze Gegenforderung zur Compensation eingesetzt ist, sofort durch Zwischenurtheil das Nichtbegründetsein der ganzen Gegenforderung aussprechen. An dieses Zwischenurtheil ist aber, trotz des Wechsels der Gerichtsmitglieder, das Gericht gebunden. Es wird also in demselben Proceß, wenn von vornherein die ganze Forderung eventuell zur Compensation gestellt war, nicht einmal der Grund der Gegenforderung als nicht vorhanden, das andere Mal aber als vorhanden angesehen werden können [2]).

im Wege der Klage, niemals Rechtskraft für den Restbetrag eintreten könne. Denn eine eventuelle Geltendmachung der Restforderung liegt hier nicht vor.

[1]) a. a. O. S. 519.

[2]) Rechtskräftig wird auch über die causa obligationis immer nur entsprechend dem Umfang der geltend gemachten Forderung erkannt. Ebensowenig, als man berechtigt ist, falls z. B. eine Dahrlehnsforderung in lite war, eine Entscheidung über den Betrag, ohne Berücksichtigung der zu Grunde liegenden causa zu verlangen,[a]) ebensowenig kann das Gericht über die causa in abstracto, sondern nur mit Beschränkung auf den geltend gemachten Betrag der Forderung erkennen. Denn sobald überhaupt irgend ein Betrag geltend gemacht ist, verlangt die Partei Entscheidung nur über diesen Betrag, und folgerecht auch nur insoweit über die causa, als dieselbe diesem Betrag zu Grunde liegt. Behauptet dann also die Partei, ihre Forderung in ihrer vollen Höhe geltend zu machen, so steht, falls die Forderung rechtskräftig aberkannt wird, die exceptio rei

[a]) Man kann also nicht verlangen, daß Einem 1000 zugesprochen werden, sondern nur 1000 Darlehn oder Kaufgeld oder Miethszins u. s. w.

Trotzdem aber kann der Beklagte ein Interesse daran haben, sogleich auch über den Restbetrag der zur Compensation gestellten Forderung ein rechtskräftiges Erkenntniß zu erzielen. Es ist ja denkbar, daß er für den Fall des Nichtbegründetseins seiner Forderung Regreßrechte geltend zu machen hat. Bei der Durchführung derselben kommt ihm aber ein rechtskräftiges ihn abweisendes Erkenntniß sehr zu statten. Soll er hier verpflichtet sein, erst von Neuem wegen des Restbetrages der zur Compensation gestellten Forderung bei dem competenten Gericht Klage zu erheben? Denn eine Incidentfeststellungsklage und auch eine Widerklage wird sehr oft nicht zulässig sein. In solchem Falle wird der Compensant sicher am Besten handeln, wenn er sogleich den Restbetrag seiner Forderung zur Compensation verstellt.

Daraus also, daß im Fall die Gegenforderung für begründet erachtet wurde, Rechtskraft nur pro concurrente summa der Klageforderung eintritt, kann man nicht mit Dernburg schließen, daß im Fall die Existenz der Gegenforderung verneint wurde, ebenfalls nur bis zu diesem Betrage Rechtskraft eintreten könne. Gerade der Umstand, daß eine eventuelle Geltendmachung einer Compensationseinrede möglich ist, — denn Compensationseinreden dürfen

iudicatae einer abermaligen Geltendmachung entgegen. Behauptet sie aber, der geltend gemachte Betrag bilde nur einen Theil ihrer Darlehnsforderung, so wird auch über die causa des Darlehns nur mit Beschränkung auf diesen Betrag erkannt. Wollte man hiergegen einwenden, daß es unlogisch sei, die Geltendmachung eines andern Theilbetrages zuzulassen, nachdem ein Theilbetrag rechtskräftig aberkannt sei, indem aus der rechtskräftigen Feststellung des Nichtbestehens der Forderung zu dem geltend gemachten Theile mit logischer Nothwendigkeit die Nichtexistenz der Forderung überhaupt folge;[b] — so ist darauf zu erwidern, daß die Rechtskraft der Gründe abgeschafft ist und daß die Erwägung, es bestehe die geltend gemachte Forderung überhaupt nicht, doch nur als Entscheidungsgrund bei der Entscheidung über den in lite befindlichen Theilbetrag in Betracht kommen kann.

[b] Löning a. a. O. S. 51 Anm. 51 sagt: „Wenn der erste Theil einer Quantitätsforderung rechtskräftig als nichtexistirend erklärt ist, so kann es einen folgenden Theil überhaupt nicht geben, bezw. jeder folgende Theil müßte sich wieder als erster Theil darstellen". Aber mit demselben Rechte kann angenommen werden, daß bei Geltendmachung einer Theilforderung der letzte Theil rechtskräftig als nicht existirend erklärt wurde. Erste und letzte Theile gibt es bei Quantitätsforderungen überhaupt nicht, vielmehr stehen alle Theile in gleichem Range neben einander.

bis zum Urtheil vorgeschützt werden — ergibt das Gegentheil. Die dabei gesetzte Eventualität ist aber stets das Nichtdurchkommen mit dem principaliter zur Compensation gestellten Betrage.

Freilich behauptet nun Schwalbach,[1]) aus dem § 293 Abs. 3 der C.P.O. sei eher zu folgern, daß die rechtskräftige Entscheidung über die Compensationseinrede stets nur pro concurrente summa der Klageforderung zulässig sein solle. Indessen dazu bietet, soviel ich sehe, der Wortlaut des Gesetzes gar keinen Anhalt. Denn das Gesetz bestimmt nicht die Rechtskraft bis zur Höhe desjenigen Betrages, gegen welchen, sondern vielmehr mit welchem aufgerechnet werden soll. Es ist aber rein willkürlich, beide Ausdrücke als gleichbedeutend zu verstehen. Denn nach dem Gesagten ist allerdings anzunehmen, daß der Betrag, mit welchem aufgerechnet werden soll, höher sein kann, als derjenige, gegen welchen die Aufrechnung bezweckt wird. Danach hängt also die Frage, ob eine im Wege der Compensation geltend gemachte Forderung auch zu dem den Betrag der Klageforderung übersteigenden Betrage rechtskräftig entschieden wird, von zwei Voraussetzungen ab. Einmal davon, daß die Gegenforderung pro concurrente summa der Klagforderung für unbegründet erachtet wird, und ferner davon, daß der Compensant rechtskräftige Entscheidung der Gegenforderung auch zum überschießenden Betrage erstrebte[2]). Denn wenn die Gegenforderung pro concurrente summa der Klageforderung für begründet erachtet wurde, so kann, da die Gegenforderung nur zum Zweck der Aufrechnung geltend gemacht wurde, Rechtskraft zu höherem Betrage niemals eintreten. Denn der Zweck der Geltendmachung ist dann schon erreicht. War aber die Gegenforderung in Höhe der Klageforderung für unbegründet erachtet, so kann, wenn solches in der Absicht des Compensanten liegt, noch der überschießende Betrag zum Zweck der Compensation eingesetzt werden, worin dann zugleich der Wille des Compensanten, auch über den überschießenden Betrag eine rechtskräftige Entscheidung zu erhalten, ausgedrückt liegt. Eingesetzt wird aber zur Compensation dasjenige, was der Compensant für seine Forderung hält, nicht nur

[1]) a. a. O. S. 515.

[2]) Die letztere Voraussetzung fordert Fitting in Busch's Zeitschrift, Bd. 2 S. 256 ff. nicht, und darin liegt der Unterschied seiner Auffassung von der meinigen.

dasjenige, was sich schließlich bei der gerichtlichen Aburtheilung als der wirkliche Betrag seiner Forderung herausstellt[1]).

Ob nun der Compensant nur den der Klageforderung entsprechenden Betrag seiner Gegenforderung oder eventuell die ganze Gegenforderung einsetzen wollte, das beantwortet sich nach dem Seitens des Compensanten gestellten Antrage[2]). Beantragt er z. B. einer Forderung von 1000 gegenüber die Feststellung einer Gegenforderung von 2000 zum Zwecke der Compensation, so liegt ein eventuelles Einsetzen der ganzen Gegenforderung vor. Beantragt er dagegen, zum Zwecke der Compensation von seiner Gegenforderung von 2000 über den Betrag von 1000 in rechtskraftsfähiger Weise zu erkennen, so behält er sich 1000 von seiner Forderung vor, und setzt nur 1000 ein, sodaß er auch nur in dieser Höhe eine rechtskräftige Entscheidung begehrt[3]).

Natürlich tritt die Rechtskraft stets nur dann ein, wenn wirklich über das Bestehen oder Nichtbestehen der Gegenforderung erkannt wurde. Dies ist aber auch dann der Fall, wenn der Beklagte bezüglich der Gegenforderung beweisfällig wurde, während es doch für die Proceßentscheidung auf die Compensationseinrede ankam. Denn darin gerade besteht der Nachtheil der Beweislast, daß, wenn der Beweis nicht erbracht ist, zum Nachtheil des Beweispflichtigen die Nichtexistenz von dem, was ihm darzuthun oblag, als rechtlich feststehend angenommen wird. Reus excipiendo fit actor. Von diesem Gesichtspunkt aus ergibt sich dann auch die richtige Antwort auf die Frage, ob dann, wenn die Compensationseinrede zurückgewiesen wurde, weil die zur Substanziirung der

---

1) Daß stets nur dasjenige geltend gemacht wird, was die Partei als das Ihrige in Anspruch nimmt, ergibt namentlich auch die Bestimmung über die Rechtskraft in § 293 der C.P.O.

2) Nur in diesem Sinne kann meines Erachtens die Aeußerung der Motive (S. 227), „daß über die summa concurrens hinaus eine Feststellung der Absicht der Parteien nur entspreche, wenn diese Feststellung ausdrücklich beantragt wurde", aufrecht erhalten werden.

3) Die Ausführungen Freudenstein's über die Rechtskraft der Compensationseinrede (vergl. Rechtskraft S. 181 ff.) sind für die vorliegende Frage nicht benutzbar. Jedenfalls rechtfertigen sie in keiner Weise seine Behauptung, daß die Rechtskraft der Entscheidung einer compensando geltend gemachten Gegenforderung höchstens zu dem der Klagehöhe entsprechenden Betrage eintreten könne.

Gegenforderung nöthigen Thatsachen nicht hinreichend angegeben waren, die Gegenforderung als definitiv aberkannt angesehen werden müsse, oder nicht. Das Reichsgericht (I. Hülfssenat)[1]) spricht einem solchen Erkenntniß die Rechtskraft ab. Denn dasselbe ergehe nicht sowohl über den Anspruch selbst, als vielmehr nur über die processualischen Voraussetzungen seiner Geltendmachung. Indessen die Angabe sämmtlicher zur Begründung des beanspruchten Rechts nothwendigen Thatsachen ist in nicht höherem Maße Voraussetzung der Geltendmachung eines Rechts, als es die Verpflichtung zum Beweise der behaupteten Thatsache ist. Das Gericht, welches von nichterwiesenen Thatsachen nicht annehmen darf, daß sie die Partei nicht beweisen wollte, sondern vielmehr anzunehmen hat, daß sie die Partei nicht beweisen konnte, wird, wenn die Partei die zur Begründung des bereits individualisirten Rechtsverhältnisses erforderlichen Thatsachen in der mündlichen Verhandlung nicht vorbringt, auch nicht zu der Annahme berechtigt sein, daß der Partei noch andere nicht angegebene Thatsachen zur Begründung ihres Rechts zu Gebote stehen. Denn das Gericht hat ja nach § 130 der C.P.O. geradezu die Verpflichtung, durch Fragen darauf hinzuwirken, daß ungenügende Angaben der geltend gemachten Thatsachen ergänzt und überhaupt alle für die Feststellung des Sachverhältnisses erheblichen Erklärungen abgegeben werden. Und wenn diese Fragen dann keinen Erfolg haben, so wird der Richter aus dem Schweigen der Partei die Folgerung ziehen müssen, daß weitere Thatsachen nicht vorgebracht werden konnten.[2]) Stehen der Partei aber nur die zur Begründung ihres Rechts angegebenen Thatsachen zu Gebote, und reichen dieselben zur Begründung nicht aus, so muß die Partei mit dem erhobenen Anspruch nicht angebrachtermaßen, sondern definitiv abgewiesen werden.

Auch erscheint die vom Reichsgericht herbeigezogene Analogie der Klageabweisung angebrachtermaßen um deswillen verfehlt, weil wegen Unsubstanziirtheit des in der Klageschrift individualisirten Rechtsverhältnisses eine solche Abweisung ebenfalls unzulässig ist.

---

[1]) Abgedruckt in Rassow's und Küntzel's Beiträgen Bd. XXV S. 1109 ff.

[2]) Vergl. jetzt R.G.E. Bd. VI. S. 158 ff. (II. Civilsenat) und Bd. VII. S. 371 ff., sowie die Commentare von Gaupp, Petersen, L. Seuffert, Struckmann und Koch zu § 130 der C.P.O.

Denn um die Existenzbedingungen des Proceßverhältnisses handelt es sich in solchen Fällen ebenfalls nicht. Dasselbe kommt — die Abwesenheit proceßhindernder Einreden vorausgesetzt — mit der Klageerhebung zu Stande, und die Klage ist ordnungsmäßig erhoben, wenn sie dem Beklagten zugestellt ist, und den in § 230 der C.P.O. normirten Erfordernissen genügt. Der daselbst unter Nr. 2 erwähnte Grund des erhobenen Anspruchs ist aber nicht die Summe derjenigen Thatsachen, welche nach Maßgabe des bürgerlichen Rechts an sich geeignet sind, den erhobenen Anspruch als in der Person des Klägers entstanden und zugleich als durch den Beklagten verletzt erscheinen zu lassen;[1]) vielmehr ist unter dem Grund des erhobenen Anspruchs lediglich das Rechtsverhältniß zu verstehen, aus welchem der erhobene Anspruch hergeleitet wird. Dies ergibt sich einerseits aus den §§ 137 und 240 der C.P.O., wo von Klagegrund nur in diesem Sinne die Rede sein kann, andererseits auch aus der Erwägung, daß für Anwendung der allgemeinen Bestimmungen über die vorbereitenden Schriftsätze auch auf die Klageschrift überhaupt kein Raum wäre, wenn der Grund des erhobenen Anspruchs im Sinn der Motive zu verstehen wäre (§ 230 Abs. 4). Auch ist die vom Reichsgericht für seine Meinung angezogene l. 7 D. de compens. 16. 2 für unsere Frage ganz irrelevant. Denn wenn dort die Rechtskraft verneint wird für den Fall, daß „iudex rationem compensationis non habuerit“ und bejaht „si reprobavit pensationem quasi non existente debito“, so ist es eben die Frage, ob der Richter die nicht gehörig substanziirte Forderung nicht als unbegründet zurückweisen mußte und zurückgewiesen hat. Jedenfalls läßt sich doch von dem iudex, welcher auf die Compensation einging, sie aber wegen Unsubstanziirtheit der Gegenforderung nicht vollzog, keineswegs sagen: rationem compensationis non habuit. Das ergibt auch sofort die Betrachtung der l. 7 § 2 D. de neg. gest. 3. 5.[2])

Nach ihr kann, wenn der Richter aus irgend einem Grunde

---

[1]) Motive S. 182.

[2]) Ulpianus libro decimo ad edictum: Si quocunque modo ratio compensationis habita non est a iudice, potest contrario iudicio agi: quod si post examinationem reprobatae fuerint pensationes, verius est, quasi re iudicata amplius agi contrario iudicio non posse, quia exceptio rei iudicatae opponenda est.

die Compensation nicht berücksichtigt hat, bezüglich der zur Compensation gestellten Gegenforderung noch die actio contraria angestellt werden. Hat er dagegen die Compensation zurückgewiesen nach näherer Prüfung (post examinationem) — und dieselbe liegt doch auch vor, wenn der Richter die Forderung auf ihre Substanziirtheit untersucht hatte —, so steht einer anderweiten Geltendmachung der Gegenforderung die exceptio rei iudicatae entgegen.

Anders liegt die Sache, wenn das Gericht die Compensationseinrede wegen Unfähigkeit der Gegenforderung zur Compensation verwarf. Hier wird eben über die Existenz der Gegenforderung überhaupt nicht entschieden, und es ist also nach § 293 Abs. 2 die Rechtskraft ausgeschlossen.

Wenn hiernach Rechtskraft eintritt, nur soweit über die Existenz der Gegenforderung erkannt ist, so ist doch noch die Einschränkung hinzuzufügen, daß diese Entscheidung in einem Endurtheil ergangen sein muß. Zwar erklärt § 293 Abs. 2 ganz allgemein die Entscheidung über die Existenz der Gegenforderung für rechtskraftsfähig, doch wäre es meines Erachtens nicht richtig, dies von jeder Entscheidung zu verstehen. Ich halte es deshalb auch nicht für zutreffend, wenn Wach[1] das Zwischenurtheil, welches über die Compensationseinrede entscheidet, für der Rechtskraft fähig erklärt. Denn damit würde schwer stimmen der § 274 der C.P.O., aus welchem hervorgeht, daß ein Theilurtheil über die Gegenforderung nicht eher ergehen darf, als bis über die Klagforderung entschieden. Was hätte diese Bestimmung aber für einen Zweck, wenn an Stelle des Theilurtheils ein der Rechtskraft fähiges Zwischenurtheil sollte erlassen werden dürfen? Denn das Zwischenurtheil muß, wenn es überhaupt erlassen werden soll, vor Entscheidung der Klagforderung durch Theilurtheil ergehen. Auch kann ein über die Compensationseinrede erlassenes Zwischenurtheil schon um deswillen nicht selbständig rechtskräftig werden, weil mit seinem Erlaß die Relevanzfrage, d. h. die Frage, ob es für die Entscheidung des Klagprocesses auf die Compensationseinrede ankommen werde, noch gar nicht entschieden ist. Man wird doch aber nicht annehmen dürfen, daß dann, wenn der Kläger nach Erlaß des Zwischenurtheils über die Compensationseinrede auf seine Forderung ver-

[1] Vorträge S. 110. So wie Wach auch Löning, Widerklage, S. 129.

zichtet, die Entscheidung über die Gegenforderung gleichwohl die Rechtskraft beschreite.

Damit also die Rechtskraft über die zur Compensation gestellte Gegenforderung eintrete, ist es nöthig, daß die Entscheidung über ihre Existenz in einem Endurtheil erfolge. Dagegen halte ich das Verlangen, es müsse diese Entscheidung im Urtheilstenor stehen, mit Wach für einen unerträglichen Formalismus [1]). Ebenso unbegründet aber ist die Meinung, daß die Entscheidung über die compensando geltend gemachte Gegenforderung nothwendig in die Urtheilsgründe gehöre. Der von Petersen [2]) für diese Meinung angegebene Grund, daß in der Entscheidung über die Hauptforderung diejenige über die Gegenforderung enthalten sei, beweist nichts. Denn wäre er zutreffend, so würde mit demselben Rechte auch die Entscheidung über eine Präjudicialincidentklage in den Gründen stehen. So z. B. enthält das Urtheil, welches das Bestehen einer Grundgerechtigkeit feststellt, auch schon die Entscheidung über das Eigenthum des Klägers am herrschenden Grundstück, und doch weist Petersen diese Entscheidung im Fall der Erhebung einer Incidentklage in den Urtheilstenor. Und wer andererseits, wie z. B. Seuffert [3]) es thut, daran festhält, daß im Allgemeinen nach den Grundsätzen der C.P.O. nur die im Tenor des Urtheils enthaltene Entscheidung der Rechtskraft fähig sei, der handelt inconsequent, wenn er bezüglich der Compensationseinrede eine Ausnahme macht. Denn wenn über die Gegenforderung eine der Rechtskraft fähige Entscheidung ergeht, so ist dieselbe gerade so Präjudicialpunkt geworden, wie jeder andere Streitpunkt, dessen Feststellung durch Präjudicialincidentklage oder Incidentwiderklage beantragt wurde.

Dabei ist jedoch noch auf einen Punkt aufmerksam zu machen, daß nämlich die Entscheidung über die Gegenforderung nur als Vorfrage der Entscheidung über die Klagforderung ergeht, und daß ihr also selbständige Bedeutung nicht zukommt. Deshalb kann auch in dem Falle, daß die Entscheidung über die Gegenforderung, im Tenor des Erkenntnisses stände, doch nicht gegen sie selbständig ein Rechtsmittel ergriffen werden, sondern nur gegen die Entscheidung

---

[1]) Vergl. Wach, Vorträge S. 108. Dagegen Struckmann und Koch Bem. 2 letzter Absatz zu § 293.

[2]) Bem. II zu § 293 der C.P.O.

[3]) Bem. 3 zu § 293.

über die Klag- oder Wider-Klagforderung. Aber auch dies ist wiederum keine Verschiedenheit von der Präjudicialincidentklage oder Widerklage.[1])

Dritter Abschnitt.

Die Gegenforderung nach der Trennung zum besondern Proceß.

§ 14.

Zweck, Voraussetzungen und Mittel der Trennung.

§ 136 der C.P.O. lautet: „Das Gericht kann anordnen, daß mehrere in einer Klage erhobene Ansprüche in getrennten Processen verhandelt werden. Dasselbe gilt, wenn der Beklagte eine Gegenforderung angebracht hat, welche mit der in der Klage geltend gemachten Forderung nicht in rechtlichem Zusammenhang steht."

Ferner bestimmt § 274 der C.P.O., daß das Gericht bei Nichtentscheidungsreife der nicht connexen Gegenforderung Theilurtheil über die entscheidungsreife Klagforderung erlassen darf.

Diese beiden Paragraphen enthalten hauptsächlich die Bestimmungen über das richterliche Trennungsrecht in Anwendnng auf die Compensationseinrede, und es erheben sich sofort die Fragen nach dem Zweck, den Voraussetzungen und den Mitteln der Trennung.

1. Das richterliche Trennungsrecht steht mit der Mündlichkeit des Processes im Zusammenhang. Es ist dazu da, um dem Richter die Uebersicht über das Proceßmaterial zu erleichtern. Dieser Zweck kann schon erreicht werden durch Anordnung getrennter Verhandlung innerhalb desselben Processes nach § 137

---

[1]) Förster-Eccius I. § 55 a. E.: „Auch der Berufungsrichter wird, wenn der Instanzrichter über die Feststellungsklage materiell entschieden hat, nicht genöthigt, ja nicht einmal berechtigt sein, eine materielle Entscheidung zu geben, wenn er bei Beurtheilung der Sache selbst (d. h. der Hauptsache) das Bestehen oder Nichtbestehen des Rechtsverhältnisses als unerheblich ansieht".

der C.P.O.,[1]) wird aber bei einer Mehrheit von Ansprüchen am besten erzielt durch Zerlegung des Proceßmaterials in mehrere vollständig von einander getrennte Processe.[2])

Bei der Compensationseinrede aber soll das Trennungsrecht noch einen andern Zweck erfüllen, nämlich den, Proceßverschleppungen, welche durch Vorschützung illiquider Compensationseinreden etwa hervorgerufen werden könnten, zu verhüten. Dieser Zweck wird von den Motiven[3]) ausdrücklich hervorgehoben, daß aber daneben auch der erste, von uns erwähnte besteht, ergibt sich schon daraus, daß die Bestimmung des § 136 Abs. 2 nicht nur auf illiquide, sondern auch auf liquide Compensationseinreden und auch auf Widerklagen Anwendung findet, vorausgesetzt, daß die Gegenforderung nicht connex mit der Forderung, gegen welche aufgerechnet werden soll, ist.

2. Die Voraussetzungen, unter denen die Trennungsbefugniß Platz greift, sind, abgesehen von dem eben erwähnten Erforderniß der Nichtconnexität und dem Erforderniß, daß es sich um Compensation mit noch nicht rechtshängigen Forderungen handeln muß,[4]) folgende:

a) Die Unbegründetheit der Klageforderung, oder Gegenforderung, die Unzulässigkeit der Geltendmachung dieser Forderungen oder ihre Incompensabilität[5]) darf nicht klar am Tage liegen. Denn ist dies der Fall, so ist sofort entweder der ganze Rechtsstreit oder wenigstens der Streit über die Gegenforderung zur Entschei-

---

[1]) Natürlich kann das Gericht die Verhandlung auch ohne Trennung zum besondern Proceß auf die Compensationseinrede gemäß § 137 der C.P.O. beschränken. Ja, bei Compensation mit rechtshängigen Forderungen ist dies die einzig mögliche Trennung.

[2]) Schepers, Trennung der Verhandlung und Entscheidung in Rassow's und Küntzel's Beiträgen Bd. IV. S. 749 ff.

[3]) S. 135.

[4]) Daß die unentwickelte Widerklage im ordentlichen Proceß angestellt wurde, ist nicht Voraussetzung der Trennung. Vielmehr ist die Trennung in jeder Proceßart zulässig, auch im vorbereitenden Verfahren und Urkundenproceß. (Schepers in Rassow's und Küntzel's Beiträgen Bd. 24 S. 751.)

[5]) Es darf sich also auch nicht um solche Forderungen handeln, denen gegenüber trotz Vorhandenseins aller sonstigen Erfordernisse die Compensation durch positive gesetzliche Bestimmung für unstatthaft erklärt ist. Vergl. darüber Windscheid, Pandekten II. § 350, No. 7 und § 379, Anm. 5. und Förster-Eccius I. § 94 Nr. IV.

dung reif. Letzterer aber kann, wenn auch nicht durch Endurtheil, so doch durch Zwischenurtheil vorläufig beendigt werden, sodaß es einer Verweisung zum besondern Proceß nicht mehr bedarf. Es ist also keineswegs Voraussetzung für die Trennung, daß z. B. feststeht, die Klageforderung sei begründet. Denn wenn man das annehmen wollte, so würde die Verweisung der Gegenforderung zum besondern Proceß erst nach Verwerfung aller übrigen Vertheidigungsmittel bewirkt werden können. Dann bliebe aber für Anwendung des § 136 Abs. 2 auf die compensando geltend gemachte Gegenforderung überhaupt kein Raum. Denn die Folge davon wäre, daß die Trennung nur durch Theilurtheil gemäß § 274 der C.P.O. erfolgen könnte, weil nach Verwerfung der übrigen Vertheidigungsmittel die Klagforderung zur Entscheidung reif wäre. Es ist ferner keineswegs Voraussetzung, daß vor der Trennung das Vorhandensein der Proceßvoraussetzungen constatirt wurde. Es gibt ja proceßhindernde Einreden, deren Abwesenheit das Gericht nicht von Amtswegen zu beachten hat, sondern welche vom Beklagten vorgebracht werden müssen. Soll da das Gericht mit der Trennung warten, bis das Nichtvorhandensein solcher proceßhindernder Einreden feststeht? Solche Auffassung würde der Beschleunigung des Processes entschieden hinderlich sein, während doch umgekehrt das Streben des Gerichts vielmehr darauf gerichtet sein muß, Forderung und Gegenforderung möglichst gleichzeitig zur Entscheidungsreife zu bringen, sei es auch auf die Gefahr hin, daß es schließlich auf die Compensationseinrede gar nicht ankommen sollte.

b) Die Trennung zum besondern Proceß muß dem Gericht angemessen erscheinen. Denn ein Recht der einen oder andern Partei auf Trennung existirt nicht. Dies ergibt sich schon aus dem Zweck der Trennung, die nöthige Uebersichtlichkeit in das Proceßmaterial zu bringen. Ob dieselbe vorhanden sei oder nicht, darüber muß lediglich das Gericht selbst entscheiden.

Unter keinen Umständen kann den Parteien oder deren Anwälten das Recht gegeben werden, das Fassungsvermögen des Gerichts insofern zu controlliren und zu kritisiren, als sie die Trennung verlangten, weil der Richter nicht mehr im Stande sei, die Sache in ihrer Gesammtheit zu beherrschen. Vielmehr ist es Schuldigkeit der Anwälte, wenn die Sache complicirter wird, durch um so klareren Vortrag und um so peinlichere Anordnung des Proceßstoffes in demselben dem Richter sein Amt zu erleichtern.

In soweit kann meines Erachtens darüber, daß der Partei kein Recht auf Trennung zusteht, gar kein Zweifel sein. Wohl aber ist der Umstand, daß die Trennung des § 136 Abs. 2 nach Aeußerung der Motive an Stelle des Erfordernisses der Liquidität oder wenigstens Liquidabilität getreten ist, geeignet, Bedenken gegen diesen Satz hervorzurufen. Denn dies Erforderniß war zu dem Zwecke eingeführt, um einer Proceßverschleppung durch Vorschützung illiquider Compensationseinreden entgegen zu treten. Die Vorschrift war also offenbar im Interesse des Compensanten erlassen. Denn dem Gericht konnte es gleichgültig sein, ob es den Streit über die zur Compensation gestellte Forderung sofort, oder in separato erledigte. Soll nun auch hier der Compensant kein Recht haben, die Trennung zum besonderen Proceß gemäß § 136 Abs. 2 zu verlangen?

Die Frage ist dem bestimmten Wortlaut des Gesetzes gegenüber ebenso bestimmt zu verneinen.

Nach ihm ist für die Trennung einzig und allein maßgebend das pflichtmäßige[1]) Ermessen des Gerichts, welches bei kurzem Klagebeweise und weitaussehendem Beweise der Gegenforderung einer Proceßverschleppung entgegentreten darf. Damit steht die C.P.O. im Wesentlichen auf dem Standpunkt des Justinianischen Rechts, welches die Hinausweisung der Compensation aus dem Klageproceß ebenfalls dem richterlichen Ermessen überließ.

Und dieser Standpunkt findet seine Bestätigung bei einer Vergleichung der §§ 273 und 274 der C.P.O. Der erstere Paragraph macht es nämlich dem Gericht zur Pflicht, Theilurtheil zu erlassen wenn von mehreren in einer Klage geltend gemachten Ansprüchen nur der eine, oder ein Theil eines Anspruchs oder bei erhobener Widerklage nur die Klage oder die Widerklage zur Endentscheidung reif ist. Dabei wird aber dem Gerichte gleichwohl anheimgestellt, die Fällung des Theilurtheils zu unterlassen, wenn dieselbe nach Lage der Sache nicht angemessen erscheinen sollte. Im Gegensatz hierzu ermächtigt der § 274 nur das Gericht, über die entscheidungsreife Klagforderung bei Nichtentscheidungsreife der nichtconnexen Gegenforderung Theilurtheil zu erlassen. Und gleichwohl

---

[1]) Denn es gibt keine Proceßrechtsbestimmungen, die allein den Vortheil des Richters bezwecken: soweit der Richter zu etwas befugt ist, ist er hierzu auch verpflichtet. So Bülow im Arch. für civil. Praxis Bd. 64 S. 94.

[2]) Dernburg S. 565.

sollte der Kläger nun ein Recht auf Erlassung des Theilurtheils haben! Das ist doch unmöglich anzunehmen; und da der § 274 nur eine Consequenz des § 136 Abs. 2 der C.P.O. ist, so kann auch in letzterer Gesetzesstelle dem Kläger ein Recht auf Trennung nicht gewährt sein.

Das Gesetz hat eben absichtlich eine absolute Rechtsnormirung vermieden, und legt vielmehr dem Gericht die Pflicht auf, das processualisch Rechtgemäße im einzelnen Fall zu bestimmen und zwischen einer Mehrheit proceßrechtlicher Möglichkeiten zu wählen, indem das Vertrauen gehegt wird, daß auf diese Weise der Aufgabe der Rechtspflege am besten werde entsprochen werden [1]). Demgemäß kann auch von einer Beschwerde über die Zurückweisung des Antrages auf Trennung, welche Löning [2]) gestatten will, keine Rede sein.

Wenn hiernach die Trennung lediglich dem Ermessen des Gerichts unterliegt, wenn ferner durch die Trennung die Vereinfachung des Proceßmaterials erzielt und Proceßverschleppung vermieden werden soll, so muß auch der Zeitpunkt der Trennung, wenn anders die genannten Zwecke erreicht werden sollen, durchaus in das Ermessen des Gerichts gestellt sein. Dasselbe braucht sich also keineswegs von vornherein über die Trennung schlüssig zu machen, sondern kann die Trennung anordnen, sobald ihm ein Bedürfniß dazu vorzuliegen scheint. Ob schon Zwischenurtheile zu dem einen oder dem andern Anspruch erlassen sind, ist gleichgültig. Nur darf über die zur Compensation gestellte Forderung nicht selbst schon durch Zwischenurtheil entschieden sein; denn dann liegt ein Bedürfniß zur Trennung wegen Entscheidungsreife dieser Forderung nicht vor. Auch wenn in I. Instanz die Trennung unterlassen sein sollte, kann sie in II. Instanz noch nachgeholt werden. Und wenn in II. Instanz neue Ansprüche zur Compensation gestellt werden sollten, so greift bezüglich ihrer natürlich ebenfalls das richterliche Trennungsrecht Platz.

So sind schließlich noch

3. Die Mittel der Trennung zu betrachten. Die Trennung tritt ein nach dem Ermessen des Gerichtes, angeregt vielleicht durch einen Antrag der Partei. Der Anordnung der Trennung muß

---

1) So Bülow a. a. O. S. 18.

2) Löning Widerklage S. 161.

stets mündliche Verhandlung über die Frage, ob Trennung oder nicht, vorausgegangen sein. Denn wenn die Parteien auch kein Recht auf Trennung haben, so haben sie doch ein Recht auf Nichttrennung, falls die Voraussetzungen des Trennungsrechtes nicht vorliegen [1]). Demgemäß bildet die Frage, ob zu Recht getrennt wird, den Inhalt eines Zwischenstreites unter den Parteien. Denn derselbe hat zum Inhalt selbständige auf Proceßrechtsregeln bezügliche Angriffs- oder Vertheidigungsmittel der Parteien, für welche Erledigung durch Beschluß nicht vorgeschrieben ist [2]). Die Trennung kann aber nur auf Grund einer Proceßrechtsregel geschehen und der Erledigung der Frage, ob Trennung oder nicht, durch Zwischenurtheil steht ebenfalls nichts im Wege. Freilich bestreitet dies Schepers [3]). Da nämlich das Zwischenurtheil den Richter bindet (§ 289 der C.P.O.) und also von ihm nicht abgeändert werden kann, so hält Schepers ein Zwischenurtheil für unzulässig. Denn nach § 141 der C.P.O. sei die Wiederbeseitigung der Trennung zulässig. Ich halte diese Deduction für unrichtig. Denn wenn das Gericht gemäß § 141 der C.P.O. die von ihm erlassene, eine Trennung betreffende Anordnung wieder aufhebt, so handelt es sich nicht sowohl um Abänderung des von ihm erlassenen Zwischenurtheils, als vielmehr um eine neue proceßleitende Verfügung, zu deren Erlaß das Gericht ausdrücklich durch das Gesetz ermächtigt ist. Das erlassene Zwischenurtheil spricht die Rechtmäßigkeit der Trennung aus, das Vorhandensein ihrer Voraussetzungen. Daran wird auch durch Beseitigung der Trennung nichts geändert. Meines Erachtens qualificirt sich also die Frage, ob getrennt werden dürfe, vollständig als Zwischenstreit unter den Parteien. Will das Gericht übrigens kein Zwischenurtheil erlassen, so braucht es dies nicht. Auch Zwischenstreitspunkte können durch Beschluß erledigt werden. Nur darf der Erlaß eines Zwischenurtheils nicht geradezu ausgeschlossen sein, indem z. B. die Erledigung durch Beschluß vorgeschrieben ist. Denn dann liegt ein Zwischenstreit überhaupt nicht vor.

Von der Entscheidung des Streites, ob Trennung oder nicht, ist nun streng theoretisch die Anordnung der Trennung selbst zu

---

[1]) Siehe auch von Wilmowski und Levy, Vorbemerkung zu § 119 vorletzter Absatz.

[2]) Vergl. meinen Zwischenstreit unter den Parteien S. 88 u. 89.

[3]) a. a. O. S. 868.

unterscheiden. Letztere kann nämlich allerdings nur durch Beschluß erfolgen, da es sich um eine proceßleitende Verfügung handelt. Im Zwischenurtheil wird dahin erkannt, daß die Trennung für zulässig zu erachten und demgemäß wird dann die Trennung selbst beschlossen. Jedenfalls kann, wie sich auch schon aus dem Wortlaut der §§ 136 und 274 der C.P.O. ergibt, die Trennung nicht durch Verfügung des Vorsitzenden angeordnet werden. Denn die Proceßleitung, deren Theil die Trennung bildet, ruht in den Händen des Gerichts, während dem Vorsitzenden nur die Leitung der mündlichen Verhandlung und die Aufrechterhaltung der Ordnung in der Sitzung anvertraut ist.

Ausnahmsweise kann auch die Trennung durch Theilurtheil erfolgen, welches das Gericht über die entscheidungsreife Klagforderung erläßt. Eine solche Trennung ist streng genommen keine Trennung zum besondern Proceß. Doch wirkt sie insofern stärker, denn die durch Beschluß angeordnete, als sie höchstens dann noch beseitigt werden kann, wenn das Theilurtheil in höherer Instanz vernichtet werden sollte. Eine solche Trennung setzt voraus, daß die Gegenforderung noch nicht zur Entscheidung reif ist und daß sich die Klageforderung als begründet herausstellt. Denn wenn sie als unbegründet erscheint, so trifft der Fall, für welchen die Gegenforderung geltend gemacht war, nicht zu und es muß dann ein den ganzen Proceß beendigendes Urtheil ergehen.[1]) Freilich kann dies Urtheil noch angefochten und in höherer Instauz möglicher Weise ein die Klagforderung für begründet erachtendes Urtheil erzielt werden. Hier müßte dann natürlich auch noch die Gegenforderung berücksichtigt werden.[2])

---

[1]) A. M. scheint L. von Bülow (Bemerk. 4 zu § 274 der C.P.O.) zu sein. Aber ein die Klagforderung für unbegründet erachtendes Theilurtheil könnte doch höchstens dann erlassen werden, wenn das Gericht vorher gesonderte Verhandlung und Entscheidung der Klagforderung beschlossen hätte. Vergl. den analogen Fall in den Entscheidungen des R.G. Bd. V. S. 411 ff

[2]) Bei diesem Punkte zeigt sich besonders die Zwitternatur der Compensationseinrede. Denn die Berücksichtigung derselben, im Fall die Klagforderung in II. Instanz für begründet erachtet werden sollte, könnte gemäß ihrer Natur, als Theil des Streitgegenstandes eigentlich nur in der Weise erfolgen, daß um ihretwillen der Proceß in I. Instanz zurückgewiesen würde. Diese Annahme ist aber durch die Bestimmungen der §§ 500 u. 501 der C.P.O. ausgeschlossen, da kein einziger der dort normirten Fälle auf die Compensationseinrede paßt

§ 15.

Gegenstand der Trennung.

Entsprechend den Meinungsverschiedenheiten, welche über das Wesen der Compensationseinrede sich finden, wird auch die Frage nach dem Gegenstand der Trennung zum besondern Proceß verschieden beantwortet. Wer läugnet daß durch die Compensationseinrede Rechtshängigkeit begründet werde, muß consequenter Weise unter der Trennung zum besondern Proceß die Verweisung der Gegenforderung auf den Weg besonderer Klageanstellung verstehen, und kommt dann in unlöslichen Conflict mit dem Theilurtheil des § 274 der C.P.O. Das thun denn auch die Meisten. Nur Wilmowski und Levy machen sich insofern einer andern Inconsequenz schuldig, als sie die Rechtshängigkeit der Gegenforderung oder Compensationseinrede läugnen, aber gleichwohl annehmen, daß in Folge der Trennung auf Grund der geschehenen Geltendmachung ein besonderer Proceß über die Compensationseinrede geführt

---

Andererseits ist es aber auch streng genommen nicht angängig, auf Grund des § 499 eine Verhandlung und Entscheidung über die in I. Instanz nicht berücksichtigte Compensationseinrede in II. Instanz zuzulassen. Denn wenngleich nach diesem Paragraph der Cognition des Berufungsgerichts alle einen zuerkannten oder aberkannten Anspruch betreffenden Streitpunkte unterliegen sollen, über welche in Gemäßheit der Anträge eine Verhandlung und Entscheidung erforderlich ist, selbst wenn über diese Streitpunkte in I. Instanz nicht verhandelt oder nicht entschieden ist; so gehört doch die Compensationseinrede nach der Terminologie des Gesetzes selbst zu diesen Streitpunkten nicht. Denn den Gegensatz zu den Streitpunkten bilden eben die Ansprüche, bezüglich deren, wenn sie in I. Instanz übergangen waren, nun eine Ergänzung des Urtheils gemäß § 292 der C.P.O. zulässig ist. Und gerade die Compensationseinrede wird von der C.P.O. nach § 491 Abs. 2 als einen Anspruch zur Geltung bringend aufgefaßt. Demgemäß würden also auch, wenn sie in I. Instanz z. B. zu Unrecht verworfen wäre, gemäß § 499 alle in I. Instanz bezüglich ihrer vorgebrachten und sie betreffenden Streitpunkte in II. Instanz wiederholt werden können, mögen dieselben in I. Instanz berücksichtigt sein oder nicht. Auf Grund welcher Bestimmung soll aber sie selbst, wenn sie in I. Instanz nicht berücksichtigt war, der Cognition des Berufungsgerichtes unterbreitet werden? Man wird schließlich doch auf den § 499 zu recurriren haben und sich darauf stützen müssen, daß die Compensationseinrede, wenn sie auch einen Anspruch zur Geltung bringt, doch zugleich einen den zuerkannten Klageanspruch betreffenden Streitpunkt bildet. Ganz ebenso ist aber die Sachlage bei der Präjudicial-Incidentfeststellungsklage oder Widerklage.

werde. Also ein Proceß ohne Rechtshängigkeit des Streitgegenstandes! Aber auch diejenigen, welche richtig den § 254 der C.P.O. auch auf die compensando geltend gemachte Gegenforderung beziehen, weichen bezüglich der Frage nach der Trennung zum besondern Proceß insofern von einander ab, als sie darüber streiten, ob die Compensations**einrede** als solche, oder die Compensation oder nur die Gegenforderung pro concurrente summa der Klagforderung zum besondern Proceß verwiesen werde. Meines Erachtens läßt sich nur die letztere Meinung rechtfertigen, wie im Folgenden gezeigt werden soll.

1. Die Frage ob die Compensations**einrede** als solche den Gegenstand des besondern Processes bilden könne, ist entschieden zu verneinen. Ein bloßes Vertheidigungsmittel, welches also begrifflich eine Beziehung auf einen Angriff voraussetzt, kann niemals den Gegenstand eines besondern Processes ausmachen. Das ergibt sich auch aus **Wilmowski's** und **Levy's** eignen Ausführungen, wenn diese Commentatoren erklären,[1]) die getrennte Entscheidung über die Einrede könne, falls diese für begründet erachtet werde, nur die Abweisung des Klägers zur Folge haben. Denn wenn dem so ist, dann ist doch der Inhalt des Processes nicht sowohl die Einrede allein, als vielmehr auch die Klageforderung, insofern wenigstens der Einfluß der Einrede auf sie von dem Richter des abgetrennten Processes festgestellt wird. Aber ich halte diese Entscheidung auch für ganz unmöglich, wenngleich sie aus dem Wesen der Einrede folgt. Denn natürlich setzt diese Entscheidung voraus, daß zur Zeit ihres Erlasses die Klageforderung bereits für begründet erachtet war. Und dieser, den Beklagten zur Zahlung verurtheilenden Entscheidung gegenüber[2]) soll nun in dem zweiten Proceß eine andere Entscheidung ergehen, durch welche der Kläger abgewiesen wird? Beide Entscheidungen werden möglicher Weise rechtskräftig und der Fundamentalsatz, daß sich widersprechende Entscheidungen vermieden werden müssen, wäre also hier vom Gesetzgeber, und zwar ganz en passant, aufgegeben! Aber weiter: Wenn der Proceß über eine **Einrede** weiter geführt werden soll, also nach der

---

[1]) S. 175.

[2]) Das Erkenntniß im 1. Proceß lautet nicht etwa nur dahin, daß Kläger vom Beklagten eine bestimmte Summe zu fordern habe, sondern vielmehr dahin, daß Beklagter schuldig sei zu zahlen.

Meinung unserer Gegner über ein reines, selbständiges Vertheidigungsmittel, was soll dann geschehen, wenn eine der Parteien im Termin zur mündlichen Verhandlung ausbleibt? Hier könnte doch nur der säumige Kläger mit seiner Klage abgewiesen werden und dem säumigen Beklagten gegenüber würden die Behauptungen des Klägers für zugestanden gelten, worauf dann eventuell die Verurtheilung des Beklagten zur Zahlung der Klagforderung ausgesprochen würde. Dann wäre doch aber wiederum erwiesen, daß der getrennte Proceß sich nicht einzig und allein über die Compensationseinrede verhält. Und endlich: Wenn man all' diese Bedenken für keine Bedenken erklären sollte, was wäre damit erreicht, daß der Proceß über die Einrede weiter geht? Da die Compensationseinrede nur zur Bekämpfung der Klagforderung bestimmt ist, so kommt es doch nur dann zur Compensation, wenn die Klage sich nicht aus andern Gründen als hinfällig erweist. Es kann also, nachdem einmal getrennte Processe angeordnet sind, in dem Einredeproceß nicht früher auf Abweisung der Klage erkannt werden, als bis in dem andern Proceß das Begründetsein der Klagforderung rechtskräftig festgestellt worden. Denn wenn man, nachdem die Klage nur in I. Instanz als begründet erachtet worden, in dem Proceß über die Einrede Abweisung der Klagforderung zulassen wollte, so könnte ja das über die Klage ergangene Erkenntniß in II. Instanz noch dahin abgeändert werden, daß der Kläger mit seiner Klage abzuweisen. Dann wäre vielleicht in der Zwischenzeit das über die Compensationseinrede ergehende Erkenntniß rechtskräftig geworden, und die Gegenforderung wäre also umsonst aufgeopfert. Wartet man aber mit dem Erkenntniß über die Einrede bis das die Civilklage für begründet erachtende Erkenntniß rechtskräftig geworden, — was nützt dem Compensanten dann die Ab- Abweisung der Klage im 2. Proceß? Regelmäßig wird er bereits dem die Execution betreibenden Kläger haben zahlen müssen. Durch das den Kläger im 2. Proceß abweisende Erkenntniß hat er aber sein Geld noch nicht wieder. Er muß dann also, und das wird die Regel sein, von Neuem klagen, um das Gezahlte zurückzuerhalten. Also drei Processe statt eines! Und doch will das Gesetz offenbar lediglich im Interesse des Compensanten die durch Vorschützung der Compensationseinrede geschehene Geltendmachung der zur Compensation gestellten Forderung aufrecht erhalten.

Diesen soeben hervorgehobenen Bedenken entgeht man nun wenigstens theilweise, wenn man, wie es Struckmann und Koch thun [1]), das Erkenntniß im abgetrennten Proceß auf Begründetsein beziehentlich Nichtbegründetsein der Einrede fällen läßt. Aber hier würde dann der abgetrennte Proceß nicht über die Compensationseinrede entsprechend der Parteistellung im 1. Proceß geführt, vielmehr handelte es sich um eine Feststellungsklage, in welcher der Compensant die Klägerrolle inne hat. In dieser Klage auf Feststellung des Begründetseins der Einrede läge dann also der Antrag auf Feststellung des Begründetseins der Gegenforderung und ihrer Aufrechnungsfähigkeit gegen die Klageforderung. Demgemäß könnte hier allerdings ein Versäumnißurtheil, welches nur die Compensationseinrede zum Gegenstand hätte, erlassen werden, aber es bliebe doch immer noch die Frage, was dem Beklagten ein Urtheil, welches die Einrede für begründet erachtet, helfen soll? Denn meines Erachtens kann dieser Proceß doch wieder nur geführt werden, nachdem die Klagforderung rechtskräftig als begründet festgestellt worden. Es ist doch kaum denkbar, daß der Compensant in dem einen Proceß das Begründetsein der Klagforderung sollte bestreiten, in dem andern aber gleichzeitig das Begründetsein der Compensationseinrede, welches doch das Begründetsein der Klageforderung ebenfalls zur Voraussetzung hat, sollte feststellen lassen dürfen. Der von Struckmann und Koch vorgeschlagene Weg würde also überhaupt nur dann anwendbar sein, wenn der Compensant nach Erlaß des ihn auf die Klage verurtheilenden Erkenntnisses auf Einlegung eines Rechtsmittels verzichten würde. Selbst wenn man aber annehmen wollte, daß dieser Proceß beginnen könnte, bevor noch im Hauptproceß die Klagforderung dem Kläger rechtskräftig zugesprochen wurde, so würde doch regelmäßig vor seiner Beendigung die Zwangsvollstreckung aus dem Hauptproceß bereits erfolgt sein [2]). Dann wäre aber dem Compensanten mit seinem seine Einrede für begründet erachtenden Erkenntniß wenig gedient. Auch erscheint es unzulässig, die Zwangsvollstreckung aus dem Hauptproceß nur gegen Sicherheitsleistung zu gestatten. Denn vor die Alternative gestellt, Caution zu leisten, oder bezüglich der Exequirung seiner Klagforderung sich die durch

[1]) Bem. 5 zu § 136.

[2]) Dies wird namentlich der Fall sein, wenn die Trennung durch Theilurtheil gemäß § 274 bewirkt wurde.

Verhandlung der Compensationseinrede in demselben Proceß möglicherweise eintretende Verschleppung gefallen zu lassen, würde der Kläger in vielen Fällen gewiß das letztere wählen. Auch ist der unbemittelte Kläger gar nicht in der Lage, Caution zu stellen, und der Rechtsvortheil der Verweisung illiquider Compensationseinreden zum besondern Proceß wäre für ihn also nicht vorhanden. Zwar der norddeutsche Entwurf (§ 421 Abs. 2 und 3) hatte die ausdrückliche Bestimmung, daß die Vollstreckung des über die Klage erlassenen Urtheils von vorheriger Sicherheitsleistung abhängig gemacht werden könne. Aber in das Gesetz ist eine solche Bestimmung nicht übergegangen, wie die Motive [1]) ausdrücklich hervorheben. Vielmehr könnte sich der Compensant höchstens durch arrestatorische Maßregeln sichern, und auch die würden ihm nur dann helfen, wenn er nach Vollstreckung des auf die Klage erlassenen Urtheils seinerseits noch Klage auf Erstattung des Geleisteten anstellte. Und wenn andererseits auch die Zwangsvollstreckung das den Compensanten bezüglich der Forderung verurtheilenden Erkenntnisses zur Zeit des die Compensationseinrede für begründet erachtenden Urtheils noch nicht erfolgt sein sollte, was soll dem Compensanten dieses letztere Urtheil helfen? Der Zwangsvollstreckung widersprechen kann er deshalb noch nicht. Denn die Compensation ist nicht vollzogen, die Klageforderung also nicht getilgt. § 691 Abs. 4 der C.P.O. wäre also nicht anwendbar. Aber auch von all' diesem abgesehen, so ist gar nicht einzusehen, wie die in der Compensationseinrede liegende Klage auf Feststellung des Bestehens oder Nichtbestehens der Gegenforderung in Höhe des Betrages der Klagforderung (vergl. Struckmann und Koch Bemerk. 4 zu § 293) sich im Moment der Trennung in eine Klage auf Feststellung des Begründetseins der Compensations*einrede* verwandlen soll. Diese Annahme ist schon um deswillen zu verwerfen, weil die Compensations*einrede* nicht rechtshängig war, und den Gegenstand des abgetrennten Processes nur dasjenige, was im Moment der Trennung bereits rechtshängig war, bilden kann. Denn daß von vornherein eine Klage auf Feststellung des Begründetseins der Compensationseinrede in der Erhebung der Compensationseinrede liege, werden doch Struckmann und Koch selbst nicht annehmen wollen.

[1]) S. 135 a. E.

2. Die Frage nach dem Gegenstand der Verweisung ad separatum war übrigens auch im gemeinen Recht schon insofern streitig, als Manche die Compensation ad separatum verwiesen wissen wollten, Andere nur die Gegenforderung. Die Verweisung der Compensation ad separatum zwang aber den Compensanten, von der Verwirklichung der Aufrechnung im Klagprocesse abzustehen und seine Forderung im Wege der besondern Klaganstellung einzutreiben, wobei es ihm unbenommen war, in diesem Processe auch die materiellen Wirkungen der Compensation noch nachträglich zu erzielen. Es handelte sich dabei also zugleich um eine auf Erhaltung des materiellen Compensationsrechtes gerichtete Nachklage[1]), mit welcher der Kläger Alles das durchsetzen konnte, was ihm die Compensation im 1. Proceß gewährt haben würde, wenn sie dort zugelassen worden wäre. Diese für das gemeine Recht als herrschende Meinung vertretene Auffassung von der Wirkung der Verweisung ad separatum stützt sich besonders auf die Worte in l. 14 (ult.) § 1 C. de compens. IV. 31: „eas (scil. compensationes) quidem alii iudicio reservent“. Demnach sollte also die Verurtheilung auf die Klage nur unter Vorbehalt der Compensation ergehen. Die Cognition über die Klage wird dadurch zur prima-facie-cognitio[2]), d. h. das auf die Klage ergehende Urtheil ist nur im Stande, eine provisorische Entscheidung zu treffen, es ergeht, wie im Executivproceß, nur unter Vorbehalt der nachfolgenden Geltendmachung des Vertheidigungsmittels. Demgemäß wandte man auch die Grundsätze des Executivprocesses auf die ad separatum verwiesene Compensation an. Die Nachklage, mit welcher die Compensation geltend gemacht wurde, hatte, wenn trotz des inzwischen ergangenen summarischen Judicats im Hauptproceß eine Veränderung des bisher bestehenden factischen Zustandes (also freiwillige Erfüllung oder Zwangsvollstreckung) noch nicht eingetreten war, lediglich die Beseitigung dieses Judicats zum Zweck, ging dagegen in denjenigen Fällen, in denen das Judicat schon ganz oder theilweise ausgeführt war, auf Rückgabe des auf Grund desselben Geleisteten oder Verlorenen oder auf Erstattung des dadurch anderweit erlittenen Schadens[3]). Der Compensant konnte also dann auch mit dieser

[1]) Dernburg S. 566 ff. und Eisele S. 344.

[2]) Briegleb, die summarischen Processe 1859. S. 193 Anm.

[3]) Briegleb a. a. O. S. 343 und S. 357. Mit ihm stimmt überein

Klage die dem Kläger im Vorproceß vom Augenblick der Compensabilität beider Forderungen zugesprochenen Zinsen, die ihm etwa wegen nach diesem Augenblick eingetretener mora des Beklagten zuerkannten Conventionalstrafen zurückfordern.

In offenbarer Erinnerung an diese gemeinrechtliche Auffassung behauptet nun Gaupp [1]), der § 563 der C.P.O. müsse auf die Verweisung der Compensationseinrede zum besondern Proceß gemäß § 136 Abs. 2 oder § 274 analoge Anwendung finden. Diese Meinung ist aber schwerlich zu rechtfertigen. Die Grundsätze des Executivprocesses waren wesentlich ein Product der Praxis. Die Praxis hatte es also auch in der Hand, sie auf den Fall der Verweisung der Compensation ad separatum anzuwenden. Der bei uns an die Stelle des Executivprocesses getretene Urkunden- und Wechselproceß ist aber im Gesetz genau geregelt und aus den Bestimmungen der C.P.O. selbst ergibt sich die Unmöglichkeit einer analogen Anwendung dieser Grundsätze auf unsern Fall. Der § 563 bestimmt nämlich, daß im Urkunden- und Wechselproceß eine Verurtheilung des Beklagten nur unter Vorbehalt der Ausführung seiner Rechte möglich sein soll. Dieses unter Vorbehalt verurtheilende Erkenntniß soll dann in Betreff der Rechtsmittel und der Zwangsvollstreckung als Endurtheil anzusehen sein. Der Rechtsstreit aber soll in Folge des Vorbehalts im ordentlichen Verfahren anhängig bleiben, und wenn sich in diesem Verfahren die Grundlosigkeit des Klageanspruchs ergibt, so soll das frühere Urtheil aufgehoben, der Kläger abgewiesen, sowie zur Erstattung der verursachten Kosten und auf Antrag zur Erstattung des von dem Beklagten auf Grund des Urtheils Gezahlten verurtheilt werden. Diese Bestimmungen passen nun einmal ihrem ganzen Inhalte nach nicht auf den Fall des § 136 Abs. 2, und stehen ferner geradezu im Widerspruch mit dem § 274 der C.P.O. In ersterer Beziehung ist zu bemerken, daß sie den Erlaß eines die Klageforderung für begründet erachtenden Urtheils voraussetzen. Der § 136 Abs. 2 hat aber gerade die Abtrennung zu gesondertem Proceß vor Erlaß eines Urtheils über die Klagforderung im Auge. Der § 136

Dernburg a. a. O. S. 569, nur daß derselbe die formelle Aufhebung des im Vorproceß ergangenen Urtheils durch das siegreiche Erkenntniß im Nachprocesse läugnet.

[1]) Bem. V. 2 b zu § 136 der C.P.O.

Abs. 2 gestattet auch die Anordnung getrennter Processe über Klage- und Gegenforderung, während es sich nach § 563 auch hinsichtlich der vorbehaltenen Vertheidigungsmittel um ein und denselben Rechtsstreit mit dem Klaganspruch handelt. Die anfänglich vorhandene Einheitlichkeit des Verfahrens über Forderung und Gegenforderung wird also durch die Trennung zum besondern Proceß zerstört, während sie im Urkunden- und Wechselproceß bei Verurtheilung des Beklagten unter Vorbehalt seiner Rechte hinsichtlich des Nachverfahrens und des voraufgehenden Urkundenprocesses erhalten wird. Denn es ist ausdrücklich bestimmt, daß der Rechtsstreit im ordentlichen Verfahren anhängig bleibt. Ueber die Vertheidigungsmittel bestand aber gar kein besonderer Rechtsstreit. Die Sache soll also im ordentlichen Verfahren so behandelt werden, als sei gar kein Urtheil ergangen. Wo das Verfahren vor Erlaß dieses Urtheils stehen geblieben war, da wird, unter Ausschluß erneuter Verhandlung über den Klaganspruch, mit Verhandlung der Vertheidigungsmittel eingesetzt, ihre Einwirkung auf den Klaganspruch wird erwogen, und wenn sich derselbe in Folge dieser Einwirkung als unbegründet herausstellt, so soll nun eben der gesammte Rechtsstreit durch ein den Kläger abweisendes Urtheil erledigt werden wobei natürlich das über den Klaganspruch bereits erlassene provisorische Urtheil aufgehoben werden muß. Wie in aller Welt sollen diese Bestimmungen nun auf die Trennung nach § 136 Abs. 2 analog angewendet werden? Da dieselbe vor Erlaß eines die Klagforderung für begründet erklärenden Urtheils angeordnet wird, so kann sich der abgetrennte Proceß schlechterdings nicht über die Compensation verhalten. Denn dieselbe setzt eben unter allen Umständen das Begründetsein der Forderung voraus, gegen welche aufgerechnet werden soll. Zur Zeit der Trennung aber steht dasselbe noch gar nicht fest. Gaupp will ja freilich, falls die Gegenforderung früher spruchreif werden sollte, als die Klageforderung. die Entscheidung über die erstere nach § 139 der C.P.O. aussetzen, Aber auch dies halte ich für unrichtig. Denn jener Paragraph hat nur Rechtsverhältnisse im Auge, welche dem „Wie?“ der Entscheidung eines andern Rechtsstreits präjudiciren [1]). Das Urtheil über die

[1]) Gaupp selbst (zu § 139) sagt durchaus zutreffend, die Entscheidung eines Processes sei dann abhängig von dem Bestehen oder Nichtbestehen eines andern Rechtsverhältnisses, wenn die Rechtskraft des Urtheils in dem einen

Klageforderung aber präjudicirt nicht sowohl dem „Wie?“ als vielmehr dem „Ob?“ der Entscheidung über die zur Compensation gestellte Forderung. Wenn die Klage sich nämlich als unbegründet herausstellt, so ergeht eine Entscheidung über die zur Compensation gestellte Forderung überhaupt nicht. Mit anderen Worten: Die Klageforderung an sich ist nicht Voraussetzung der Gegenforderung, bedingt nicht das Rechtsverhältniß bezüglich der Gegenforderung, sondern der Ausfall der Entscheidung über die Klageforderung ist nur willkürlich als Bedingung der Geltendmachung der Gegenforderung gesetzt. Auf Fälle der Art bezieht sich aber der § 139 der C.P.O. überhaupt nicht[1]). Endlich aber passen nicht die Bestimmungen des § 563 und ebenso wenig diejenigen des § 502 auf den Fall der Trennung nach § 274 der C.P.O. Denn das nach jenen Paragraphen ergehende Urtheil ist ein provisorisches Endurtheil, es wird hinsichtlich der Rechtsmittel und der Zwangsvollstreckung als Endurtheil angesehen. Dagegen ist das Urtheil des § 274 ein Theilurtheil, ein den Proceß zu einem aliquoten Theil beendigendes Urtheil und also der materiellen Rechtskraft fähig. Dabei sehe ich noch ganz davon ab, daß in den §§ 502 und 563 ganz singulärer Weise auch ein neuer Gerichtsstand begründet ist, indem die Klage

---

Processe auf das Rechtsverhältniß in dem andern einwirke. Damit stimmt doch aber absolut nicht die Aussetzung des Processes über die Gegenforderung bis zur rechtskräftigen Entscheidung der Klagforderung. Denn diese letztere Entscheidung wirkt in keiner Weise auf das bezüglich der Gegenforderung bestehende Rechtsverhältniß ein. Vielmehr liegt die Sache durchaus umgekehrt. Und damit stimmt auch durchaus der Wortlaut des Gesetzes und der historische Zusammenhang des § 139 der C.P.O. mit Präjudicialeinrede und Präjudicialdecret überein. Die Materialien geben übrigens über diese Frage keine Auskunft. Bei allen Berathungen ist die im § 139 enthaltene Bestimmung ohne Debatte angenommen worden. (Vergl. N.D.P. S. 298, Motive zu § 132 des I. Entwurfes § 133 des II. u. III. Entwurfes. Commissionsprotokolle S. 527.) Daraus kann man wohl schließen, daß Niemand daran gedacht hat, ihn auf Aussetzung des Processes über die Gegenforderung zu beziehen.

[1]) Auch Schepers a. a. O S. 874 scheint den § 139 der C.P.O. auf die Compensationseinrede nicht zu beziehen. Er entscheidet nämlich den Fall, daß die Einrede eher zur Entscheidung reif wurde, als die Klagforderung dahin, daß eine Aufhebung der Trennung und Entscheidung durch Zwischenurtheil zweckmäßig sei. Das ist gewiß nicht zu läugnen. Aber das Gericht ist nur berechtigt, die Trennung aufzuheben, nicht verpflichtet. Und wenn es von diesem Recht keinen Gebrauch macht, was dann?

auf Erstattung des in Erfüllung des provisorischen Urtheils Geleisteten ebenfalls im Gerichtsstand der Klage angestellt werden soll, sodaß schon aus diesem Grunde analoge Anwendung ausgeschlossen erscheint [1]).

3. So hat in der That Petersen Recht, der es geradezu ausspricht, daß der abgetrennte Proceß weder die Compensationseinrede noch ohne Weiteres die materiellen Wirkungen der Compensation zum Gegenstande haben könne. Wenn er dann freilich ferner ausführt, auch ein abgesonderter Proceß über die Gegenforderung auf Grund der Trennung nach § 136 Abs. 2 sei unmöglich, so hängt das mit der von mir früher ebenfalls vertretenen Meinung von der mangelnden Rechtshängigkeit der Gegenforderung zusammen, und ich kann ihm darin jetzt nicht mehr beitreten. Vielmehr kann der Absatz 2 des § 136 nach seinem ganzen Zusammenhang mit Absatz 1 nur bestimmen wollen, daß zufolge der Trennung sofort zwei Processe entstehen. Und da nur dasjenige abgetrennt werden kann, was bereits rechtshängig war, nach dem früher Ausgeführten aber nur bezüglich der Gegenforderung Rechtshängigkeit bestand, so bildet den Inhalt des getrennten Processes die Gegenforderung [2]). Das stimmt auch durchaus mit dem Wortlaut des § 136 Abs. 2, welcher geradezu die für mehrere in der Klage erhobene Ansprüche zugelassene Verhandlung in getrennten Processen auf die Gegenforderung ausdehnt.

Ob diese Gegenforderung klagbar oder Naturalobligation ist, darauf kommt nichts an —, soweit die Naturalobligation nur ebenfalls zur Compensation verwendet werden kann. Die gemeinrechtliche Doctrin nahm mit Recht an, daß auch bezüglich einer ad separatum bewiesenen Naturalobligation die Wirkung der Compensation noch mit der Nachklage verfolgt werden könne. Auch macht das Gesetz nach § 136 Abs. 2 der C.P.O. keinen Unterschied zwischen Natural- und klagbaren Obligationen. Und der Gesichtspunkt der Entschädigung für die vereitelte Compensation führt ebenfalls auf die Verwerfung eines solchen Unterschiedes [3]). Ferner ist es unrichtig, aus dem

---

[1]) Vergl. gegen Gaupp, Petersen a. a. O. S. 309 u. 310, Seuffert I. Auflage S. 332 und 333.

[2]) So auch Seuffert I. Auflage S. 332 Bem. 4.

[3]) Vergl. Briegleb, summ. Processe S. 194

Umstande, daß in § 136 Abs. 1 von Ansprüchen, im § 136 Abs. 2 aber von Gegenforderung die Rede ist, zu schließen, daß der letztere Begriff auf Ansprüche, welche aus obligatorischen Verhältnissen herrühren, zu beschränken sei. Denn einmal kann das Trennungsbedürfniß für das Gericht auch dann vorhanden sein, wenn ein dinglicher Anspruch zur Compensation verwendet werden soll [1]) — z. B. der mit der rei vindicatio einzuklagende Anspruch auf Geld anstatt der beanspruchten Sache gegen den, qui dolo liti se obtulit oder possidere desiit [2]) —, und deshalb ist nicht abzusehen, weshalb zur Compensation gestellte illiquide dingliche Ansprüche von der Abtrennung zu besonderem Proceß ausgeschlossen sein sollten. Ferner aber macht Löning [3]) mit Recht darauf aufmerksam, daß in unserer Rechtssprache das Wort „Forderung" für jede Art von Anspruch gebraucht wird, ein Sprachgebrauch, der auch der C.P.O. selbst nicht fremd ist [4]). Demgemäß umfaßt der Ausdruck: Gegenforderung in § 136 Abs. 2 und § 274 der C.P.O. sowohl aus dinglichen als obligatorischen Rechtsverhältnissen fließende Ansprüche, vorausgesetzt nur, daß sie auf eine Leistung gleicher Art gehen, wie die Forderung, gegen welche aufgerechnet werden soll.

Will man übrigens dem Gesetz eine bestimmte Absicht unterlegen, weshalb es in § 136 Abs. 2 von Gegenforderungen und nicht von Ansprüchen redet, so kann es nur die sein, daß dadurch jeder Zweifel, ob der Compensationsanspruch oder nur die geltend gemachte Gegenforderung zum besondern Proceß abgetrennt werden könne, abgeschnitten werden sollte; — ein Zweifel, der für Alle, welche in der Compensationseinrede eine unentwickelte Widerklage auf Feststellung des Bestehens oder Nichtbestehens der Gegenforderung enthalten sehen, gar nicht vorhanden ist. Damit stimmen dann auch die Motive zum Gesetzentwurf überein. Denn während in § 421 des norddeutschen Entwurfs noch ausdrücklich gesagt ist, daß die Verhandlung über die Einrede im getrennten Proceß erfolgen soll [5]), ist dies in dem 1871er Entwurf (§ 248) beseitigt.

---

[1]) l. ult. pr. C. de. compens. § 30 I. de act.

[2]) l. 25—27 pr. und § 3 D. de rei vindicatione 6. 1. l. 45 D. de pered. petit. 5. 3.

[3]) Widerklage S. 159 Anm. 206.

[4]) §§ 4 und 240 Nr. 2, 279 Abs. 1 E.G. § 14 Nr. 5 u. L. Seuffert II. Aufl. Anm. 2 lit. b. zu § 136.

[5]) Vergl. auch norddeutsche Protokolle S. 1218.

Dem 71er Entwurf ist aber durchaus conform § 259 des II. Entwurfs: und in den Motiven zu § 130 dieses Entwurfs und § 130 des III. Entwurfs ist dann geradezu gesagt, daß die Verhandlung der Gegenforderung im getrennten Proceß erfolgen kann.

Endlich ist nur diejenige Gegenforderung zum besondern Proceß abtrennbar, welche mit der Klag- oder Widerklagforderung nicht in rechtlichem Zusammenhang steht, d. h. nicht mit der Forderung, gegen welche aufgerechnet werden soll, aus einem und demselben Rechtsverhältniß entspringt.

Sollten übrigens mehrere Gegenforderungen zu ihrem Gesammtbetrage zur Compensation gestellt sein, weil nur dieser Gesammtbetrag den Betrag der Klageforderung erreicht, so könnte selbstverständlich das Gericht die eine oder andere Gegenforderung zum besondern Proceß verweisen, und über die dritte, vielleicht relativ liquide Gegenforderung zugleich mit der Klageforderung in dem Proceß über diese letztere verhandeln. Anders wäre aber die Sachlage, wenn die mehreren zur Compensation verstellten Gegenforderungen in der Weise geltend gemacht würden, daß die eine nur als angebracht gelten sollte, falls Compensant mit der andern nicht durchkäme. Hier könnte das Gericht die eventuell geltend gemachte Gegenforderung erst dann ad separatum verweisen, wenn sich in dem Proceß über die Klageforderung die principaliter zur Compensation gestellte Gegenforderung als unbegründet oder incompensabel sollte herausgestellt haben. Denn auch in dem Proceß über die Klageforderung würde über die eventuell vorgeschützten Compensationseinreden erst nach Eintritt dieser Eventualität zu verhandeln sein, weil dasjenige, was für die eventuelle Klagencumulation gilt [1]), auch für die eventuelle Cumulation von Einreden Rechtens sein muß. Sollte andererseits die principaliter zur Compensation vorgeschützte Gegenforderung ad separatum verwiesen sein, so würden damit, vorbehaltlich einer etwaigen Wiedervereinigung der getrennten Processe, die eventualiter zur Compensation gestellten Gegenforderungen in diesem Proceß überhaupt nicht mehr berücksichtigt werden. Denn die Abtrennung der principaliter geltend gemachten Gegenforderung ist nicht eine Zurückweisung derselben

[1]) Wetzell, System S. 843.

und doch waren die weiteren Gegenforderungen nur für diesen Fall vorgebracht.

§ 16.

Die Wirkung der Trennung.

a) Größere Selbständigkeit der Geltendmachung.

Wenn man die Wirkungen der Trennung entwickeln will, so hat man sich stets gegenwärtig zu halten, daß die Anordnung des Gerichts auf Verhandlung von Forderung und Gegenforderung in getrennten Processen gerichtet ist. Denn obwohl § 274 der C.P.O. nur den Erlaß eines Theilurtheils über die Klagforderung unter Trennung der Verhandlungen gestattet, und obwohl andererseits das über die Gegenforderung schließlich ergehende Urtheil im Verhältniß zu dem über die Klageforderung erlassenen ebenfalls als Theilurtheil erscheint, so muß doch auch diese Trennung zu getrennten Processen insofern führen, als das Verfahren über die Gegenforderung nun gleichfalls durchaus unabhängig von demjenigen über die Klagforderung weiterläuft. Ja, in der einen Beziehung ist die durch Theilurtheil über die Klagforderung herbeigeführte Trennung sogar stärker, denn die durch Beschluß gemäß § 136 Abs. 2 der C.P.O. bewirkte, daß nämlich die erstere regelmäßig nach § 141 der C.P.O. nicht mehr beseitigt werden kann.

Der Umstand, daß die Trennung abgesonderte Processe bewirkt, hat eigenthümliche processualische Erscheinungen zur Folge. Auf die wichtigste derselben, die erhöhte Selbständigkeit der Geltendmachung der Gegenforderung ist sofort näher einzugehen.

Ursprünglich stand die unentwickelte Widerklage auf Feststellung des Bestehens der Gegenforderung durchaus im Dienste der Compensationseinrede. Daraus ergab sich, daß die unentwickelte Widerklage auch den über selbständige Vertheidigungsmittel erlassenen Vorschriften unterlag. Zurückweisung wegen Verspätung oder Verschleppungsabsicht, Trennung zur besondern Verhandlung gemäß § 137 der C.P.O., Erlaß eines Zwischenurtheils gemäß § 275 der C.P.O. waren gestattet, während ein solches nach § 276 der C.P.O. unzulässig war u. s. w. Alles dies ändert sich mit der Trennung zum besondern Proceß, denn durch dieselbe muß dies Trabantenthum der unentwickelten Widerklage gelöst werden. Das gehört eben zu den wesentlichen Merkmalen eines Processes, daß er einen selbständigen Streitgegenstand hat. Es wird daher über das Bestehen oder Nichtbestehen der zur Compensation gestellten Gegenforderung selbständig erkannt werden können, auch auf die Gefahr hin, daß es schließlich gar nicht zur Compensation kommt. Der Compensant, dem das Gericht, durch die Unzulänglichkeit der menschlichen Fassungskraft gezwungen, sein Compensationsrecht verkümmerte, soll nun wenigstens das Recht haben, auf Grund der im Proceß geschehenen Geltendmachung die Feststellung seiner Gegenforderung zu verlangen.

Freilich gibt das Gesetz keine directe Entscheidung der Frage, doch wird ein genaues Abwägen der Gründe, welche für und gegen eine erhöhte Selbständigkeit der Geltendmachung der Gegenforderung sprechen, zu dem eben angenommenen Resultate führen.

Dabei möchte die Möglichkeit eventueller Proceßführung zunächst in Betracht zu ziehen sein. Denn wenn dieselbe auch im Allgemeinen zu verneinen ist,[1]) so hat es doch von jeher Fälle gegeben, in denen man eine eventuelle Proceßführung zugelassen hat. Ich erinnere an die Fälle eventueller Klagencumulation, welchen entsprechend sich auch die Zulassung eventueller Widerklagen entwickelt hat.[2]) Und auch die widerklagweise Geltendmachung solcher Ansprüche, welche durch die Entscheidung über die Klage bedingt waren, hat man zugelassen. So stand z. B. der assertio in servitutem gegenüber eine actio iniuriarum zu erheben nichts im Wege, obwohl der Anspruch des Beklagten und Widerklägers auf Verurtheilung des Klägers im Freiheitsproceß wegen Injurie dadurch bedingt war, daß die Behauptung des Klägers, der Beklagte sei sein Sklave, sich als unwahr herausstellte.[3]) Es scheint nun auf den ersten Blick, als ob dieser Fall mit demjenigen der Geltendmachung einer Gegenforderung zum Zweck der Compensation nahe verwandt wäre. In beiden Fällen, so möchte man sagen, sei nämlich die Entscheidung über die Gegenforderung durch die Entscheidung über die Klagforderung bedingt. Bei näherer Betrachtung jedoch treten sofort wichtige Unterschiede zu Tage. Die Entscheidung auf die Injurienklage ist nämlich davon abhängig, daß der Kläger im

---

1) Löning, die Widerklage S. 133 und 134.

2) Wetzell, System S. 841 u. 846. Endemann, das deutsche Civilproceßrecht S. 631 und 666. Renaud, Lehrbuch § 60 a. E.

3) l. 31 C. de liberali causa 7. 16.

Freiheitsproceß unterliegt. Umgekehrt ist aber die Entscheidung über die compensando geltend gemachte Gegenforderung vor ihrer Abtrennung davon abhängig, daß der Kläger obsiegt. Ferner ist der Anspruch auf Bestrafung wegen Injurie gar nicht vorhanden, wenn der Kläger im Freiheitsproceß obsiegt, während die Existenz der Gegenforderung des Compensanten durch die Entscheidung über die Klage in keiner Weise bedingt erscheint, indem vielmehr nur ihre Geltendmachung in Abhängigkeit von dem Ausfall der Entscheidung über die Klagforderung gesetzt ist.

In Folge dieser Unterschiede halte ich es auch nicht für zulässig, beide Fälle in der processualischen Behandlung einander gleich zu stellen. Wenn nämlich ein durch die Entscheidung über die Klage bedingter Anspruch im Wege der Widerklage geltend gemacht wird, so wird seine Verhandlung bis zur Entscheidung der Klagsache hinausgeschoben. Dies zu thun unterliegt um deswillen gar keinem Bedenken, weil die Entscheidung über die Widerklage in keiner Weise auf diejenige über die Klage einwirken kann oder soll. Bei der unentwickelten Widerklage dagegen ist zwar die Geltendmachung der Gegenforderung durch die Entscheidung über die Klagforderung bedingt, gleichzeitig aber soll die Entscheidung über die Gegenforderung auf die Entscheidung über die Klagforderung einwirken. Beiden Gesichtspunkten kann vollständig Rechnung getragen werden, so lange die Trennung der Gegenforderung zum besondern Proceß nicht eingetreten ist. Der Umstand nämlich, daß Klage und unentwickelte Widerklage in ein und demselben Proceß verhandelt werden, ermöglicht es, das Schicksal der unentwickelten Widerklage in genaue Abhängigkeit vom Klagschicksal zu setzen. Dies geschieht in der Weise, daß eine der Klage günstige Entwicklung auch auf die Entwicklung der Widerklage günstig einwirkt. Steigen die Chancen des Klägers darauf, daß seine Forderung als begründet sich herausstellt, so steigen auch die Chancen des Compensanten auf eine Entscheidung seiner Gegenforderung und umgekehrt. Wird der Kläger in I. Instanz abgewiesen, so ist damit *vorläufig* erwiesen, daß der Fall, für welchen die unentwickelte Widerklage angestellt war, nicht vorliegt. Es kommt dann also auf die Widerklage vorläufig nicht an. Stellt sich aber in I. Instanz die Klage als begründet heraus, so muß auch die Widerklage vorläufig als relevant angesehen und über sie erkannt werden. Wird andererseits das Erkenntniß über die Klage in II. Instanz abgeändert, so muß auch bezüglich der Widerklage eine Aenderung eintreten.

Diese totale Abhängigkeit der unentwickelten Widerklage von der Klage muß sich lockern, sobald Forderung und Gegenforderung nicht mehr Gegenstand ein und desselben Processes oder Urtheils sind. Denn sicher kann, wenn nach § 136 Abs. 2 der C.P.O. Trennung bewirkt ist, nicht schon ohne Weiteres die Abweisung der Klage in I. Instanz auch die Abweisung der Widerklage nach sich ziehen. Wollte man dies annehmen, so wäre dem Compensanten mit der Verweisung seiner Gegenforderung zum besondern Proceß auf Grund der geschehenen Geltendmachung wenig gedient. Allerdings würde er ja nur zur Zeit abgewiesen werden. Allerdings könnte er gegen dieses Erkenntniß noch appelliren. Aber mindestens mußte dann doch verlangt werden, daß er seine Berufung bezüglich der Widerklage auf die Umwandlung des den Kläger mit seiner Klage abweisenden Erkenntnisses in ein den Beklagten verurtheilendes stützte. Das würde aber voraussetzen, daß der Kläger bereits in appellatorio diese Umwandlung erstritten hätte, und ehe dies geschehen wäre, könnte die zur Zeit erfolgte Abweisung der Wiederklage längst unanfechtbar geworden sein. Ein ganz ähnliches Resultat aber würde sich in dem Falle ergeben, daß das über die Klage zuerst erlassene Urtheil die Klageforderung für begründet erachten sollte. Hier kann der Beklagte in II. Instanz möglicher Weise ein den Kläger abweisendes Erkenntniß noch erzielen. Bevor dies jedoch geschehen, ist vielleicht schon über die Gegenforderung erkannt und diese rechtskräftig für begründet erachtet worden.

Aus dem Gesagten ergiebt sich, daß auf diese Weise die Abhängigkeit der Geltendmachung der Gegenforderung von dem Schicksal der Klagforderung sich nicht festhalten läßt. Wollte man dieselbe vielmehr beibehalten, so könnte das nur in der Weise geschehen, daß eine Entscheidung über die Gegenforderung erst getroffen würde, nachdem die Klagforderung rechtskräftig für begründet erkannt ist. Abgesehen nun davon, daß nach meinen früheren Ausführungen eine Anwendung des § 139 der C.P.O. auf den Proceß über die Gegenforderung unzulässig erscheint[1]), wäre durch eine Aussetzung

[1]) Vergl. oben S. 143 ff.

des Processes über die Gegenforderung bis zur Rechtskraft der über die Klagforderung getroffenen Entscheidung dem Interesse des Compensanten, einen Ersatz für die ihm durch das richterliche Trennungsrecht geschmälerte Compensationsbefugniß zu haben, nicht genügend Rechnung getragen. Deshalb mußte in Berücksichtigung dieses Gesichtspunktes das Streben des Gesetzgebers darauf gerichtet sein, den Proceß über die Klagforderung und denjenigen über die Gegenforderung trotz der Trennung möglichst gleichzeitig zur rechtskräftigen Entscheidung zu bringen, damit auf irgend welche Weise der Beklagte und Compensant trotz seiner Verurtheilung zur Zahlung der letzteren noch entginge. Dann kann aber in der That die Geltendmachung der Gegenforderung nach der Trennung nicht mehr von dem Schicksal der Klagforderung total abhängig sein. Denn auch das Auskunftsmittel erscheint mir unthunlich, daß nach der Trennung zwar ohne Rücksicht auf die Klagforderung der Proceß über die Gegenforderung durch alle Instanzen geführt werden könne, daß aber das Urtheil über die Gegenforderung von selbst seine Kraft verliere, wenn die Klagforderung schließlich rechtskräftig abgewiesen worden [1]).

Schließlich läßt sich auch noch ein positives Zeugniß dafür anführen, daß durch die Trennung die Subsidiarität der Geltendmachung der Gegenforderung abgeschwächt ist. Wenn nämlich § 274 der C.P.O. ein Theilurtheil über die Klagforderung gestattet, so sehe ich nicht ein, wie demgegenüber der subsidiäre Charakter der Gegenforderungserhebung noch vollständig aufrecht erhalten werden könnte. Denn wenn auch dies Theilurtheil dem Kläger seine Forderung zusprach, so ist es doch mit Rechtsmitteln

---

[1]) Das Reichsgericht hat ausgesprochen, daß, wenn gemäß § 276 der C.P.O. über den Grund des Anspruchs vorab in bejahendem Sinn unter gleichzeitiger Weiterverhandlung über den Betrag entschieden war und wenn darauf in höherer Instanz der Anspruch für unbegründet erklärt wurde, das in der Zwischenzeit über den Betrag gefällte Endurtheil von selbst seine Kraft verliere. (R.G.E. Bd. V S. 422 ff.) Auf unsern Fall kann jene Entscheidung aber nicht angewendet werden. Denn während das über den Betrag erkennende Urtheil sich auf das über den Grund des Anspruchs erlassene stützt, bildet ja die Klagforderung in keiner Weise eine Präjudicialfrage für die Gegenforderung. Vergl. übrigens auch Eccius in Rassow's und Küntzel's Beiträgen Bd. 27. S. 476 und 477.

angreifbar und der Kläger kann also in höherer Instanz noch mit seiner Forderung abgewiesen werden. Mit der Verhandlung der Gegenforderung hierauf zu warten, widerspricht aber der Natur des Theilurtheils. Denn dasselbe zeigt eben an, daß der eine Theil durchaus gleichberechtigt mit dem andern ist[1]). Und der § 274 der C.P.O. soll doch nur eine Consequenz des § 136 Abs. 2 der C.P.O. sein, sodaß sich der Schluß rechtfertigt, daß auch im Falle der Trennung gemäß § 136 Abs. 2 der C.P.O. beide Processe gleichwerthig einander gegenüber stehen. Auch erscheint es auf alle Fälle unzulässig, aus dem Umstande, daß das Theilurtheil des § 274 der C.P.O. nur über die Klageforderung zuerst, und nicht umgekehrt über die Gegenforderung zuerst gefällt werden kann, zu schließen, daß auch bei Trennung nach § 136 Abs. 2 zuerst über die Klageforderung und dann erst über die Gegenforderung erkannt werden müsse. Denn im Moment der Erlassung des Theilurtheils gemäß § 274 der C.P.O. steht die unentwickelte Widerklage noch im Dienste der Compensationseinrede und über die Einrede kann natürlich erst dann durch ein der Rechtskraft fähiges Urtheil erkannt werden, wenn über die Klage erkannt ist. Durch die Trennung gemäß § 136 Abs. 2 ist aber die unentwickelte Widerklage alleiniger Proceßgegenstand geworden und also der Grund, weshalb zuerst über die Klageforderung erkannt werden mußte, in Fortfall gekommen.

Danach scheidet also durch die Trennung zum besondern Proceß die unentwickelte Widerklage vorbehaltlich einer Wiedervereinigung vollständig und in jeder Beziehung aus dem Dienste der Compensationseinrede aus. Ueber die Gegenforderung wird nun selbständig processirt, damit, wenn es etwa auf dieselbe zur Ueberwindung der Klagforderung schließlich ankommen sollte, bereits ein womöglich schon rechtskräftiges Urtheil über die Gegenforderung vorhanden ist. Es wird nun nicht etwa der Proceß über die Gegenforderung ausgesetzt, bis durch rechtskräftige Entscheidung über die Klageforderung die Präjudicialität der Gegenforderung sich herausgestellt hat, sondern es kann ohne Rücksicht auf die Klageforderung über die Gegenforderung möglicherweise bis zur Rechtskraft, jedenfalls aber so lange processirt werden, bis die Nichtpräjudicialität

---

[1]) Schepers a. a. O. S. 875.

der Gegenforderung definitiv erwiesen ist. Das würde aber der Fall sein, wenn die Klage zurückgenommen, auf den Klaganspruch verzichtet, oder die Klage schon ohne Berücksichtigung der Gegenforderung rechtskräftig abgewiesen wäre. Danach liegt nun, wenn die Trennung gemäß § 136 Abs. 2 erfolgte, die Sache geradeso, als wenn der Beklagte eine bereits rechtshängige Forderung — bezüglich deren er bereits Klage oder Widerklage auf Feststellung erhoben — zur Compensation vorgeschützt hätte [1]). Nicht die Entscheidung über die Klagforderung ist dann präjudiciell für diejenige über die zum besondern Proceß verwiesene Gegenforderung; vielmehr bildet umgekehrt die zum besondern Proceß verwiesene Gegenforderung ein präjudicielles Rechtsverhältniß für die Entscheidung über die Klageforderung. Denn die Einrede der Compensation ist nach wie vor Bestandtheil des ursprünglichen Processes geblieben, nur die in ihrem Dienst stehende Widerklage ist ausgewiesen. Wenn also Aussetzung eintreten soll, so kann gemäß § 139 der C.P.O. nur der Klageproceß bis zur rechtskräftigen Entscheidung des Processes über die Gegenforderung ausgesetzt werden.

Aber das Gericht ist keineswegs verpflichtet, diese Aussetzung zu beschließen, wie sich aus § 274 der C.P.O. ergibt. Denn so wenig nach diesem Paragraph das Gericht vor der Trennung mit dem Urtheil über die Klagforderung bis zur Entscheidungsreife der Gegenforderung zu warten braucht, so wenig ist es nach der Trennung dazu verpflichtet. Ja, da der Zweck der Trennung gemäß § 136 der C.P.O. nicht allein in besserer Klarstellung des Proceßmaterials, sondern auch in der Verhütung von Proceßverschleppungen besteht, so wird das Gericht regelmäßig zu einer Aussetzung des Klagprocesses gar nicht berechtigt sein.

Das Gesetz schneidet eben durch seine Bestimmungen tief ein in die materielle Compensationsbefugniß. Kein Mensch hat überhaupt noch ein unbedingtes Recht, durch Compensation mit nichtconnexen Gegenforderungen Abweisung der Klagforderung zu erzielen. Als Entschädigung [2]) aber für diese Schmälerung gewährt

---

[1]) Erfolgte die Trennung gemäß § 274 der C.P.O., so liegt nun dasselbe Verhältniß vor, wie wenn der Beklagte dem Kläger eine gewöhnliche Widerklage entgegengesetzt hätte. Vergl. jedoch § 17 über die Erfordernisse der Compensation.

[2]) Von dem Gesichtspunkte der Entschädigung aus ergibt sich, daß der

der Gesetzgeber das Recht auf Feststellung des Bestehens der zur Compensation gestellten Gegenforderung — und zwar auf Grund der in der Erhebung der Compensationseinrede liegenden Geltendmachung.

Eine schöne Entschädigung dafür, so möchte man einwenden, daß der Compensant trotz Begründetseins und Compensabilität seiner Gegenforderung zu bezahlen gezwungen ist! Muß er auch den Beutel ziehen, so nimmt er es doch schwarz auf weiß mit nach Hause, daß ihm an seinen Gegner eine Forderung zusteht! Aber die Entschädigung ist doch nicht so unbedeutend, als sie auf den ersten Blick zu sein scheint. Einmal kann nun der Compensant auf alle Fälle in foro conventionis die Feststellung seiner Gegenforderung verlangen, es müßte ihm denn vor rechtskräftiger Entscheidung seiner Gegenforderung begründeter Weise noch der Einwand gemacht werden, daß der Kläger und Compensant mit seiner Forderung rechtskräftig abgewiesen worden sei, oder daß es sonst definitiv feststehe, es komme auf die Gegenforderung zur Ueberwindung der Klagforderung überhaupt nicht an. Weiter kommt in Betracht, daß durch die Verweisung zum getrennten Proceß die durch die Anbringung der Compensationseinrede begründeten materiellen Wirkungen (z. B. Unterbrechung der Verjährung der zur Compensation gestellten Forderung), welche ja sonst wieder mit dem Aufhören der Rechtshängigkeit in Wegfall kommen müßten, erhalten werden. Ferner aber wird man noch einen Schritt weiter gehen und dem Compensanten unter denselben Voraussetzungen, unter denen er Feststellung seiner Gegenforderung verlangen kann, die Erweiterung seines Antrages auf Feststellung zu einem Antrage auf Verurtheilung gestatten müssen. Denn mit der Compensationseinrede verfolgte der Compensant nicht nur Feststellung seiner Gegenforderung, sondern auch Realisirung derselben durch Aufrechnung. Letztere wird durch die Trennung beeinträchtigt, die Aufrechnung wird in Folge derselben regelmäßig unterbleiben, aber dem Verlangen der Realisirung wird dadurch Rechnung getragen, daß es dem Compen-

Gesetzgeber die ad separatum verwiesene Gegenforderung der vollzogenen Compensation gleichstellt. Deswegen sind mit dieser Verweisung auch alle weiteren, eventuell vorgeschützten Compensationseinreden erledigt. Dieselben können nur in dem Fall, daß die Trennung wieder beseitigt werden sollte, nochmals vorgebracht werden.

santen frei steht, Antrag auf Verurtheilung zu stellen. Denn eine Klagänderung liegt darin meines Erachtens nicht. In beiden Fällen handelt es sich vielmehr um ein und dasselbe Rechtsverhältniß, sodaß, wenn die Klage auf Feststellung wegen Unbegründetseins des festzustellenden Rechtsverhältnisses abgewiesen werden würde, der Klage auf Verurtheilung die exceptio rei iudicatae entgegengesetzt werden könnte. Denn streng genommen wird, wenn der Compensant im abgetrennten Proceß den Antrag auf Verurtheilung stellt, nur der Realisirungsmodus geändert. Vor der Trennung verlangt Compensant nämlich Realisirung seiner Forderung durch Aufrechnung, nach der Trennung solche durch Leistung.[1]) Weiter ergibt sich aber aus demselben Gesichtspunkt der Identität, daß da, wo die Competenz für eine Feststellungsklage vorliegt, dieselbe auch für eine Klage auf Verurtheilung vorhanden ist. Nimmt man dazu den schon erwähnten Gesichtspunkt, daß es sich um eine Entschädigung für die Beeinträchtigung des dem Beklagten zustehenden Vertheidigungsrechtes handelt, so wird man gegenüber dieser Klage auf Verurtheilung nur insoweit proceßhindernde Einreden zulassen dürfen, als sie der Compensationseinrede gegenüber zulässig sind, so wird man ferner auch in II. Instanz den Antrag auf Verurtheilung insoweit gestatten müssen, als die Compensationseinrede in II. Instanz zulässig ist. Derselbe Gesichtspunkt des Ersatzes ergibt aber auch, daß über den Betrag, zu welchem die Forderung, gegen welche aufgerechnet werden soll, im Moment der Trennung geltend gemacht war, hinaus ein Antrag auf Verurtheilung unzulässig ist. Dafür spricht auch die Erwägung, daß es bei entgegengesetzter Auffassung der Beklagte in der Hand haben würde, durch anfängliche Geltendmachung einer Forderung im Wege der Compensation die Proceßvoraussetzungen der Widerklage zu umgehen, indem er darauf baut, daß das Gericht die Verweisung zum besondern Proceß aussprechen werde.[2])

---

[1]) Struckmann und Koch halten den Uebergang der Feststellungsklage in die Erfüllungsklage für unstatthaft. Ich kann in einer solchen Aenderung nur eine nach § 240 Nr. 2 statthafte Erweiterung des Klagantrages erblicken. Derselben Meinung ist auch O. Bähr a. a. O. S. 155.

[2]) Wenn andererseits alle Voraussetzungen für die Erhebung einer gewöhnlichen Widerklage vorhanden sind, also die Trennung in I. Instanz erfolgt und keine proceßhindernden Einreden entgegenstehen, so wird auch auf Grund

Man sieht, der Gesetzgeber hat bei Einführung des § 136 der C.P.O. auch für die durch Compensationseinrede geltend gemachte Gegenforderung in ausgiebiger Weise den Interessen des Compensanten Rechnung getragen, indem er die Rechtshängigkeit der Gegenforderung in § 254 der C.P.O. sanktionirte. Da der Compensant nämlich nach der Trennung gemäß § 136 Abs. 2 der C.P.O. nicht genöthigt ist, wegen seiner Gegenforderung von Neuem Klage bei dem zuständigen Gericht zu erheben, so kann er hoffen, ohne Zeitverlust ein rechtskräftiges Erkenntniß über seine Gegenforderung zu erzielen. Gelingt ihm dies, bevor das ihn wegen der Klageforderung verurtheilende Erkenntniß vollstreckt worden, so kann er der Zahlung dadurch entgehen, daß er wegen seiner Forderung an den Compensaten die Zwangsvollstreckung in die Forderung des Compensaten an ihn betreibt. War aber die Klagforderung gegen ihn bereits vollstreckt, so hat er nun, wenn auf seinen Antrag der Compensat zur Zahlung der Gegenforderung verurtheilt wurde, einen vollstreckbaren Titel seiner eigenen Forderung in der Hand. Mußte er befürchten, daß bis zur Erlangung desselben der Schuldner sein Vermögen bei Seite geschafft haben werde, so hat er die Möglichkeit, sich durch Arrestschlag gegen diese Eventualität zu sichern. Auch kann er, wenn er nur in I. Instanz wegen seiner Gegenforderung ein verurtheilendes Erkenntniß erstritten, dessen Vollstreckung gegen Sicherheitsleistung verlangen oder dasselbe auch ohne

---

der nach der Trennung noch vorhandenen Rechtshängigkeit die Stellung eines Antrages auf Verurtheilung über den Betrag der Klagforderung hinaus gestattet sein. Denn der Gerichtsstand der Widerklage liegt stets vor bei Erhebung einer Compensationseinrede. Der Gegenanspruch steht ja mit den gegen die Klage vorgebrachten Vertheidigungsmitteln nicht nur im Zusammenhang, sondern ist mit ihnen sogar identisch. (§ 33 Abs. 1. der C.P.O. und Löning a. a. O. S. 97.) Die Ansicht dieses Schriftstellers, daß § 33 der C.P.O. sich nur auf den Gerichtsstand der Widerklage, nicht auf ihre Zulässigkeit überhaupt beziehe, halte ich für verkehrt. Gegen seine Meinung sprechen ausdrücklich die Motive zu den §§ 33, 241 und 243 des Entwurfs. Mit Recht macht auch das Oberlandesgericht Celle in seinem Urtheil vom 6. Juli 1881 (Seuffert, Entsch. Bd. 37 S. 457) darauf aufmerksam, daß die Widerklage schon ihrem Begriff nach nicht bei einem andern Gericht als die Klage erhoben werden kann und daß es sich schon aus diesem Grunde in § 33 der C.P.O. nicht um Normirung des Gerichtsstandes der Widerklage sondern um die Bedingungen ihrer Zulässigkeit überhaupt handeln kann. Gegen Löning auch Kleinfeller, der Gerichtsstand der Widerklage, München 1882.

solche für vorläufig vollstreckbar erklären lassen, wenn die Voraussetzungen des § 650 der C.P.O. vorliegen. Endlich aber kann auch der Compensant nach eingetretener Rechtskraft des ihn auf die Klage verurtheilenden Erkenntnisses auf Grund der vorhandenen Rechtshängigkeit seiner Gegenforderung den Antrag dahin stellen, daß die Klagforderung des ersten Processes als durch Compensation getilgt erachtet werde.[1]) Erwirkt der Compensant ein solches Urtheil, so kann er Ausfertigung desselben dem die Execution bezüglich der Klageforderung betreibenden Kläger und Compensaten entgegenhalten und auf Grund des § 691 Nr. 4 der C.P.O. Einstellung oder Beschränkung der Zwangsvollstreckung verlangen.

Auf diese Weise ist meines Erachtens den Interessen des Compensanten besser gedient, als wenn man die §§ 502 und 562 der C.P.O. analog anwenden wollte. Im letzteren Fall würde nämlich der Compensant doch mindestens soviel Zeit verlieren, als zwischen der Verweisung zum besondern Proceß und dem auf die Klage ergehenden Urtheil liegt. Denn der Beginn der Verhandlung über die Gegenforderung würde erst dann zulässig sein, wenn der Beklagte auf die Klage verurtheilt worden. Sollte sich dann seine Gegenforderung als begründet herausstellen, so könnte er ja allerdings Aufhebung des provisorischen, ihn verurtheilenden Endurtheils verlangen, doch wird er inzwischen meistens schon gezwungen gewesen sein, die Forderung des Klägers zu berichtigen. Seine Chancen, die Zahlung der Forderung, gegen welche er aufrechnen wollte, zu vermeiden, würden also bei weitem geringer sein, als nach der hier versuchten Construction.

Freilich schließt auch *sie* nicht ganz die Möglichkeit aus, daß das über die Klage ergehende Urtheil früher zur Vollstreckung gelangt, als das über die Gegenforderung erstrebte. Aber wenn dieser

---

[1]) (*Förster*-)*Eccius*, preuß. Privatrecht I. S. 686 Anm. 66 und 72. Der Antrag, daß eine Forderung als getilgt erachtet werde, welche den Gegenstand eines andern Processes bildet, kann meines Erachtens erst dann gestellt werden, wenn ihre Existenz definitiv feststeht, d. h. wenn das sie für begründet erachtende Erkenntniß rechtskräftig geworden. Eine Klage auf Feststellung der Gegenforderung und Aufrechnung gegen die Forderung des ersten Processes für den Fall, daß dieselbe sich im ersten Proceß als begründet herausstellen sollte, halte ich für unmöglich. Ist sie aber rechtskräftig für begründet erachtet, so ließe sich der im Text erwähnte Antrag noch im Wege der Klageerweiterung zur Geltung bringen.

Fall eintritt, so war ja die Gegenforderung wirklich relativ illiquide. Dann kann sich der Compensant über Nichtberücksichtigung seiner Gegenforderung in dem Proceß über die Klageforderung auch nicht beklagen. Denn es bleibt ihm in solchem Falle, da die C.P.O. in die materielle Compensationsbefugniß nicht eingreifen wollte, unbenommen, noch Alles das zu begehren, was er haben würde, wenn ihm die Compensation gewährt worden wäre. Diese materielle Wirkung der Compensation kann der Compensant, wenn das ihn auf die Klage verurtheilende Urtheil die Rechtskraft erlangt, so lange der Proceß über die Gegenforderung noch in II. Instanz schwebt, noch im Wege der Klageerweiterung zur Geltung bringen. Sollte dagegen das ihn auf die Klage verurtheilende Urtheil später rechtskräftig werden, so würde es ihm unbenommen sein, die Wirkung der Compensation noch nachträglich in einem dritten Proceß zur Geltung zu bringen. Zu dem Behuf müßte er allerdings bei dem nach allgemeinen Regeln zuständigen Gericht Klage erheben. Während aber, falls man den nach § 136 Abs. 2 oder § 274 der C.P.O. abgetrennten Proceß über die Einrede der Compensation führen läßt, die Nachklage zur Regel wird, bildet sie, wenn der abgetrennte Proceß die Gegenforderung unter thunlichster Abstreifung der anfänglich vorhandenen Subsidiarität ihrer Geltendmachung zum Gegenstande hat, die Ausnahme. Und das ist gewiß ein hoch anzuschlagender Vortheil.

Freilich scheint es nun, als ob diesen mit der Abschwächung der Subsidiarität der Geltendmachung der Gegenforderung verknüpften Vortheilen ein Nachtheil für den Compensanten gegenüber stände. Ursprünglich nämlich war derselbe nur für den Fall verpflichtet, sich der Entscheidung des Gerichts über seine Gegenforderung zu unterwerfen, daß dieselbe für die Entscheidung über die Klageforderung wirklich präjudiciell sein sollte. Fällt aber die Subsidiarität der Geltendmachung in dem angegebenen Umfang fort, so liegt die Meinung nahe, daß der Compensant nun auch auf alle Fälle die Entscheidung über seine Gegenforderung sich im 2. Proceß gefallen lassen müsse. Meines Erachtens jedoch ist dies nicht die Consequenz der beendigten Subsidiarität. Vielmehr glaube ich, daß es lediglich Sache des Compensanten ist, sich ohne ius variandi dafür zu entscheiden, ob er von dem beneficium der Rechtshängigkeit seiner Gegenforderung für den 2. Proceß Gebrauch machen wolle, oder nicht. Demgemäß kann sich auch der Compensat nicht beklagen, wenn der Compensant in dem Proceß über seine Gegenforderung erklärt, er lasse dieselbe nunmehr fallen [1]). Denn ein Recht, daß der Compensant von dem ihm gesetzlich gewährten beneficium Gebrauch mache, hat der Compensat nicht. War es doch auch vor der C.P.O. und obwohl auch die gemeinrechtliche Doctrin Rechtshängigkeit der Gegenforderung annahm, bei Verweisung der Gegenforderung ad separatum dem Compensanten allein überlassen, ob er die Wirkung der Compensation und überhaupt seine Gegenforderung nachträglich geltend machen wollte! Daran ist durch die C.P.O. nichts geändert und nur zu Gunsten des Compensanten die weitere Bestimmung getroffen, daß derselbe, wenn er sich für Geltendmachung der Gegenforderung entscheiden sollte, diese auf Grund der früher bereits eingetretenen Rechtshängigkeit bewerkstelligen dürfe.

§ 17.

b) Weitere processualische Wirkungen.

Wie schon bemerkt, muß der Umstand, daß durch die Anordnung getrennter Processe die Einheit des über Forderung und Gegenforderung bisher geführten Rechtsstreits zerstört wird, noch eine weitere ganze Reihe Veränderungen für das Proceßverfahren nach sich ziehen. Im Einzelnen ist darüber Folgendes zu bemerken:

Es ist allgemeiner Grundsatz, daß das Gericht, wenn es im Termin zur mündlichen Verhandlung die Trennung beschließt, zugleich bestimmt, über welche der beiden nunmehr getrennten Proceßsachen der begonnene Verhandlungstermin zu Ende geführt werden soll. Sache der betreibenden Partei ist es dagegen, wenn das Gericht nicht sofort bei der Trennung einen weiteren Termin auch für die andere Proceßsache anberaumt, für letztere die Anberaumung eines Verhandlungstermines zu veranlassen und den Gegner zu demselben zu laden. Letztere Maßregeln aber müssen allgemein dann Platz greifen, wenn die Trennung außerhalb der mündlichen Verhandlung vom Gericht beschlossen und der Beschluß den Parteien zugestellt wurde.

Diese Grundsätze, welche unbestreitbar bei objectiver Klagen-

[1]) Ueber Zeit und Form dieser Erklärung vergl. § 17 a. E.

cumulation oder bei Erhebnng einer Widerklage gemäß § 33 der C.P.O. für die Trennung gelten, will Schepers auch auf die Compensationseinrede anwenden [1]). Meines Erachtens jedoch mit Unrecht. Denn die letztere steht von vornherein insofern nicht ganz gleichartig dem Klageanspruch gegenüber, als sie im Gegensatz zur gewöhnlichen Widerklage den Zwecken der Vertheidigung zu dienen bestimmt ist. Deshalb ist der vor der Trennung anberaumte Verhandlungstermin nicht ganz gleichmäßig der Verhandlung der Klageforderung und derjenigen der Gegenforderung gewidmet, sondern der Verhandlung der letzteren nur eventuell, für den Fall, daß es der Compensationseinrede zur Zurückweisung der Klageforderung bedürfen sollte. Dies ergibt sich namentlich auch daraus, daß über die Gegenforderung nicht früher ein Theilurtheil erlassen werden darf, als bis ein solches über die Klageforderung ergangen. Daraus folgt denn nun meines Erachtens, daß das Gericht den begonnenen Verhandlungstermin, in welchem die Trennung gemäß § 136 Abs. 2 beschlossen wurde, nur über die Klageforderung zu Ende führen darf und zur Verhandlung über die Gegenforderung anderweiten Termin anberaumen muß. War dagegen die Trennung durch Theilurtheil gemäß § 274 der C.P.O. bewirkt, so kann nach Erlaß desselben sofort in der Verhandlung über die Gegenforderung fortgefahren werden. Denn die Eventualität, mit Hinsicht auf welche der Beklagte in dem anberaumten Termin auch zur Gegenforderung verhandeln mußte, ist ja nun eingetreten [2]). Deswegen würde in diesem Falle, wenn der Compensant nach Erlaß des Theilurtheils die Verhandlung zur Gegenforderung sollte weigern wollen, durch Theilversäumnißurtheil ausgesprochen werden können, daß die Gegenforderung in Höhe des der Klageforderung entsprechenden Betrages für unbegründet zu erachten sei. Denn auch aus § 300 Nr. 2 der C.P.O. würde sich ein Gegengrund nicht entnehmen lassen, da es vor der Trennung einer besondern Ladung zur Verhandlung der unentwickelten Widerklage überhaupt nicht bedarf, indem jeder Termin zur Verhandlung über die Klage ohne

---

[1]) Schepers a. a. O. S. 874 führt wenigstens nicht aus, daß bezüglich der Compensationseinrede Besonderes gelte.

[2]) Vergl. jedoch über die Befugniß des Compensanten, nach Erlaß des Theilurtheils über die Klageforderung seine unentwickelte Widerklage fallen zu lassen, das Ende dieses Paragraphen und § 16 a. E.

Weiteres auch zur Verhandlung der den Zwecken der Abwehr dienenden unentwickelten Widerklage in dem vorher angegebenen Maße bestimmt ist. Der § 300 Nr. 2 setzt eben den Fall voraus, daß überhaupt eine Ladung nothwendig war, macht aber keineswegs die Erlassung eines Versäumnißurtheils stets davon abhängig, daß zur Verhandlung über den Gegenstand desselben besonders geladen worden.

War endlich der Termin, in welchem die Trennung ausgesprochen worden, lediglich zur Verhandlung über die Frage, ob Trennung oder nicht, anberaumt gewesen, so hat das Gericht völlig freie Hand, ob der nächste Termin zur Verhandluug der Klageforderung oder der Gegenforderung bestimmt sein soll. Denn mit dem Moment der Trennung wird die Subsidiarität der Geltendmachung verneint und ein begonnener Verhandlungstermin zur Hauptsache ist der lediglich behufs Verhandlung über die Trennung[1]) anberaumte Termin ebenfalls nicht.

Wenn eine Ladung zum neuen Proceß nothwendig wird, so sind lediglich die Ladungsfristen (§ 194 der C.P.O.) zu beachten, während es der Wahrung der Einlassungsfristen (§ 234 der C.P.O.) nicht bedarf. Denn die Trennung zum besondern Proceß ist Trennung zu abgesonderter Verhandlung und Entscheidung auf Grund geschehener Geltendmachung — diese natürlich als zu Recht geschehen vorausgesetzt. Deshalb bedarf es auch behufs Ingangsetzung der getrennten Processe niemals der Zustellung einer Klageschrift.[2])

Der Termin zur mündlichen Verhandlung in dem abgetrennten Proceß beginnt, wie jeder Verhandlungstermin, mit Stellung der Anträge. Doch bedarf es, wenn die Anträge von den früher verlesenen wesentlich nicht abweichen, der Ueberreichung eines dem Protokoll als Anlage anzufügenden Schriftsatzes nicht.[3]) Selbstverständlich aber ist die Erweiterung des Feststellungsantrages zu einem Antrag auf Verurtheilung stets wesentlich.

---

[1]) Zwischenstreit unter den Parteien.

[2]) Wenn die Trennung durch Theilurtheil gemäß § 274 der C.P.O. erfolgte, so ist das selbstverständlich. Ueberhaupt sind die nachfolgenden Bemerkungen des Textes im Wesentlichen auf die Trennung gemäß § 136 Abs. 2 der C.P.O. gemünzt.

[3]) § 269 der C.P.O.

Der neue Proceß setzt übrigens da ein, wo die Verhandlung seines Inhalts vor der Trennung stehen geblieben war. Denn es kann nicht angenommen werden, daß durch die Trennung der bisher verhandelte Proceßstoff ausgelöscht sei. Deswegen muß zwar, wie in jedem neuen Termin, das Sachverhältniß abermals vorgetragen werden, doch behält ein etwa vor der Trennung erlassenes Zwischenurtheil auch nach der Trennung noch seine Kraft. Es kann dem Gericht nicht freigestellt werden, sich durch Anordnung der Trennung von der ihm vielleicht beschwerlichen Bindung des Zwischenurtheils (§ 289 der C.P.O.) zu befreien. Deshalb ist ferner die vor der Trennung über den Gegenstand des abgetrennten Processes bewirkte Beweisaufnahme (z. B. Zeugen sind schon vernommen) auch nach der Trennung noch vorhanden. Demgemäß müssen alle zur Zeit der Trennung bereits fixirten Bestandtheile des Proceßmaterials (Beschlüsse, Zwischenurtheile, Beweisprotokolle) zu den für den abgetrennten Proceß neu anzulegenden Gerichtsacten genommen werden. Endlich hat danach der Beklagte und Compensat kein Recht mehr, die abgesonderte Verhandlung und Entscheidung etwaiger proceßhindernder Einreden zu verlangen, es müßte denn das Gericht sofort nach der Erhebung der Compensationseinrede und bevor noch der Compensat zur Gegenforderung verhandelt, ihre Abtrennung ausgesprochen haben. Denn die Verhandlung über die Trennung ist noch keine Verhandlung zur Hauptsache (Gegenforderung). Natürlich *darf* aber das Gericht auf Antrag oder von Amtswegen die abgesonderte Verhandlung stets anordnen. Auch ist der Compensat, welcher vor der Trennung schon zur Gegenforderung verhandelt hatte, nicht gehindert, unter den im § 247 Abs. 2 angegebenen Voraussetzungen noch proceßhindernde Einwendungen vorzubringen, soweit er dieselben vor der Trennung, sei es auch nach begonnener Verhandlung über die Gegenforderung, vorbringen durfte.[1])

Außer den proceßhindernden Einreden kommen nun aber noch die Fragen nach der Gleichartigkeit, Fälligkeit und Gegenseitigkeit von Forderung und Gegenforderung als präjudicielle Punkte dafür in Betracht, ob wirklich über die Gegenforderung entschieden werden soll oder nicht. Denn wenn die Verhandlung und Entscheidung der Gegenforderung im getrennten Proceß ein Ersatz für die Seitens

[1]) Vergl. darüber oben S. 41 ff.

des Gerichts vereitelte Compensation sein soll, so ist natürlich auch Voraussetzung für diesen Ersatz, daß die Bedingungen der Compensation an sich gegeben waren. Und da das Gericht die Trennung aussprechen darf, bevor noch die Frage, ob die Compensation an sich zulässig, entschieden zu sein braucht, so muß der Compensat auch im abgetrennten Proceß über die Gegenforderung noch den Einwand erheben können, daß die Voraussetzungen zur Compensation überhaupt nicht vorlagen. Zu diesen Voraussetzungen würde an sich auch die Gültigkeit der Forderung, gegen welche aufgerechnet werden soll, gehören. Doch kann der Compensat den Einwand ihrer Ungültigkeit regelmäßig[1]) um deswillen nicht erheben, weil er sich sonst mit seinen eigenen Erklärungen im ersten Proceß, in welchem er ja Verurtheilung des Beklagten und Compensanten wegen der Forderung, gegen welche aufgerechnet werden soll, verlangt, in Widerspruch setzen würde.

Abgesehen hiervon laufen nun die gesonderten Processe von der Trennung an durchaus unabhängig von einander. Termine, Verhandlungen, Rechtsbehelfe, Beschlüsse, Urtheile und Rechtsmittel bestehen für jeden Anspruch besonders. Doch hat die Trennung auf die vor ihr bereits begründete Rechtshängigkeit des Anspruchs — abgesehen von dem in § 15 Gesagten — und Zuständigkeit des Proceßgerichts keinerlei Einfluß. Soweit das Gericht vor der Trennung über die compensando geltend gemachte Gegenforderung zuständig war, behält es seine Zuständigkeit auch nach der Trennung.[2]) Erfolgt die Trennung in zweiter Instanz, so ist also auch der abgetrennte Proceß in dieser Instanz weiter zu führen.

Dagegen sind die Gerichtskosten von der Trennung an für jeden Proceß besonders zu berechnen, da es sich nicht mehr um eine Gegenforderung handelt, welche nur eine Compensation mit der Forderung des Klägers begründen soll und auch für die gewöhnliche Widerklage, sobald sie in getrenntem Proceß verhandelt wird, gesonderte Kostenrechnung eintritt.[3])

---

[1]) Vergl. oben § 16 S. 153 ff.

[2]) Wenn also einer Forderung über 300 Mk. eine solche geringeren Betrages compensando entgegengesetzt sein sollte, so würde gleichwohl der Proceß über die Gegenforderung vor dem Landgericht weiter geführt werden müssen.

[3]) § 11 des Gerichtskostengesetzes und die Motive dazu bei Pfafferoth, das deutsche Gerichtskostenwesen, 3. Auflage S. 40. Auch Struckmann und Koch zu § 136, letzter Absatz.

Schließlich ist als Besonderheit hervorzuheben, daß der Compensant und Kläger im 2. Proceß noch so lange seine Klage einseitig zurücknehmen darf, als bis der Compensat und Beklagte zur Hauptsache im 2. Proceß verhandelt hat [1]). Denn daß im 1. Proceß von ihm schon über die Gegenforderung verhandelt war, ist, da es sich bei der Verweisung ad separatum nur um ein beneficium des Compensanten handelt, gemäß des am Ende des vorigen Paragraphen Gesagten gleichgültig. Andererseits darf man sich auch nicht auf den Standpunkt stellen, daß der 2. Proceß überhaupt erst weiter gehe, nachdem der Compensant von seinem beneficium Gebrauch machen zu wollen erklärte. Vielmehr hat, da die anfänglich vorhandene Rechtshängigkeit der Gegenforderung behufs Geltendmachung derselben in separato aufrecht erhalten bleibt, jede Partei das Recht, den Separatproceß zu betreiben. Dem Compensaten kann es nicht zugemuthet werden, es ruhig abwarten zu sollen, ob und wann der Compensant von seinem beneficium Gebrauch machen wird [2]). Sondern er ist befugt, durch Ladung zur mündlichen Verhandlung den Compensanten zur alsbaldigen Erklärung zu zwingen. Denn wenn der Compensant nicht erscheint, so hat derselbe zu befürchten, daß er mit seiner schon im 1. Proceß geltend gemachten und ad separatum verwiesenen, unentwickelten Widerklage auf Feststellung des Bestehens seiner Gegenforderung abgewiesen werde. Deshalb muß der Compensant, so lange er nicht entweder in der mündlichen Verhandlung, in welcher die Trennung beschlossen worden, oder durch Zustellung eines Schriftsatzes an den Compensaten erklärte, er verzichte darauf, seine Gegenforderung auf Grund der vorhandenen Rechtshängigkeit geltend zu machen, der Ladung des Compensaten Folge leisten. Thut er dies aber, so kann er noch in der mündlichen Verhandlung, anstatt seinen Antrag zu verlesen, dies Fallenlassen seiner Klage erklären [3]). Kosten

[1]) § 243 der C.P.O.

[2]) Vielleicht wäre es besser gewesen, eine dem § 637 der C.P.O. ähnliche Bestimmung auch für die ad separatum verwiesene Gegenforderung des Compensanten aufzunehmen.

[3]) Auch wenn Compensant verzichtet, kann er nicht etwa nun in dem Proceß über die Klageforderung ein Eingehen auf die noch weiter vorgeschützten eventuellen Compensationseinreden verlangen, eventuell insofern, als sie nur vorgeschützt waren für den Fall, daß die principaliter zur Compensation ge-

werden ihm dadurch nur insofern verursacht, als er dem Gegner die Ladungskosten zu ersetzen hat. Verliest der Compensant andererseits seinen Antrag auf Feststellung, so hat er sich dadurch entschieden, von dem gesetzlichen beneficium Gebrauch machen zu wollen. Eine spätere Zurücknahme seiner Klage ist dann nur noch unter den Voraussetzungen und mit den Folgen des § 243 der C.P.O. zulässig.

§ 18.

Die Wiederbeseitigung der Trennung.

Wenn man von Wiederbeseitigung der Trennung spricht, wird man geneigt sein, zunächst an den § 141 der C.P.O. zu denken, nach welchem das Gericht berechtigt ist, die von ihm erlassenen,

---

stellte Gegenforderung als unbegründet oder incompensabel zurückgewiesen werden sollte. Denn die Verweisung einer Gegenforderung ad separatum steht der Verhandlung und Entscheidung derselben zugleich in einem und demselben Proceß mit der Forderung, gegen welche aufgerechnet werden soll, gleich. Macht der Compensant nun von seinem beneficium keinen Gebrauch, so ist das seine Sache. Auch ist es unzulässig, Compensationseinreden für den Fall vorzuschützen, daß eine principaliter zur Compensation gestellte Gegenforderung vom Gericht ad separatum sollte verwiesen werden. Eventuelle Anspruchserhebung ist immer nur für die Eventualität zulässig, daß der principaliter geltend gemachte Anspruch zurückgewiesen werden sollte. In der Verweisung ad separatum im Sinne der C.P.O. liegt aber keine Zurückweisung der Gegenforderung. Wenn übrigens der Compensant darauf verzichtet, seine Gegenforderung auf Grund der vorhandenen Rechtshängigkeit geltend zu machen, so hat er damit das Recht, die materielle Wirkung der Compensation in einem neuen Proceß zur Geltung zu bringen, noch keineswegs preisgegeben. Es kann ihm ja darum zu thun sein, gerade diese Wirkung durchzuführen. Und doch bietet ihm dazu die Weiterführung des Separatprocesses auf Grund der vorhandenen Rechtshängigkeit insofern oft keine Gelegenheit, als er diese Wirkung erst geltend machen kann, wenn die Klageforderung rechtskräftig festgestellt wurde. (Dies ist auch die Meinung von Dernburg, Compensation S. 569: „Freilich ist das Urtheil im Vorproceß zunächst rechtskräftig und executionsfähig".) Da nun in dem auf Grund der vorhandenen Rechtshängigkeit stattfindenden Proceß jeder Partei das Betreibungsrecht zusteht (§ 191 der C.P.O.), so wird der Compensant sich vorkommenden Falles sagen müssen, daß der Proceß über die compensando geltend gemachte Gegenforderung früher zu Ende kommen kann, als derjenige über die Klageforderung. In diesem Falle müßte er dann aber noch einen dritten Proceß führen, um die materielle Wirkung der Compensation zu erzielen. Um dies zu vermeiden, hat er das Recht, auf die Geltendmachung

eine Trennung betreffenden Anordnungen wieder aufzuheben. Außerdem aber kann auch die Trennung dadurch wieder beseitigt werden, daß das Gericht gemäß § 138 der C.P.O. die Verbindung der mehreren, bei ihm anhängigen Processe anordnet. Und endlich kann meines Erachtens das Berufungsgericht auch auf Grund des § 473 der C.P.O. die erstinstanzliche, auf Trennung gerichtete Entscheidung seiner Beurtheilung unterbreiten und die Entscheidung eventuell reformiren. Eine Erörterung dieser drei Fälle wird die Voraussetzungen und die Wirkungen der Wiederbeseitigung zu unterscheiden haben.

I. Die Voraussetzungen.

1. Die Wiederbeseitigung der Trennung nach § 141 der C.P.O. hat zur selbstverständlichen Voraussetzung, daß beide Processe, sowohl derjenige über die Klagforderung, als derjenige über die Gegenforderung, noch schweben. Hat also z. B. der Compensant auf das ihm durch § 136 Abs. 2 der C.P.O. gewährte beneficium verzichtet, so kann von Beseitigung der Trennung keine Rede mehr sein. Das Gleiche gilt natürlich, wenn einer der Processe schon rechtskräftig entschieden sein sollte. Aber man wird noch weiter gehen und behaupten müssen, daß schon dann eine Aufhebung der Trennung unmöglich sein wird, wenn über einen der beiden Processe auch nur in I. Instanz das Endurtheil gefällt wurde. Denn § 141 der C.P.O. ermächtigt das Gericht nur, die von ihm[1]) erlassenen, eine Trennung betreffenden Anordnungen wieder aufzuheben. Deshalb ist also das Berufungsgericht nicht ohne Weiteres und nach freiem Ermessen berechtigt, die vom ersten Richter angeordnete Trennung zu beseitigen, auch wenn beide Processe bereits in die Berufungsinstanz gediehen sein sollten. Denn für das Berufungsgericht handelt es sich von vornherein um zwei selbständige Processe. Das Berufungsgericht wird nur gerade so mit diesen Processen befaßt, wie dieselben zu seiner Cognition gelangen. Wohl aber kann das Berufungsgericht die gemäß § 136 Abs. 2

---

der Gegenforderung im Wege des gemäß § 136 Abs. 2 der C.P.O abgetrennten Processes zu verzichten, die Rechtskraft des ihn auf die Klage verurtheilenden Erkenntnisses abzuwarten und dann erst Nachklage zu erheben," durch welche zugleich mit der Gegenforderung die materielle Wirkung der Compensation durchgeführt wird.

[1]) von Wilmowski u. Levy zu § 141. Anm. 1 und Gaupp Bem. I zu § 141.

von ihm angeordnete Trennung nach § 141 der C.P.O. wieder beseitigen. Andererseits kann aber auch nach Fällung der Endentscheidung in dem einen Proceß von einer Beseitigung der Trennung durch den Richter, welcher diese Entscheidung fällte, keine Rede mehr sein. Denn die Beseitigung bezweckt lediglich Gemeinsamkeit der Verhandlung und Entscheidung. Solche ist aber für den erkennenden Richter nach Fällung des Endurtheils unmöglich. Durch dasselbe ist die Instanz bezüglich des abgeurtheilten Proceßstoffes beendigt, das Gericht hat nichts mehr in der Sache zu thun[1]). Allerdings könnte ja nun, falls das Endurtheil nur erst in I. Instanz gefällt wurde, in II. Instanz eine abermalige Verhandlung und Entscheidung stattfinden und es könnte also auch für diese Instanz eine Beseitigung der Trennung gemäß § 141 der C.P.O. von Interesse sein. Aber es muß dem Vorderrichter jedenfalls das Recht abgesprochen werden, nach Beendigung der Instanz durch eine Anordnung, welche auf Beseitigung der Trennung hinzielt, in die Proceßleitung der höheren Instanz einzugreifen.

Die Beseitigung der Trennung gemäß § 141 der C.P.O. kann, wenn ihre Voraussetzungen vorhanden sind, sowohl von Amtswegen als auf Antrag einer Partei erfolgen, — stets jedoch nur nach vorgängiger mündlicher Verhandlung. Denn die Frage, ob die Voraussetzungen für Wiederbeseitigung der Trennung vorliegen, ist Zwischenstreit unter den Parteien. Die Beseitigung selbst aber wird durch Beschluß bewirkt[2]). Uebrigens steht den Parteien ein Recht auf Beseitigung der ordnungsmäßig bewirkten Trennung gemäß § 141 so wenig zu, als ihnen ein Recht auf Trennung gewährt ist. Vielmehr handelt es sich sowohl bei der Trennung als bei der Beseitigung der Trennung gemäß § 141 der C.P.O. stets nur um die Frage, ob Parteien sich die Trennung beziehentlich ihre Beseitigung gefallen lassen müssen. Demgemäß ist es auch verkehrt, wenn Petersen[3]) das Recht der Beschwerde dann gewähren will, wenn ein von der Partei auf Aufhebung der Trennung

[1]) Seuffert, Struckmann und Koch, Petersen, von Wilmowski und Levy, Gaupp zu § 141.

[2]) Vergl. § 14 Nr. 3.

[3]) zu § 141. Gegen Petersen auch Struckmann u. Koch zu § 141, Anm. Abs. 2. von Wilmowski und Levy zu § 141 Anm. 5. Gaupp, zu § 141 Bem. II. Endemann zu § 141 Anm. Abs. 2.

gemäß § 141 der C.P.O. gestellter Antrag vom Gericht abgelehnt wurde.

2. Auf Grund des § 141 der C.P.O. kann also der höhere Richter die in niederer Instanz angeordnete Trennung nicht beseitigen. Wohl aber kann er dies thun, gemäß des § 138 der C.P.O., wenn nur die in diesem Paragraphen normirten Voraussetzungen vorliegen. Denn das Verbindungsrecht des § 138 ist keineswegs auf die I. Instanz beschränkt [1]). Da aber diese Voraussetzungen bei der Klagforderung und der zum besondern Proceß verwiesenen Gegenforderung kaum zutreffen können — denn Gegenforderungen, welche im rechtlichen Zusammenhang mit der Klagforderung stehen, dürfen überhaupt nicht ad separatum verwiesen werden und ebensowenig können Forderung und Gegenforderung in einer Klage geltend gemacht werden —, so kann der § 138 der C.P.O. bei einer Wiederbeseitigung der Trennung von Forderung und compensando geltend gemachter Gegenforderung regelmäßig gar nicht in Frage kommen [2]). Nur wenn der seltene Fall einträte, daß das Gericht zu Unrecht in I. Instanz die Trennung connexer Forderung und Gegenforderung zu besonderm Proceß vorgenommen hätte, könnte, falls diese beiden Processe gleichzeitig in zweite Instanz gediehen wären, für eine Beseitigung der Trennung der § 138 der C.P.O in Frage kommen. Dabei wäre aber vorausgesetzt, daß durch die Partei die Trennung nicht als zu Unrecht erfolgt angefochten wäre. Denn wäre dies geschehen und die Trennung in der That zu Unrecht erfolgt, so könnte die Wiedervereinigung für das Gericht nicht facultativ, sondern nur obligatorisch sein. Deshalb gründet sich meines Erachtens in solchem Falle, wenn es sich also um Wiederbeseitigung der Trennung wegen Mangels der Voraussetzungen und nicht blos um Meinungsverschiedenheiten der verschiedenen Instanzrichter über die Opportunität der Trennung handelt, Wiedervereinigungsrecht und -Pflicht des Gerichts auf

3. § 473 der C.P.O. Allerdings ist die Anwendbarkeit dieses Paragraphen auf die Beseitigung der Trennung bestritten. Jedoch, wie mir scheint, zu Unrecht. Denn die für Ausschließung dieses Paragraphen angegebenen Gründe sind nicht stichhaltig. Petersen [3])

[1]) Endemann zu § 138, Anm. 4 Abs. a. E.

[2]) Er kann nur Anwendung finden im Falle des § 136 Abs. 1 der C.P.O.

[3]) Anm. zu § 141. Gegen ihn vergl. Struckmann u. Koch zu § 141.

will den § 473 der C.P.O. ganz allgemein ausschließen, Gaupp[1]) dann, wenn nur erst ein Proceß in die II. Instanz gediehen ist, während der andere noch in I. Instanz schwebt. Ihm schließen sich v. Wilmoski und Levy[2]) mit der Begründung an, daß ja der § 473 der C.P.O. dem zweiten Richter die Vorentscheidungen lediglich hinsichtlich ihres Einflusses auf den schon in die 2. Instanz gediehenen Proceß unterbreite. Man kann nun meines Erachtens diese Motivirung voll und ganz adoptiren, doch folgt aus ihr für den Fall der Abtrennung der compensando geltend gemachten Gegenforderung zum besondern Proceß gerade das Gegentheil von dem, was v. Wilmoski und Levy daraus folgern. Denn wenn der erste Richter die Gegenforderung zu Unrecht zum besondern Proceß verwies und der Proceß über die Klageforderung in II. Instanz gelangte, so hat die auf Trennung abzielende Vorentscheidung des ersten Richters naturgemäß wegen der Präjudicialität der Gegenforderung der Entscheidung über die Klageforderung den größten Einfluß auf den schon in die II. Instanz gediehenen Proceß. Ist doch durch die Trennung das Vertheidigungsrecht des Beklagten wesentlich beeinträchtigt worden. Gegen diese Beeinträchtigung muß dem Beklagten und Compensanten ein Rechtsmittel zustehen[3]). Er muß eine Wiedervereinigung zu verlangen berechtigt sein, und so muß denn die in dem Klageproceß Seitens des Berufungsgerichts erfolgende Prüfung der Rechtmäßigkeit der Trennung auch auf den in I. Instanz etwa noch schwebenden Proceß über die Gegenforderung von Einfluß sein. Der Compensant, dessen Gegenforderung zu Unrecht zum besondern Proceß verwiesen ist, appellirt eben, weil er ohne Berücksichtigung seiner Gegenforderung auf die Klage verurtheilt ist. Denn wenngleich die Trennung im Ermessen des Gerichts steht, so daß sie von Amtswegen verfügt werden darf, so hat das Gericht doch nur in den Fällen zu trennen, in welchen ihm das Trennungsrecht gewährt ist. Ueber diese Fälle hinaus handelt es sich eben um absolute Proceßrechtsnormirung. Darüber hinaus ist das Gericht nicht „mit der Vollmacht concreter Proceßnormirung ausgestattet". Aber freilich ist den Parteien Hülfe gegen diese Ueber-

---

[1]) Bem. I. Abs. 3 zu § 141.

[2]) Bem. 2 zu § 141.

[3]) Die Vertheidigungsmittelnatur der unentwickelten Widerklage, welche zu Unrecht abgestreift war, kommt hier wieder zum Vorschein.

schreitung nur in geringem Umfang gewährt. Denn ein directes Mittel zur Beseitigung der Trennung haben Parteien überhaupt nicht. Allerdings kann jede Partei beim Proceßgericht Antrag auf Beseitigung der Trennung wegen Unrechtmäßigkeit derselben stellen. Aber eben dieser Antrag muß, weil er einen Zwischenstreitspunkt unter den Parteien zur Geltung bringt, mündlich verhandelt werden, und daraus ergibt sich die Unzulässigkeit der Beschwerde. Weiter aber folgt daraus, daß die gesetzwidrige Trennung nur durch Anfechtung des Endurtheils angegriffen werden kann, welches nach Vornahme der gesetzwidrigen Trennung erlassen wurde. In dieser Beziehung behauptet aber Schepers[1]), wie mir scheint, mit Recht, daß für diese Anfechtung die Nichtbeseitigung der gesetzwidrigen Trennung vor Erlaß der Endurtheils vorausgesetzt wird. Denn wenn diese Trennung vor Erlaß des anzufechtenden Endurtheils noch wieder beseitigt wird, so kann von einer Rechtsverletzung der Partei schon um deswillen keine Rede sein, weil die Trennung zu gesonderter Verhandlung stets eine bessere Sichtung und Klarstellung des Proceßmaterials ermöglicht.

Danach gestaltet sich meines Erachtens die Sache folgendermaßen: Ist die zur Compensation gestellte Gegenforderung gesetzwidrig zum besondern Proceß verwiesen und der Proceß über die Klageforderung unter Aufrechterhaltung der gesetzwidrigen Trennung durch Endurtheil entschieden, so kann der Beklagte und Compensant gegen dieses Endurtheil Rechtsmittel einlegen und dadurch auf Grund des § 473 der C.P.O. eine Entscheidung höherer Instanz über die Gesetzmäßigkeit oder Gesetzwidrigkeit der Trennung erzielen. Stellt sich dann die Gesetzwidrigkeit der Trennung heraus, so ist das höhere Gericht berechtigt und verpflichtet, die Einstellung des in gleicher oder niederer Instanz schwebenden, abgetrennten Processes über die Gegenforderung anzuordnen, damit die Gegenforderung noch in dem Hauptprocesse ihre Berücksichtigung finde. Denn in anderer Weise läßt sich die Vorentscheidung über die Trennung hinsichtlich ihres Einflusses auf den schon in II. Instanz gediehenen Hauptproceß der Cognition des höheren Richters überhaupt nicht unterbreiten.

II. Die Wirkungen der Wiederbeseitigung der Trennung weichen,

---

[1]) a. a. O. S. 876.

gleich den Voraussetzungen, in allen drei Fällen von einander ab.

1. Im Falle des § 141 der C.P.O müssen die Wirkungen der Wiederbeseitigung darin bestehen, daß das vor der Trennung vorhandene Verhältniß von Klageforderung und Gegenforderung wieder hergestellt wird. Wenn also die unentwickelte Widerklage in Folge solcher Wiedervereinigung wieder in denselben Proceß mit der Klageforderung gelangt, so tritt sie nun wieder vollständig in den Dienst der Compensationseinrede und die Wirkungen der Trennung, welche in den §§ 16 und 17 erörtert sind, kommen in Wegfall, gleich als ob sie nie eingetreten wären, sodaß also auch gemeinschaftliche Verhandlung und Entscheidung von Forderung und Gegenforderung wieder stattzufinden hat.[1])

2. Beschließt andererseits das Berufungsgericht gemäß des unter I. 2., Gesagten nach § 138 der C.P.O. die Verbindung der gesondert in II. Instanz erwachsenen Processe über die Klagforderung und die Gegenforderung, so kann durch diese Verbindung die Geltendmachung der Gegenforderung in keiner Weise von der Entscheidung über die Klagforderung abhängig werden. Der Umstand, daß die beiden Processe ursprünglich einmal einen Proceß bildeten, darf von dem Berufungsgericht, so lange die in I. Instanz erfolgte Trennung nicht als zu Unrecht geschehen angefochten wurde, gar nicht berücksichtigt werden. Für das Berufungsgericht, welches die beiden Processe nach § 138 der C.P.O. verbindet, liegt die Sache gerade so, als ob Forderung sowohl als Gegenforderung von vorn herein durch gesonderte Klagen anhängig gemacht worden wären. Die durch Verbindung nach § 138 der C.P.O. herbeigeführte Wirkung kann also nur diejenige gleichzeitiger Verhandlung und gleichzeitiger — nicht gemeinschaftlicher — Entscheidung sein. Die Selbständigkeit der Geltendmachung aber wird dadurch nicht tangirt. Es wird also auch in dem Fall über die Gegenforderung erkannt, wenn die Klagforderrng in II. Instanz abgewiesen werden sollte. Auch ein Verzicht auf die Klagforderung berührt die Geltendmachung der Gegenforderung nicht. Es kann selbständiges Versäumnißurtheil und auch Zwischenurtheil nach § 276 der C.P.O. über die Gegenforderung erlassen werden u. s. w.

---

[1]) Vergl. oben §§ 4—13.

Was endlich

3. die Wirkung der Wiederbeseitigung durch Anfechtung des den Hauptproceß entscheidenden Endurtheils anbelangt, so ist davon auszugehen, daß Seitens des Compensanten mit dem ihn auf die Klage verurtheilenden Erkenntnisse zugleich auch das die Trennung für zulässig erachtende Zwischenurtheil als anticipirter Bestandtheil des Endurtheils angegriffen ist [1]). Findet das Berufungsgericht die Trennung ungerechtfertigt, so hat es vor allen Dingen die Einstellung des abgetrennten Processes über die Gegenforderung anzuordnen und die Verhandlung über die Compensationseinrede vor sich und in dem Proceß über die Klagforderuug zuzulassen. Denn die Sache liegt doch bezüglich einer unzulässiger Weise zu besonderm Proceß verwiesenen, compensando geltend gemachten Gegenforderung geradeso, wie bezüglich der in I. Instanz als verspätet zurückgewiesenen Compensationseinrede, oder wie bezüglich einer vom Gericht in dem Proceß über die Klagforderung übergangenen Compensationseinrede. Liegt nämlich eine solche zu Unrecht erfolgte Uebergehung vor, so kann die Folge doch nur sein, daß die in I. Instanz unterbliebene Berücksichtigung in II. Instanz nachgeholt wird. Soll nun diese Folge ausgeschlossen sein, wenn die Gegenforderung zu Unrecht zum besondern Proceß verwiesen wird? Zwar war im ersten Falle in I. Instanz doch über die Gegenforderung zugleich in dem Klageproceß mit verhandelt worden; das Gericht hatte nur das Verhandelte bei der rechtlichen Beurtheilung nicht berücksichtigt. In letzterem Falle aber hatte das Gericht in den Proceß hineingehöriges Material zu Unrecht aus dem Proceß hinausgewiesen. Aber dieser Unterschied ist meines Erachtens doch zu unbedeutend, als daß er die sofortige Berücksichtigung der hinausgewiesenen Gegenforderung in II. Instanz verhindern könnte.

---

[1] Der Fall, daß der auf die Klage obsiegende Kläger appellirt, weil die Gegenforderung zu Unrecht zum besondern Proceß verwiesen worden, ist nicht denkbar. Hat übrigens der Compensant gegen die Abtrennung der Gegenforderung zum besondern Proceß in I. Instanz nichts einzuwenden gehabt, so kann er dann wegen unzulässiger Trennung überhaupt nicht Berufung gegen das Endurtheil einlegen. Denn jedenfalls handelt es sich bei der Trennung um verzichtbare Vorschriften des Verfahrens. § 267 der C.P.O. Darüber, daß verzichtbare (heilbare) und unwesentliche Mängel des Verfahrens nicht identisch sind vergl. Wach, Vorträge S. 197 und von Wilmowski und Levy zu § 501 Anm. 1.

Diese sofortige Berücksichtigung unterliegt vielmehr um so weniger Bedenken, als es im Unterschied von der gewöhnlichen Widerklage zulässig ist, die unentwickelte, sei es auch nur unter der Voraussetzung der Glaubhaftmachung nach § 491 Abs. 2, mit Ueberspringung der I. Instanz sofort in der zweiten zu erheben.

Ist dies aber richtig, so finden dann auf die vom Berufungsgericht zur Verhandlung gezogene Compensationseinrede alle Regeln Anwendung, denen die Compensationseinrede vor der Trennung zum besondern Proceß unterworfen war. Nur ist jede abermalige Trennung gemäß des § 136 Abs. 2 oder 274 der C.P.O. ausgeschlossen, wenn das Gericht durch Zwischenurtheil die Trennung als zu Unrecht erfolgt feststellte. Denn dann ist das Gericht an seine Auffassung, es fehle an den gesetzlichen Voraussetzungen des richterlichen Trennungsrechtes, gebunden.

§ 19.

Zusammenfassung.

Nach den bisherigen Erörterungen sind zwei Arten der Compensationseinrede zu unterscheiden: Diejenige, welche die Aufrechnung mit bereits rechtshängigen Forderungen bewirken soll, und diejenige, welche zugleich eine der Rechtskraft fähige Entscheidung über die Gegenforderung erstrebt. Beide Arten sind in ihrer processualischen Behandlung durchaus verschieden. Die Compensationseinrede, durch welche die Aufrechnung mit einer bereits rechtshängigen Forderung zur Geltung gebracht werden soll, ist reines selbständiges Vertheidigungsmittel und untersteht deshalb auch nur den auf die processualische Behandlung dieser Classe von Streitmitteln bezüglichen Regeln. Demgemäß kann über eine solche Compensationseinrede zwar getrennte Verhandlung nach § 157 der C.P.O., nicht aber ein gesonderter Prozeß nach § 136, Abs. 2 der C.P.O. angeordnet werden. Demgemäß kann eine solche Einrede als verspätet zurückgewiesen werden (§ 252). Demgemäß bedarf es zur Vorschützung einer solchen Compensationseinrede in II. Instanz nicht der nach § 491, Abs. 2 der C.P.O. vorgeschriebenen Glaubhaftmachung, daß die Partei ohne ihr Verschulden außer Stande gewesen ist, dieselbe in I. Instanz geltend zu machen. Vielmehr unterliegt solche Compensationseinrede lediglich dem § 491, Abs. 1 der C.P.O. Demgemäß endlich ergeht in solchem Falle eine der Rechtskraft fähige

Entscheidung über die Gegenforderung überhaupt nicht und tritt demnach auch keine Rechtshängigkeit ein.

Anders bei der Compensation mit noch nicht rechtshängig gewordenen Forderungen. Hier steht im Dienste der Compensationseinrede die unentwickelte Widerklage auf Feststellung des Bestehens oder Nichtbestehens der connexen oder nichtkonnexen Gegenforderung. Demgemäß bleibt diese Compensationseinrede zwar selbständiges Vertheidigungsmittel, wird aber doch gleichzeitig zum Theil des Streitgegenstandes erhoben. Die in ihrem Dienste die unentwickelte Widerklage mit sich führende Compensationseinrede ist danach ein durchaus zwitterhaftes Gebilde. Sie macht eine Forderung mit der Tendenz rechtskräftiger Entscheidung geltend und thut dies doch andererseits nur zum Zweck der Überwindung der Klagforderung.

Aus ersterem Gesichtspunkt ergeben sich folgende Grundsätze:

1. Rechtshängigkeit der zur Compensation gestellten Gegenforderung[1]).

2. Möglichkeit eines gesonderten Prozesses über die Gegenforderung[2]).

3. Erhebung eines besonderen Antrages auf Feststellung der Gegenforderung[3]).

4. Zulässigkeit von Haupt- und Nebenintervention bezüglich der zur Compensation gestellten Forderung[4]).

5. Anwendbarkeit der Streitverkündigung und des § 72 der C.P.O. auf die zur Compensation gestellte Forderung[5]).

Aus dem Gesichtspunkt der Vertheidigung aber ergeben sich folgende Consequenzen:

1. Die Voraussetzungen der Erhebung einer unentwickelten Widerklage sind geringer, als diejenigen der Erhebung einer gewöhnlichen Widerklage. Doch sind sie wegen der bei der unentwickelten Widerklage obwaltenden Tendenz rechtskräftiger Entscheidung immer noch strenger, als die bei Anbringung eines selbständigen Vertheidigungsmittels geforderten[6]).

---

1) Vgl. oben S. 10—26 und S. 96.

2) Oben S. 7—10. Diese Wirkung fällt bei der connexen Gegenforderung fort.

3) Oben S. 28 u. S. 79—81.

4) Oben S. 92—94.

5) Oben S. 94—96.

6) Oben S. 36—43

2. Die Wirkungen der Rechtshängigkeit werden modificirt[1]).

3. Bei der Urtheilsfällung ist der Erlaß jedes selbständigen Endurtheils über die zur Compensation gestellte Forderung vor der Trennung zum besondern Proceß ausgeschlossen, ingleichen das Zwischenurtheil nach § 276 der C.P.O.[2]).

4. Der Umfang, in welchem die Gegenforderung in litem deducirt wird, ist verschieden, je nach dem gestellten Antrag und je nachdem die Gegenforderung sich als begründet oder unbegründet herausstellt[3]).

5. Der Grundsatz, daß neue Ansprüche in II. Instanz nicht erhoben werden dürfen, ist abgeschwächt[4]).

6. Die für selbständige Vertheidigungsmittel geltenden Proceßregeln finden Anwendung, soweit sie nicht nach Vorstehendem ausgeschlossen sind.

---

1) Oben S. 100—107.

2) Oben S. 108—110 und 112—113.

3) Oben S. 118—124.

4) § 491, Abs. 2 der C.P.O. und oben S. 73—76.

Druckfehler-Berichtigung.

Es ist zu lesen:

S. 5, Zeile 13: „gestellte" statt „gestattete".
S. 6, Zeile 10: „wurde" statt „würde".
S. 7, Anm. 1: „A.L.Rt." statt „A.Ldr.".
S. 12, Anm. 1, Zeile 18: „Neuem" statt „Neunem".
S. 15, Zeile 21: „That" statt „Zeit".
S. 46, Zeile 1: „kommender" statt „kommende".
S. 52, Zeile 3: „bleibt" statt „blieb".
S. 60, Zeile 26: „compensatione" statt „cumpensatione".
S. 66, Zeile 14: „bonae" statt „onae".
S. 118, Anm. 1: „in Busch's Zeitschrift für deutschen Civilproceß" statt „in den Beiträgen zum deutschen Recht".
S. 151, Zeile 14: „müßte" statt „mußte".
S. 155, Anm. ist zwischen „Compensation" und „gleichstellt" das Wort „annähernd" einzuschalten.

Druck von Ißleib & Rietzschel in Gera.

FSC
www.fsc.org
MIX
Papier | Fördert gute Waldnutzung
FSC® C083411

Kolibri 360 GmbH
Ferdinand-Jühlke-Straße 7
99095 Erfurt, Deutschland
produktsicherheit@kolibri360.de